Kohlhammer

Die Herausgeberinnen

Prof. Dr. Sarah Diefenbach ist Professorin für Wirtschaftspsychologie an der Ludwig-Maximilians-Universität München mit einem Fokus auf digitale Produkte und Services, der Gestaltung interaktiver Produkte aus psychologischer Perspektive und der Bedeutung von Erlebnisqualitäten als (wirtschaftlicher) Erfolgsfaktor. Aktuelle Forschungsarbeiten beschäftigen sich mit dem emotionalen Erleben und Konsequenzen der allgegenwärtigen Technik in unserem Alltag, wie beispielsweise soziale Medien, Fitness-Gadgets oder das Smartphone als ständiger Begleiter. Betrachtet werden hierbei das subjektive Glück des Einzelnen als auch Veränderungen auf gesamtgesellschaftlicher Ebene hinsichtlich sozialer Normen und Kommunikationskultur.

Pia von Terzi, M.Sc., ist wissenschaftliche Mitarbeiterin und Doktorandin am Lehrstuhl für Wirtschafts- und Organisationspsychologie an der Ludwig-Maximilians-Universität München. Sie forscht im Bereich Mensch-Technik-Interaktion. Ihr besonderes Interesse gilt dem Nutzer- sowie Beobachter-Erleben bei öffentlichen Technik-Interaktionen. Ihre Forschung zielt dabei auf eine bessere Konzeptualisierung und Operationalisierung des sozialen Kontextes ab.

Sarah Diefenbach
Pia von Terzi (Hrsg.)

Digitale Gesellschaft neu denken

Chancen und Herausforderungen in Alltags- und Arbeitswelt aus psychologischer Perspektive

Verlag W. Kohlhammer

Dieses Werk einschließlich aller seiner Teile ist urheberrechtlich geschützt. Jede Verwendung außerhalb der engen Grenzen des Urheberrechts ist ohne Zustimmung des Verlags unzulässig und strafbar. Das gilt insbesondere für Vervielfältigungen, Übersetzungen, Mikroverfilmungen und für die Einspeicherung und Verarbeitung in elektronischen Systemen.

Pharmakologische Daten, d. h. u. a. Angaben von Medikamenten, ihren Dosierungen und Applikationen, verändern sich fortlaufend durch klinische Erfahrung, pharmakologische Forschung und Änderung von Produktionsverfahren. Verlag und Autoren haben große Sorgfalt darauf gelegt, dass alle in diesem Buch gemachten Angaben dem derzeitigen Wissensstand entsprechen. Da jedoch die Medizin als Wissenschaft ständig im Fluss ist, da menschliche Irrtümer und Druckfehler nie völlig auszuschließen sind, können Verlag und Autoren hierfür jedoch keine Gewähr und Haftung übernehmen. Jeder Benutzer ist daher dringend angehalten, die gemachten Angaben, insbesondere in Hinsicht auf Arzneimittelnamen, enthaltene Wirkstoffe, spezifische Anwendungsbereiche und Dosierungen anhand des Medikamentenbeipackzettels und der entsprechenden Fachinformationen zu überprüfen und in eigener Verantwortung im Bereich der Patientenversorgung zu handeln. Aufgrund der Auswahl häufig angewendeter Arzneimittel besteht kein Anspruch auf Vollständigkeit.

Die Wiedergabe von Warenbezeichnungen, Handelsnamen und sonstigen Kennzeichen in diesem Buch berechtigt nicht zu der Annahme, dass diese von jedermann frei benutzt werden dürfen. Vielmehr kann es sich auch dann um eingetragene Warenzeichen oder sonstige geschützte Kennzeichen handeln, wenn sie nicht eigens als solche gekennzeichnet sind.

Es konnten nicht alle Rechtsinhaber von Abbildungen ermittelt werden. Sollte dem Verlag gegenüber der Nachweis der Rechtsinhaberschaft geführt werden, wird das branchenübliche Honorar nachträglich gezahlt.

Dieses Werk enthält Hinweise/Links zu externen Websites Dritter, auf deren Inhalt der Verlag keinen Einfluss hat und die der Haftung der jeweiligen Seitenanbieter oder -betreiber unterliegen. Zum Zeitpunkt der Verlinkung wurden die externen Websites auf mögliche Rechtsverstöße überprüft und dabei keine Rechtsverletzung festgestellt. Ohne konkrete Hinweise auf eine solche Rechtsverletzung ist eine permanente inhaltliche Kontrolle der verlinkten Seiten nicht zumutbar. Sollten jedoch Rechtsverletzungen bekannt werden, werden die betroffenen externen Links soweit möglich unverzüglich entfernt.

1. Auflage 2023

Alle Rechte vorbehalten
© W. Kohlhammer GmbH, Stuttgart
Gesamtherstellung: W. Kohlhammer GmbH, Stuttgart

Print:
ISBN 978-3-17-041190-6

E-Book-Formate:
pdf: ISBN 978-3-17-041191-3
epub: ISBN 978-3-17-041192-0

Autorenverzeichnis

Über die Autoren

Lara Christoforakos, M.Sc., ist wissenschaftliche Mitarbeiterin und Doktorandin am Lehrstuhl für Wirtschafts- und Organisationspsychologie an der Ludwig-Maximilians-Universität München. Sie forscht im Bereich der Mensch-Technik-Interaktion. Aktuelle Forschungsarbeiten beschäftigen sich mit dem Erleben und Konsequenzen der Nutzung von Technik im Alltag. Dabei gilt ihr besonderes Interesse den potenziellen Auswirkungen dieser Mensch-Technik-Interaktion auf die zwischenmenschliche Interaktion, sowie der Rolle der Menschenähnlichkeit von Technik diesbezüglich.

Prof. Dr. Sarah Diefenbach ist Professorin für Wirtschaftspsychologie an der Ludwig-Maximilians-Universität München mit einem Fokus auf digitale Produkte und Services, der Gestaltung interaktiver Produkte aus psychologischer Perspektive und der Bedeutung von Erlebnisqualitäten als (wirtschaftlicher) Erfolgsfaktor. Aktuelle Forschungsarbeiten beschäftigen sich mit dem emotionalen Erleben und Konsequenzen der allgegenwärtigen Technik in unserem Alltag, wie beispielsweise soziale Medien, Fitness-Gadgets oder das Smartphone als ständiger Begleiter. Betrachtet werden hierbei das subjektive Glück des Einzelnen als auch Veränderungen auf gesamtgesellschaftlicher Ebene hinsichtlich sozialer Normen und Kommunikationskultur.

Dr. Stefan Tretter ist Postdoc am Lehrstuhl für Wirtschafts- und Organisationspsychologie der Ludwig-Maximilians-Universität München. In seiner Forschung beschäftigt er sich u.a. mit den psychologischen Hintergründen der Wahl von Kommunikationsmedien, der Interaktion mit Technologien in der Öffentlichkeit und der Unterstützung menschlicher Entscheidungen durch Technik.

Dr. Daniel Ullrich ist Postdoc am Institut für Informatik der Ludwig-Maximilians-Universität München. Er promovierte zum Thema intuitive Nutzung und erforscht die Interaktion von Mensch und intelligenten Technologien und sozialen Medien, insbesondere deren gesellschaftliche Relevanz und Aspekte wie (überhöhtes) Vertrauen und Urteilsbildung.

Pia von Terzi, M.Sc., ist wissenschaftliche Mitarbeiterin und Doktorandin am Lehrstuhl für Wirtschafts- und Organisationspsychologie an der Ludwig-Maximilians-Universität München. Sie forscht im Bereich Mensch-Technik-Interaktion. Ihr besonderes Interesse gilt dem Nutzer- sowie Beobachter-Erleben bei öffentlichen Technik-Interaktionen. Ihre Forschung zielt dabei auf eine bessere Konzeptualisierung und Operationalisierung des sozialen Kontextes ab.

Kontaktdaten aller Autoren

Lara Christoforakos, Lehrstuhl für Wirtschafts- und Organisationspsychologie,
Department Psychologie,
Ludwig-Maximilians-Universität München, Leopoldstraße 13 | 80802 München,
E-Mail: lara.christoforakos@psy.lmu.de

Sarah Diefenbach, Lehrstuhl für Wirtschafts- und Organisationspsychologie,
Department Psychologie,
Ludwig-Maximilians-Universität München, Leopoldstraße 13 | 80802 München,
sarah-diefenbach.de,
E-Mail: sarah.diefenbach@psy.lmu.de

Stefan Tretter, Lehrstuhl für Wirtschafts- und Organisationspsychologie,
Department Psychologie,
Ludwig-Maximilians-Universität München, Leopoldstraße 13 | 80802 München,
E-Mail: stefan.tretter@lmu.de

Daniel Ullrich, Lehrstuhl für Medieninformatik, Institut für Informatik,
Ludwig-Maximilians-Universität München, Frauenlobstr. 7a | 80337 München,
E-Mail: daniel.ullrich@ifi.lmu.de

Pia von Terzi, Lehrstuhl für Wirtschafts- und Organisationspsychologie,
Department Psychologie,
Ludwig-Maximilians-Universität München, Leopoldstraße 13 | 80802 München,
E-Mail: p.terzi@psy.lmu.de

Inhalt

Autorenverzeichnis		5
Einleitung		11
Sarah Diefenbach, Pia von Terzi		
1	**Digitale Kommunikationskanäle im Arbeitsalltag**	13
	Stefan Tretter	
	1.1 Kapitelausblick	14
	1.2 Theorien zum Einsatz digitaler Kommunikationskanäle	15
	1.2.1 Ziele zwischenmenschlicher Kommunikation	15
	1.2.2 Kommunikationsmedien-Theorien auf Aufgabenebene	16
	1.2.3 Kommunikationsmedien-Theorien auf Personenebene	20
	1.3 Digitale Kommunikation: Fallstricke, Auswege und Mehrwert	24
	1.3.1 Empirische Befunde auf Aufgabenebene	24
	1.3.2 Empirische Befunde auf Personenebene	29
	1.4 Die Zukunft digitaler Kommunikation	38
	1.4.1 Innovative Lösungen gegenwärtiger Probleme	40
	1.4.2 Neue Kommunikationswelt: KI-mediierte Kommunikation	43
	1.5 Resümee	46
	Literatur	47
2	**Soziale Normen im digitalen Kontext**	51
	Sarah Diefenbach	
	2.1 Kapitelausblick	53
	2.2 Konflikttypen und Entstehungsgeschichten von Normkonflikten im Kontext der Techniknutzung im Alltag	53
	2.2.1 Typ 1: Technologie-initiierte Normverletzung	54
	2.2.2 Typ 2: Norm-Erosion	55
	2.2.3 Typ 3: Norm-Fragmentierung	57
	2.2.4 Typ 4: Norm-Konfusion	60
	2.2.5 Konflikt- und Beziehungsdynamik	64

		2.2.6	Interpretation von aus der Forschungsliteratur im Feld Human-Computer Interaction (HCI) bekannten Phänomenen als Normkonflikte	64
	2.3	Fokus Digitale Arbeitswelt: Konfliktherde im Kontext von digitaler Kollaboration und Homeoffice		68
		2.3.1	Stichprobe und Befragungsmethodik	69
		2.3.2	Konflikte im Kontext digitaler Zusammenarbeit	71
		2.3.3	Arbeitsqualitäten und soziale Normen in digitalen Strukturen versus Vor-Ort-Arbeit	76
		2.3.4	Interventionen – durch die Technik?	78
		2.3.5	Implikationen für digitale Führung und Teamgeist online	82
	2.4	Fokus mobile Etikette		83
		2.4.1	Grundlegende Nutzungsgewohnheiten	84
		2.4.2	Nutzung in der Öffentlichkeit......................	84
		2.4.3	Situationsspezifische Normen	85
		2.4.4	Nutzung im sozialen Kontext	85
		2.4.5	Ursachen für Uneinigkeit, Doppelstandards und Wandel sozialer Normen der Smartphone-Nutzung ..	88
	2.5	Resümee		91
	Literatur			92

3 Technisierte Öffentlichkeit: Einflüsse der Digitalisierung auf den öffentlichen Raum als Ort der Begegnung 96
Pia von Terzi

3.1	Kapitelausblick		97
3.2	Öffentlichkeit aus psychologischer Perspektive		98
	3.2.1	Definitionen	98
	3.2.2	Psychologische Mechanismen und die Relevanz öffentlicher Räume	99
3.3	Technisierte Öffentlichkeit...................................		102
	3.3.1	Gemeinschaftliche, technisierte Öffentlichkeit	104
	3.3.2	Private, technisierte Öffentlichkeit...................	106
3.4	Kritik am Status-Quo der technisierten Öffentlichkeit		109
	3.4.1	Risiken auf individueller Ebene	110
	3.4.2	Risiken auf gesellschaftlicher Ebene	113
3.5	Ansatzpunkte...		114
	3.5.1	Sichtbarkeit privater Interaktionen und Informationen..	115
	3.5.2	Begrenzter Untersuchungsfokus in Forschung und Entwicklung	116
	3.5.3	Exklusionsgefahr aufgrund von Non-use	119
	3.5.4	Desozialisation im öffentlichen Raum durch psychologische Distanz und Abschottung	121
3.6	Resümee		123
Literatur...			124

4	**Always On: Konsequenzen ständiger Verbundenheit im digitalen Zeitalter und mögliche Interventionsstrategien**		**133**
	Lara Christoforakos		
	4.1	Kapitelausblick	135
	4.2	Herausforderungen durch ständige Verbundenheit	135
		4.2.1 Ständig verbunden und doch weit entfernt	136
		4.2.2 Von der ständigen Verbundenheit zur ständigen Angst etwas zu verpassen	140
		4.2.3 Die angeblich dazugewonnene Autonomie	144
		4.2.4 Eine neue Form des Alleinseins	147
	4.3	Interventionsmöglichkeiten	151
		4.3.1 Moderne Maßnahmen	152
		4.3.2 Reflexion	154
		4.3.3 Achtsamkeit	156
	4.4	Resümee	158
	Literatur		160
5	**Zukunftsvisionen**		**164**
	Daniel Ullrich		
	5.1	Kapitelausblick	166
	5.2	Soziale Normen	166
		5.2.1 Ein mögliches Zukunftsszenario	168
	5.3	Überwachung und Social Scoring	169
		5.3.1 Ein mögliches Zukunftsszenario	170
	5.4	KI als Entscheidungshilfe und Entscheidungsinstanz	171
		5.4.1 Ein mögliches Zukunftsszenario	172
	5.5	Ausblick	173
		5.5.1 Das grundsätzliche Problem mit Vorhersagen	174
	Literatur		175
Stichwortverzeichnis			**179**

Einleitung

Sarah Diefenbach, Pia von Terzi

Wie viele Ihrer heutigen Begegnungen mit anderen waren direkt oder indirekt durch Technik geprägt?

Sei es die Videokonferenz mit Kollegen[1], der Austausch mit der Familie im »Family-Chat«, die Nutzung Ihrer Smartwatch bei der Joggingrunde mit der Nachbarin, die Kontaktaufnahme mit einem früheren Schulfreund, der Ihnen in einem beruflichen Netzwerk als »Freund« vorgeschlagen wurde, oder auch, dass Sie sich beim Treffen mit Freunden im Café vom lautstarken Telefongespräch der Person am Nebentisch gestört gefühlt haben. Digitalisierung und soziale Systeme sind heute untrennbar verbunden.

Was bedeutet das und was macht das mit Ihnen als Individuum – mit uns, als Gesellschaft – und welche Verantwortung erwächst daraus?

Digitalisierung durchdringt unseren Alltag, macht vieles effizienter und vielfältiger. Technik bietet neue Möglichkeiten des Arbeitens, Kommunizierens und sich Begegnens mit unbestreitbaren Vorteilen in vielen Bereichen – sei es beruflich oder privat.

In diesem Buch jedoch beleuchten wir die Effekte der Digitalisierung auf den zweiten Blick – die psychologischen Mechanismen, die unabhängig vom spezifischen Anwendungsbereich beeinflussen, wie Menschen einander begegnen und Kommunikation, Wohlbefinden und Gesundheit betreffen:

- Wie neue Kommunikationsmedien neue Kommunikationswelten schaffen und Menschen spezifische Kommmunikationsmedien – vom asynchronen Chat bis zum sensorisch reichhaltigen, synchronen Videocall – wählen und bewusst oder unbewusst instrumentalisieren: Beispielsweise um dem Kommunikationspartner durch die Wahl eines asynchronen Mediums Zeit zur Reflexion zu bieten, oder sich selbst zu schützen, indem man sich dem antizipierten Ärger des Gegenübers beim Überliefern einer unangenehmen Nachricht nicht direkt ausliefert (▶ Kap. 1).
- Wie Konflikte im digitalen Kontext sich häufig als Normkonflikte verstehen lassen und noch kein geteiltes Verständnis darüber besteht, ob Verhaltensregeln aus der nicht-digitalen Welt wie beispielsweise Normen der Begrüßung und Verabschiedung oder Pünktlichkeit und Verbindlichkeit auch im digitalen Raum Anwendung finden. Wie traditionelle Normen, wie etwa die ungeteilte Auf-

---

1 Zugunsten einer lesefreundlichen Darstellung wird in der Regel die neutrale bzw. männliche Form verwendet. Diese gilt für alle Geschlechtsformen (weiblich, männlich, divers).

merksamkeit für den Gesprächspartner, in Frage gestellt werden und digitale Nebenbeschäftigungen zur »neuen Norm« werden. Und wie letztlich einmal mehr das Aushandeln geteilter Normen noch einmal mehr Gewicht für das Gefühl von Zusammengehörigkeit und Gelingen einer Gesellschaft gewinnt (▶ Kap. 2).
- Wie die Allgegenwärtigkeit von Technik unser Verhältnis zu Privatheit und Öffentlichkeit neu definiert. Sich zum einen die Intensität direkter Begegnungen im öffentlichen Raum vermindern kann, weil Menschen sich durch ihre digitalen Begleiter jederzeit in ihre private Blase zurückziehen können. Gleichzeitig Technik in der Öffentlichkeit aber auch neue, intensive Formen der Begegnung anregen kann, wie etwa durch öffentliche Displays oder die spontane Unterstützung bei der Nutzung öffentlich genutzer Technik wie Self-Service-Terminals (▶ Kap. 3).
- Wie uns die vielfältigen Kommunikationskanäle und ständige Verfügbarkeit in einen »Always-On«-Modus versetzt und es uns im Arbeits- und Privatleben vor große Herausforderungen stellen kann, einen guten Mittelweg zwischen dem Bedürfnis nach Teilhabe und nichts zu verpassen und gleichzeitig Ruhe und Erholung zu finden (▶ Kap. 4).
- Und schließlich welche Entwicklungen in der Zukunft zu erwarten sind, wenn sich aktuelle Trends, wie der Einsatz von Künstlicher Intelligenz als Entscheidungsinstanz oder der wachsende Einsatz von Technik zum Zwecke von Überwachung und Social Scoring, weiter fortsetzen und wir alle gefordert sind uns zu fragen, welche Dynamiken in unserer Gesellschaft wir unterstützen oder aufhalten wollen (▶ Kap. 5).

Durch diese breite psychologische Perspektive auf Digitalisierung im Kontext sozialer Systeme wollen wir Ihnen als Leser eine neue Sicht auf die Phänomene unseres Alltags vermitteln, Sie durch Gedankenexperimente zum Entwickeln Ihrer eigenen, persönlichen Position einladen, und damit auch eine Grundlage für weiterführende Überlegungen und verantwortungsvolles Handeln im Arbeits- und Privatleben schaffen.

Unsere Zielgruppe ist breit gefächert: Menschen, die direkt in die Gestaltung digitaler Produkte involviert sind, wie Programmierer, Interaktionsdesigner oder User Experience Researcher. Menschen, die als Arbeitgeber oder Führungsverantwortlicher Entscheidungen darüber treffen, mit welchen digitalen Mitteln Beschäftigte miteinander in Verbindung treten und damit Gestalter sozialer Systeme sind. Und genauso jeder Einzelnen von uns als Privatperson und Nutzer digitaler Produkte und Kommunikationsmedien, denn auch wir gestalten mit unseren alltäglichen Entscheidungen und Nutzungsroutinen unser Leben und das der anderen.

Legen wir los, gestalten wir die Zukunft, die wir uns wünschen! Doch zunächst einmal: Lesen Sie los! Wir wünschen Ihnen viel Freude und interessante Gedanken – und freuen uns auch, wenn Sie diese mittels eines Kommunikationsmediums Ihrer Wahl oder im direkten Gespräch mit uns teilen.

Sarah Diefenbach und Pia von Terzi

1 Digitale Kommunikationskanäle im Arbeitsalltag

Stefan Tretter

Stellen Sie sich vor...

Sie sind seit einiger Zeit Führungskraft eines Teams, das für ein Projekt nun mit dem Team einer Kollegin zusammenarbeiten soll. Noch vor dem offiziellen Start des Projekts erhalten Sie von dieser Kollegin eine ellenlange E-Mail, in der sie sich vorstellt und in aller Ausführlichkeit die Eckpunkte der zukünftigen Zusammenarbeit aus ihrer Sicht beschreibt. Das ist alles schön und gut, denken Sie sich, aber trotzdem wäre da noch einiges auszudiskutieren – und überhaupt hätten Sie die Kollegin doch gerne erst einmal persönlich gesprochen und kennengelernt. Also antworten Sie knapp auf die angesprochenen Punkte, aber beschließen Ihre E-Mail mit dem höflich formulierten Hinweis »Sie können mich diesbezüglich auch gerne anrufen«. Während Sie im Anschluss jederzeit mit dem Klingeln Ihres Telefons rechnen, haben Sie schon kurz danach doch wieder eine E-Mail Ihrer Kollegin im Postfach. Was soll denn das jetzt? – fragen Sie sich, und greifen mit einem leichten Augenrollen selbst zum Hörer...

Nun wechseln Sie einmal in die Perspektive Ihrer Kollegin...

Sie sind kürzlich Führungskraft eines Teams geworden, das für ein Projekt nun mit dem Team eines Kollegen zusammenarbeiten soll. Um gut arrangiert in das Projekt zu starten, definieren Sie in einer ausführlichen E-Mail an den Kollegen die aus Ihrer Sicht zentralen Eckpunkte der zukünftigen Zusammenarbeit. Sie stecken viel Zeit in diese Nachricht und lesen vor dem Versenden noch einmal alles sorgsam Korrektur – schließlich gibt es keine zweite Chance für den ersten Eindruck. Der Kollege antwortet Ihnen auch prompt, schildert kurz seine Sicht der Dinge und bietet Ihnen auch an, sich telefonisch zu melden. Nichtsdestotrotz halten Sie es für besser, auf diesem Kommunikationskanal zu verbleiben – immerhin sind die zentralen Diskussionspunkte hier schön strukturiert und wer weiß, vielleicht ist es später einmal hilfreich, alle Absprachen schriftlich festgehalten zu haben. Außerdem ist es schon spät am Tag und Sie wollen niemanden kurz vor dem Feierabend mit einer Grundsatzdiskussion überrumpeln. Also machen Sie sich an die Ausarbeitung ihrer Antwort. Gefühlt haben Sie Ihre E-Mail noch keine Minute verschickt, da werden Sie vom Klingeln ihres Telefons überrascht...

Hand in Hand mit der fortschreitenden Digitalisierung steht uns heutzutage auch eine große Auswahl vielfältiger Kommunikationskanäle zur Verfügung, die uns die Möglichkeit bieten auf unterschiedlichste Art und Weise miteinander in Kontakt zu treten. Allerdings zeigt die zuvor geschilderte Situation auch eine zentrale Herausforderung auf, die damit einhergeht: Welcher dieser Kanäle uns wann angebracht erscheint, kann von einer Vielzahl von situativen Einflüssen und persönlichen Zielen abhängen, über die wir uns nicht immer einig sind.

Auf Aufgabenebene mag es beispielsweise Person A wesentlich sinnvoller erscheinen, sich zu Beginn einer Zusammenarbeit mindestens telefonisch auszutauschen. Schließlich lassen sich so besser zentrale Verhandlungspunkte diskutieren, Grenzen ausloten oder Missverständnisse ausräumen, ohne ein langwieriges Hin und Her von Nachricht heraufzubeschwören. Person B hingegen sieht womöglich einen größeren Mehrwert im E-Mail-Verkehr, da sie die schriftliche Dokumentation und die zusätzliche Zeit schätzt, die einem zur Ausarbeitung der eigenen Argumente zur Verfügung steht. Gleichzeitig könnte Person A es mit Blick auf die Personenebene bevorzugen, zunächst einmal zu telefonieren, um sich kennenzulernen und ein besseres Gefühl für die Gegenseite zu bekommen, während Person B versucht der anfänglichen Aufregung beizukommen, indem sie sich zunächst schriftlich vorstellt.

Es gibt also vielfältige Gründe, die für und gegen die Wahl unterschiedlicher Kommunikationskanäle sprechen können, und die je nach Intention unterschiedlich geeignet scheinen. Gleichzeitig mag unsere Entscheidung nicht dem entsprechen, was unser Gegenüber erwartet oder die konkrete Aufgabe verlangt. Je größer das Spektrum an verfügbaren Kommunikationskanälen wird, desto größer wird dabei unser Handlungsspielraum – aber eben auch die Möglichkeit für Abweichungen vom möglicherweise besten Vorgehen. Dazu, wie unter diesen Voraussetzungen dennoch erfolgreich kommuniziert werden kann, kann die Forschung auf zweierlei Arten einen Beitrag leisten: einerseits mit einschlägigen Theorien, die den Umgang mit Kommunikationsmedien und deren idealen Einsatz beschreiben, und andererseits mit Forschungsstudien, die zwischenmenschliche Herausforderungen, aber auch Anpassungen an diese, bei der digitalen Kommunikation beleuchten.

1.1 Kapitelausblick

Dieses Kapitel soll einen Überblick darüber verschaffen, wie Kommunikationsmedien in der heutigen Arbeitswelt zum Einsatz kommen, welche Probleme sie bereiten können, aber auch wie sie den (Arbeits-)Alltag bereichern können. Während hierbei ein Fokus auf dem Anwendungsbereich des beruflichen Kontexts liegt, ist dieser nicht exklusiv. Im Gegenteil, viele der hier abgedeckten Inhalte besitzen auch darüber hinaus für den privaten Kontext und die zwischenmenschliche Kommunikation ganz allgemein Relevanz.

Zu Beginn wird ein zielbasierter Ansatz eingeführt, der zwischen instrumentellen, selbstdarstellerischen und relationalen Zielen bei der interpersonellen Kommunikation unterscheidet. Anschließend werden bekannte Kommunikationsmedientheorien vorgestellt, die jeweils mit einem Fokus auf Aufgaben- bzw.

Personenebene geclustert sind. In beiden Teilen wird durch die sukzessive Behandlung der Theorien dargestellt, welche zentralen Beiträge eine Theorie zum Verständnis der digitalen Kommunikation heutzutage liefern kann und inwiefern sie sich untereinander ergänzen bzw. blinde Flecken abdecken.

Im Anschluss an diese theoretische Zusammenfassung folgt ein empirisch geprägter Überblick, der Problemherde bei der Nutzung digitaler Kanäle offenlegt und damit auch deutlich macht, welche Schwierigkeiten jenseits von idealisierten theoretischen Betrachtungen in der tatsächlichen Anwendung auftreten können. Zugleich werden aber auch Erkenntnisse präsentiert, wie Anpassungen an diese Herausforderungen digitaler Kommunikation aussehen können und worin potenzielle Vorteile solcher technischen Systeme gegenüber persönlicher Kommunikation liegen.

Das Kapitel schließt ab mit einem Blick in die Zukunft digitaler Kommunikation und beschreibt mögliche Entwicklungen mit einem besonderen Fokus auf der zunehmenden Einbindung künstlicher Intelligenz in die zwischenmenschliche Kommunikation.

1.2 Theorien zum Einsatz digitaler Kommunikationskanäle

Im Kern einer sinnvollen Kommunikation innerhalb digitaler Systeme steht immer auch ein Zusammenspiel zwischen Kommunikationsziel und den Vor- und Nachteilen, die ein Medium aufgrund seiner spezifischen Eigenschaften für die Zielverfolgung bieten kann. Daher geht der folgende Abschnitt zunächst auf die in diesem Kapitel angewandte zielorientierte Perspektive auf zwischenmenschliche Kommunikation ein und behandelt anschließend wissenschaftliche Theorien, die den Umgang mit Kommunikationsmedien zunächst auf Aufgaben- und anschließend auf Personenebene zu beschreiben versuchen.

1.2.1 Ziele zwischenmenschlicher Kommunikation

Ein gängiger Weg zur Erforschung interpersoneller Kommunikation ist der sogenannte zielbasierte Ansatz. Hierbei wird zwischen drei grundlegenden Arten von Zielen unterschieden, die Menschen bei der zwischenmenschlichen Kommunikation verfolgen: instrumentelle, relationale und selbstdarstellerische Ziele (Canary et al., 2008).

Instrumentelle Ziele beziehen sich auf Situationen, in denen die Kommunikation auf das Erreichen eines Fortschritts ausgerichtet ist. Für gewöhnlich geht es hierbei um die Umstrukturierung von Ressourcen und Kapazitäten zwischen den kommunizierenden Personen. Beispielsweise könnte ein instrumentelles Ziel darin liegen, den Zuschlag für ein Projekt zu erhalten, im Team bei der Urlaubsplanung den angestrebten Zeitraum genehmigt zu bekommen, oder einen Kollegen dazu zu überreden, als Vertretung während der eigenen Abwesenheit bereitzustehen.

Relationale Ziele hingegen sind auf die Entwicklung, den Erhalt oder die Auflösung von zwischenmenschlichen Beziehungen ausgerichtet. Entsprechend wären Beispiele für relationale Ziele die Kontaktaufnahme mit zukünftigen Kollegen in den ersten Tagen eines neuen Jobs, der Small-Talk zwischen zwei Meetings am Kaffeeautomaten oder die schrittweise Reduktion des Kontakts mit Kollegen, die sich in der Vergangenheit als unzuverlässig erwiesen haben.

Wenn wir mit anderen kommunizieren, können in unseren Interaktionen aber auch selbstdarstellerische Ziele mitschwingen. Diese beschreiben unsere grundlegende Absicht uns gegenüber anderen so zu präsentieren, wie wir gesehen werden wollen. Wir versuchen also in unserer Kommunikation auch stets ein positives Bild von uns zu vermitteln bzw. aufrecht zu erhalten. Das kann sich beispielsweise darin äußern, dass wir gegenüber unseren Vorgesetzten unseren besonderen Beitrag zum Gelingen eines Projekts hervorheben oder darin, dass wir uns gegenüber anderen für fachliche Fehler oder soziale Verfehlungen rechtfertigen.

Bereits im zu Beginn des Kapitels geschilderten Szenario wird deutlich, dass diese verschiedenen Ziele zwischenmenschlicher Kommunikation nie ganz unabhängig voneinander verfolgt werden. Selten haben wir allein eines dieser Ziele im Auge und vernachlässigen komplett die anderen. Selbst wenn ich im Gespräch erreichen möchte, dass mein Kollege eine Aufgabe für mich übernimmt (instrumentelles Ziel), möchte ich dabei nicht faul wirken (selbstdarstellerisches Ziel) und strapaziere nur ungern unsere Beziehung (relationales Ziel). Wir können entsprechend in ein und derselben Situation verschiedene Kommunikationsziele haben, sie sind dabei nur meist individuell unterschiedlich priorisiert.

Um nun einen tieferen Einblick in die theoretischen Hintergründe des Einsatzes von Kommunikationsmedien zu bekommen, werden die im Folgenden präsentierten Kommunikationsmedien-Theorien in zwei allgemeine Gruppen klassifiziert: einerseits Theorien, die vor allem auf die Erreichung von instrumentellen Zielen und die effiziente Ausübung von Tätigkeiten ausgerichtet sind (Aufgabenebene), und andererseits Theorien, die sich stärker mit den relationalen und selbstdarstellerischen Effekten auf einer zwischenmenschlichen Ebene beschäftigen (Personenebene). Wichtig bleibt hier zu erwähnen, dass die Auswahl dieser Theorien keinesfalls einen Anspruch auf Vollständigkeit stellt, sondern in ihrem Aufbau deutlich machen soll, welche Entwicklungen aus der einschlägigen Forschung hervorgingen und welche Besonderheiten digitaler Kommunikationskanäle jede von ihnen in den Mittelpunkt stellt.

1.2.2 Kommunikationsmedien-Theorien auf Aufgabenebene

Eine Grundlage für effizientes Arbeiten ist stets die Passung zwischen der Aufgabe und dem Mittel, mit dem wir diese angehen. Eine Zange ist gut geeignet, um einen Nagel aus der Wand zu ziehen, eine Pinzette für einen Dorn im Finger. Trotz desselben Wirkprinzips würden wir mit beiden Werkzeugen an der jeweils anderen

Aufgabe vermutlich scheitern. Entsprechend gilt es, das passende Mittel für die sich bietende Aufgabe zu wählen. Dasselbe trifft auf die erfolgreiche Kommunikation zu, nur machen wir uns hier seltener Gedanken, welches Medium nun das passendste ist bzw. liegen die Unterschiede der uns verfügbaren »Werkzeuge« nicht so auf der Hand wie bei Zange und Pinzette. Daher ist Definitionen der entscheidenden Charakteristika verschiedener Kommunikationsmedien seit jeher ein zentrales Anliegen der wissenschaftlichen Auseinandersetzung mit Ihnen.

Theorie der sozialen Präsenz (Short et al., 1976)

Schon in den siebziger Jahren lieferten Short und Kollegen mit der *Theorie der sozialen Präsenz* (engl. *Social Presence Theory*) einen Ansatz zur Erklärung, weshalb die Kommunikation über technische Kanäle eher kalt und aufgabenorientiert stattfand. Ihr zentraler Erklärungsansatz bestand darin, dass Kommunikationsmedien sich darin unterscheiden, wie »präsent« das Gegenüber bei der Kommunikation wahrgenommen wird. Je weniger non-verbale Signale, wie etwa Mimik, Sprechgeschwindigkeit oder Intonation, wir vom anderen wahrnehmen können, desto weniger lebendig erscheint er uns auch. In der Folge fühlen wir uns auch weniger involviert, was unmittelbaren Einfluss auf unser Kommunikationsverhalten haben kann (Walther, 2011).

Wenn wir nun jemanden nur über ein anstehendes Meeting informieren wollen, scheint eine weniger lebendige Kommunikation eher unproblematisch, vielleicht sogar effizient. Wenn wir allerdings jemandem Feedback über seine bisherige Arbeitsleistung überbringen und dabei sicher gehen wollen, dass es auch richtig rüberkommt, wird es umso wichtiger, eine subjektive Nähe zu der Person herzustellen. Zu Beginn einer erfolgreichen Interaktion steht folglich die Frage, wie wichtig eine soziale Präsenz zwischen den Kommunizierenden für die Aufgabe ist.

Obwohl sich die soziale Präsenz heute noch als relevantes Kriterium in der Forschung zu Virtual-Reality-Anwendungen wiederfindet, konnte sich die Theorie aus zwei Gründen nicht nachhaltig durchsetzen. Zum einen nimmt sie eine sehr defizitäre Perspektive auf Kommunikationsmedien ein: Es wird davon ausgegangen, dass bei ihrer Nutzung grundsätzlich zu einem gewissen Grade Informationen fehlen bzw. verloren gehen und sie damit nicht an die persönliche Kommunikation herankommen. Zum anderen geht dieser Ansatz davon aus, dass das Medium alleine in einer ganz bestimmten Weise die Kommunikation beeinflusst, unabhängig von weiteren Faktoren, wie den beteiligten Personen oder dem jeweiligen Kontext (Walther, 1992). Gegenrede hierzu findet sich vor allem in den später noch näher behandelten Theorien zur Kommunikation auf Personenebene (▶ Kap. 1.2.3).

Medienreichhaltigkeitstheorie (Daft & Lengel, 1986)

In der Theorie der sozialen Präsenz findet sich bereits der Ansatz wieder, dass die Effizienz der Kommunikation über die Wahl des Mediums entscheidend beeinflusst werden kann. Allerdings scheint die Beschreibung bzw. Unterscheidung von Medien allein aufgrund der von ihnen übertragenen, non-verbalen Signale etwas spärlich. Zudem impliziert sie zwar, dass die Passung zwischen Medium und Aufgabe wichtig ist, bleibt aber unkonkret darin, worüber sich eine Aufgabe definiert. Beide Kritikpunkte adressiert die bis heute weitverbreitete *Medienreichhaltigkeitstheorie* (engl. *Media Richness Theory*). Demnach können Medien reichhaltiger oder schlanker sein, je nachdem, wie ausgeprägt sie im Hinblick auf die folgenden vier Charakteristika sind (Daft et al., 1987):

- *Reizvielfalt:* Auf wie vielen Kanälen kann eine Übertragung stattfinden (z. B. Mimik, Gestik, Betonungen)?
- *Unmittelbares Feedback:* Wie schnell bekommt man eine Reaktion bzw. Rückmeldung auf die eigenen Äußerungen (z. B. E-Mail vs. Chat)?
- *Sprachvielfalt:* Inwiefern ist es möglich, eine natürliche Sprache (vs. formelle Aussagen) zu verwenden (z. B. Nummern, Zahlen, Daten sind präziser, aber sprachliche Freiheit erlaubt eine Vermittlung von breiteren Konzepten und Ideen)?
- *Personalisierung:* Wie spezifisch lassen sich Nachrichten auf eine Person zuschneiden (z. B. Brief vs. Flyer)?

Hierbei wird die Passungshypothese insofern weitergeführt, dass der Erfolg der Kommunikation abhängig ist vom Zusammenspiel zwischen Reichhaltigkeit des Mediums und der Mehrdeutigkeit, die die Aufgabe mit sich bringt. Eindeutige Situationen werden effizienter mithilfe schlankerer Kanäle gelöst. Wenn etwa ein gemeinsames Wissen über die Verkaufszahlen des letzten Quartals für eine Aufgabe nötig ist, kann dies reibungsloser erledigt werden, indem E-Mails ausgetauscht werden.

Situationen hingegen, die mehrdeutige Interpretationen zulassen, verlangen einen Einsatz reichhaltigerer Kommunikationskanäle. Wenn beispielsweise die Strategie abgestimmt werden muss, wie nun auf den Einbruch der Verkaufszahlen reagiert werden soll, bietet sich der Einsatz reichhaltigerer Kanäle, wie etwa des Telefons, an.

Die Mehrdeutigkeit einer Aufgabe – und wie reichhaltig das Kommunikationsmedium daher sein sollte – ist auch häufig damit verbunden, wie routiniert die jeweiligen Arbeitsabläufe sind. Besteht eine gewisse Routine sind schlankere Kanäle besser, denn jede zusätzliche Information wäre überflüssig. Bei neuartigen Aufgaben wiederum sind reichhaltige Kanäle zu bevorzugen, denn andere Wege bieten womöglich nicht die Kapazität, um komplexe Sachverhalte zu vermitteln (Lengel & Daft, 1989). Im Sinne dieser Theorie fanden Daft et al. (1987) in einer Studie auch Hinweise darauf, dass diejenigen Führungskräfte erfolgreicher sind, die ein besseres Gespür für die situative Passung der Reichhaltigkeit eines Mediums mit der Mehrdeutigkeit einer Aufgabe haben.

Mediensynchronizitätstheorie (Dennis et al., 2008)

Auch wenn die Medienreichhaltigkeitstheorie heute noch als sehr einflussreich gilt, ist die theoretische Annahme, dass Leistung vor allem aus der Passung zwischen

Aufgabe und Medium entsteht, umstritten. Die zentralen Aussagen der Theorie spiegelten sich nicht zuverlässig in entsprechenden Untersuchungen wider (Dennis & Kinney, 1998; Walther, 2011). Hierfür können zwei mögliche Erklärungsansätze angeführt werden (Dennis et al., 1998): Ähnlich zur Kritik an der Theorie der sozialen Präsenz fokussiert sich die Medienreichhaltigkeitstheorie zu sehr auf das Medium selbst und vernachlässigt dabei andere Faktoren, die die Wahl des Kommunikationskanals und den Umgang damit beeinflussen können (z. B. individuelle Unterschiede, soziale Einflüsse). Darüber hinaus scheint die Einordnung einer Aufgabe allein anhand ihrer Mehrdeutigkeit unterkomplex. Der Weg zur Erledigung einer Aufgabe setzt sich meist aus diversen Unterprozessen zusammen, von denen jeder möglicherweise ein anderes Medium verlangt, um optimal bearbeitet zu werden.

Auf diese Kritik reagiert die *Mediensynchronizitätstheorie* (engl. *Media Synchronicity Theory*), indem sie die Passungshypothese aufgreift und auf den in der jeweiligen Situation notwendigen Kommunikationsprozess zuschneidet. Die Synchronizität eines Mediums ist dessen Fähigkeit, ein gemeinsames Muster koordinierten Verhaltens von Personen zu ermöglichen und damit eine effiziente, zeitgleiche Zusammenarbeit zu unterstützen. Hierzu werden Medien anhand von fünf Charakteristiken unterschieden, die entweder zu höherer oder niedrigerer Synchronizität beitragen:

- *Übertragungsgeschwindigkeit:* Wie schnell erreichen Nachrichten den Empfänger bzw. wie unmittelbar erhält man Reaktionen?
- *Symbolvielfalt:* Auf wie viele Arten können Nachrichten vermittelt werden?
- *Parallelität:* Wie viele Personen können gleichzeitig ein Medium nutzen und Nachrichten versenden (ohne dass Verwirrung entsteht)?
- *Überdenkbarkeit:* Wie sehr kann man Nachrichten üben und gezielt formulieren, bevor sie ausgesendet werden?
- *Wiederverarbeitbarkeit:* Wie lange kann man auf eine Nachricht zurückgreifen, nachdem man sie erhalten hat?

Während die ersten beiden Charakteristiken mit einer erhöhten Synchronizität einhergehen, trifft für die drei anderen das Gegenteil zu. Videotelefonie erlaubt beispielsweise eine hohe Synchronizität, da Nachrichten und Reaktionen direkt übertragen werden und auch non-verbale Signale und Mimik einsetzbar sind. Gleichzeitig leidet die Kommunikation bei der Videotelefonie darunter, wenn mehr als eine Person spricht, es ist schwer möglich, Aussagen gezielt zu formulieren und sobald man eine Antwort bekommen hat, ist diese nur noch mental abrufbar. Eine Übersicht verschiedener Kommunikationskanäle kann Tabelle 1.1 entnommen werden (▶ Tab. 1.1), wobei die Einordnung anhand der Charakteristika je nach Nutzungsform und technischen Möglichkeiten selbstverständlich variieren kann (wenn beispielsweise Chat-Programme auch Sprachnachrichten zulassen).

Tab. 1.1: Vergleich verschiedener Kanäle anhand ihrer Synchronizitätsmerkmale (Dennis et al., 2008; mit freundlicher Genehmigung des Copyright Clearance Centers, Inc.)

Kanal	Übertragungsgeschwindigkeit	Symbolvielfalt	Parallelität	Überdenkbarkeit	Wiederverarbeitbarkeit	Synchronizität
in Person	hoch	niedrig – hoch	mittel	niedrig	niedrig	hoch
Video-Konferenz	hoch	niedrig – mittel	mittel	niedrig	niedrig	hoch
Telefon-Konferenz	hoch	niedrig	niedrig	niedrig	niedrig	mittel
Chat-Dienste	mittel – hoch	niedrig – mittel	niedrig – mittel	mittel	mittel-hoch	mittel
E-Mail	niedrig – mittel	niedrig – mittel	hoch	hoch	hoch	niedrig
Sprachnachricht	niedrig – mittel	niedrig	niedrig	niedrig – mittel	hoch	niedrig

Die Mediensynchronizitätstheorie postuliert nun, dass je nach momentanem Kommunikationsziel mehr oder weniger Synchronizität förderlich ist, und unterscheidet hierbei zwei Arten: Kommunikationsprozesse, die auf die Etablierung eines gemeinsamen Verständnisses ausgerichtet sind und Kommunikationsprozesse, in denen die Übertragung von Informationen zentral ist. Um bessere Kommunikationsleistungen zu erreichen, sollten Medien mit hoher Synchronizität gewählt werden, wenn wichtige Informationen allen Beteiligten bekannt sind, aber eine gemeinsame Interpretation und Vorgehensweise abgestimmt werden soll. Medien mit niedrigerer Synchronizität sind hingegen angebracht, wenn neue, größere Mengen an Information ausgetauscht werden müssen, um überhaupt erst eine gemeinsame Basis für eine koordinierte Zusammenarbeit zu schaffen. Nachdem auch innerhalb einer einzelnen Aufgabe verschiedene solcher Phasen notwendig sein können, ist die Mediensychronizitätstheorie mit ihrem spezifischeren Fokus auf Kommunikationsprozesse und das jeweils passende Medium in der Lage, Beobachtungen zu erklären, die der Medienreichhaltigkeitstheorie widersprechen.

1.2.3 Kommunikationsmedien-Theorien auf Personenebene

SIDE Modell (Reicher et al., 1995)

Auch wenn wir im Arbeitsalltag stets unter dem Schirm der Aufgabenerledigung kommunizieren, sind die dabei wirkenden, zwischenmenschliche Aspekte kaum zu unterschätzen. Daher entstanden parallel zur Entwicklung von Kommunikationsmedien-Theorien, die besonders auf die Optimierung der Kommunikationsleistung ausgerichtet sind, ebenso theoretische Ansätze zur Erklärung menschlichen Verhaltens mit Fokus auf die soziale Komponente. So baut etwa das *SIDE Modell* (= *Social Identity Model of Deindividuation Effects*) (Reicher et al., 1995; Walther, 2011) ähnlich zur Theorie der sozialen Präsenz darauf auf, dass bei der Nutzung technischer Kommunikationskanäle Signale fehlen, die bei der persönlichen Kommunikation grundsätzlich vorhanden sind. Diese fehlenden Signale, wie etwa der Blickkontakt miteinander, sind der Theorie zufolge Grund für eine stärker empfundenen Anonymität während der Kommunikation über technische Kanäle. Diese Anonymität führt wiederum dazu, dass die Beteiligten weniger als Individuen und stärker als Vertreter einer bestimmten Gruppe wahrgenommen werden.

Diese Zuschreibung kann wiederum unsere Einstellung und Verhalten gegenüber anderen beeinflussen. Besonders anschauliche Beispiele hierfür sind soziale Netzwerke und Foren, die einerseits eine gewisse Anonymität schaffen, allein schon dadurch, dass hauptsächlich schriftlich kommuniziert wird. Gleichzeitig ist die Zugehörigkeit zu bestimmten Gruppen hier besonders deutlich hervorgehoben, was dazu führen kann, dass wir Leuten gegenüber schon allein deswegen positiver eingestellt sind, weil sie Teil einer Gruppe sind, der wir ebenfalls angehören – oder negativer, wenn sie dieser nicht angehören. Aber auch im Berufsalltag ist vorstellbar, dass wir bei der Zusammenarbeit zweier Teams eher dazu tendieren, Mitgliedern des anderen Teams gegenüber negativ eingestellt zu sein, wenn die Zusammenarbeit größtenteils über E-Mails stattfindet, statt in persönlichen Meetings festzustellen, wie sich die Mitglieder des anderen Teams als Individuen unterscheiden.

Sozialer-Einfluss-Theorie (Schmitz & Fulk, 1991)

Obwohl das SIDE Modell ein gutes Beispiel dafür darstellt, welche sozialen Effekte bei der Nutzung von Kommunikationstechnologien wirken können, war es ursprünglich nicht auf diesen Anwendungskontext ausgelegt. Ganz im Gegenteil zur *Sozialen-Einfluss-Theorie der Technologienutzung* (engl. *Social Influence Theory of Technology Use*), die einen zentralen Kritikpunkt an der prominenten Medienreichhaltigkeitstheorie adressiert: die mangelnde Berücksichtigung von Kontextfaktoren.

Wie bereits angesprochen geht die Medienreichhaltigkeitstheorie davon aus, dass die Reichhaltigkeit eines Mediums ein objektives Charakteristikum ist, das sich allein aus den Eigenschaften einer Technologie ergibt. Das impliziert, dass es eindeutig schlankere und reichhaltigere Kanäle gibt, und man allein mit dem Wissen über die Mehrdeutigkeit einer Aufgabe voraussagen kann, welche Medien gewählt werden sollten. Die Soziale-Einfluss-Theorie hingegen liefert eine Erklärung dafür, weswegen diese Voraussage nicht konstant bestätigt werden konnte. Ihr zufolge ist die Reichhaltigkeit eines Mediums sozial konstruiert, d.h. das soziale Umfeld beeinflusst, wie reichhaltig ein Kanal wahrgenommen wird. Empirische Studien zeigen nicht nur, dass die Wahrnehmung der Reichhaltigkeit eines Mediums tatsächlich variiert, sondern dass die Wahrnehmung eines Individuums sogar stärker mit der Wahrnehmung derer übereinstimmt, mit denen intensiverer Kontakt gehalten wird als mit Personen, zu denen nur loser Kontakt besteht (Walther, 2011).

Soziale Informationsverarbeitungstheorie (Walther, 1992)

Die *soziale Informationsverarbeitungstheorie* (engl. *Social Information Processing Theory*) beschreibt, wie Menschen sich bei der technikvermittelten Kommunikation einen Eindruck voneinander verschaffen, wie sie Beziehungen aufbauen und worin hierbei die Unterschiede zu persönlicher Kommunikation liegen. Dabei räumt sie mit der defizitären Perspektive anderer Theorien auf, dass Kommunikationsmedien stets in irgendeiner Form der persönlichen Kommunikation unterlegen sind. Gestützt von empirischen Befunden (Walther, 1992) wird hier die Aussage getroffen, dass Menschen in der Lage sind, ihre Kommunikation dem jeweiligen Medium anzupassen und lernen, soziale Informationen auf andere Art und Weise zu transportieren (z. B. über den Sprachstil, aber auch Hilfsmittel wie Emojis). Auch wenn es auf diesem Wege länger dauert, nähern sich die so aufgebauten Beziehungen und der Eindruck voneinander dem Niveau an, das bei Beziehungen beobachtet werden kann, die durch persönliche Kommunikation entstanden sind (Walther, 2011).

Hyperpersonales Modell (Walther, 1996)

Während die soziale Informationsverarbeitungstheorie festhält, dass technische Kommunikationskanäle sich nicht zwangsläufig negativ auf die zwischenmenschliche Kommunikation auswirken, sondern mit der Zeit sogar gleichwertige Ergebnisse liefern können, geht das *Hyperpersonale Modell* (engl. *Hyperpersonal Model*) noch einen Schritt weiter. Es beschreibt, wie Kommunikationsmedien dazu beitragen können, dass unsere Eindrücke voneinander sogar positiver und unsere Beziehungen noch enger werden können (Walther, 2011).

Das Model geht davon aus, dass gewisse Charakteristiken von Kommunikationsmedien, wie etwa die verlangsamte Kommunikationsgeschwindigkeit, die selektive Selbstdarstellung erleichtern. Die Nutzung eines Messenger-Service bietet uns beispielsweise die Möglichkeit, Nachrichten gezielt zu formulieren, vor dem Senden zu überdenken, und eventuell auch Informationen herauszufiltern, die uns schlecht dastehen lassen würden. Der Empfänger bekommt also eine bewusst formulierte Nachricht und wenig Zusatzinformationen, aus denen er sich ein realistisches Bild vom Sender machen kann: wie sieht er aus, wie spricht er, scheint sein Auftreten sympathisch?

Die menschliche Natur verleitet uns aber auch in Abwesenheit solcher Kontextinformationen dazu, uns einen Eindruck von unserem Gegenüber zu machen. Also werden die vorhandenen »Lücken« allein auf Basis der Nachricht aufgefüllt – einer Nachricht, in der sich der Sender gezielt positiv darstellen konnte. Was folgt, ist eine Idealisierung des Senders. Da der Empfänger sein Verhalten aber diesem idealisierten Bild anpasst und es dadurch dem Sender widerspiegelt, versucht auch der Sender in der Folge den Erwartungen gerecht zu werden. Letztendlich können durch die selektive Selbstdarstellung und entsprechende Feedbackschleifen Beziehungen zwischen Personen entstehen, die in ihrer Positivität und empfundenen Nähe das übersteigen, was durch persönliche Kommunikation entstanden wäre.

Wie sich am Beispiel der selektiven Selbstdarstellung (▶ Kap. 3) zeigt, erlauben uns technische Kommunikationskanäle aufgrund ihrer Eigenheiten ein strategisches Verhalten, welches in der persönlichen Kommunikation so nicht möglich wäre. Ob diese Art der Instrumentalisierung nun vorteilhaft oder nachteilig ist, hängt stark davon ab, in welchem Kontext das menschliche Verhalten betrachtet wird. Auch deshalb sollen im folgenden Abschnitt empirische Studien jenseits der Theorien zeigen, welche Probleme bei der Nutzung von Kommunikationsmedien auftreten können, aber auch wie Menschen sich ihnen anpassen und welche konkreten Vorteile durch einen reflektierten Umgang entstehen können.

Merke

Die Kommunikationsmedien-Forschung hat eine Reihe von Theorien hervorgebracht, die sich entweder auf die Rolle der Kommunikation bei der Aufgabenbearbeitung (hier: Aufgabenebene) oder die dabei auftretenden zwischenmenschlichen Phänomene (hier: Personenebene) konzentrieren.

- Theorie der sozialen Präsenz
  → Kommunikationsmedien unterscheiden sich darin, wie »präsent« wir unser Gegenüber bei der Kommunikation wahrnehmen – allerdings kommt kein Medium an die Qualität eines persönlichen Austauschs heran.
- Medienreichhaltigkeitstheorie
  → Kommunikationsmedien unterscheiden sich in ihrer »Reichhaltigkeit« – Aufgaben, die mehrdeutige Interpretationen zulassen, verlangen reichhaltigere Kommunikationskanäle.
- Mediensynchronizitätstheorie
  → Kommunikationsmedien unterscheiden sich in der »Synchronizität«, die sie ermöglichen – je nachdem, ob ein Kommunikationsprozess ein gemeinsames Verständnis herstellen oder Informationen übertragen soll, ist mehr oder weniger Synchronizität vonnöten.
- SIDE Modell
  → Fehlende Signale bei der Kommunikation mittels technischer Kanäle führen zu stärker empfundener Anonymität – und einer weniger differenzierten Betrachtung unseres Gegenübers.
- Sozialer-Einfluss-Theorie
  → Kommunikationsmedien unterscheiden sich in ihrer Reichhaltigkeit, aber diese ist sozial konstruiert – wenn wir innerhalb eines sozialen Umfelds Erfahrung mit der Nutzung haben, können auch vermeintlich schlanke Kanäle reichhaltig genutzt werden.
- Soziale Informationsverarbeitungstheorie
  → Unsere zwischenmenschliche Kommunikation und Beziehungen leiden nicht unter der Nutzung von Kommunikationsmedien – es nimmt nur etwas mehr Zeit in Anspruch, da wir lernen, medienspezifische Nachteile zu kompensieren.

- Hyperpersonale Modell
  → Durch die selektive Selbstdarstellung, die Kommunikationsmedien erlauben, ist es sogar möglich, dass ein positiverer und engere Austausch zustande kommt, als es über die persönliche Kommunikation möglich gewesen wäre.

Insgesamt ist im Laufe der Zeit innerhalb der Kommunikationsmedien-Forschung eine Entwicklung der Theorien von einer defizitären Perspektive, was Kommunikationsmedien nicht können, hin zu einer kompensatorischen Perspektive, was Kommunikationsmedien anders machen, zu beobachten. Dies ist auch auf die Schlüsse zurückzuführen, die aus Beobachtungen in empirischen Untersuchungen gezogen wurden, auf die nun eingegangen werden soll.

1.3 Digitale Kommunikation: Fallstricke, Auswege und Mehrwert

Der folgende Abschnitt soll anhand empirischer Studien und anekdotischer Beispiele aufzeigen, wie Probleme bei der Nutzung von Kommunikationsmedien entstehen können, welche Ursachen und psychologischen Hintergründe diesen zugrunde liegen, aber auch, welche Anpassungen und Vorteile möglich sind. Analog zum theoretischen Teil dieses Kapitels werden auch hier die behandelten Studienerkenntnisse danach eingeteilt, ob sie sich hauptsächlich auf Aufgaben- oder Personenebene verorten lassen. Innerhalb der Aufgabenebene findet wiederum eine Einteilung danach statt, ob ein Fokus auf den individuellen oder Gruppenfaktoren bei der Verfolgung instrumenteller Ziele liegt. Ähnliches geschieht innerhalb der Personenebene nach emotionalen und sozialen Aspekten.

1.3.1 Empirische Befunde auf Aufgabenebene

Individuelle Faktoren

Eine potenzielle Herausforderung, die bei der Anwendung von Medientheorien in der Praxis auftreten kann, liegt darin begründet, dass besagte Theorien häufig die Effizienzsteigerung im Blick haben, d. h., wie geeignet scheint ein spezifisches Medium für die jeweilige Aufgabe bzw. die dafür vorgesehenen Kommunikationsprozesse. Stellvertretend wurden hierzu bereits beispielsweise die Medienreichhaltigkeits- und Mediensynchronizitätstheorie behandelt. Allerdings können Erkenntnisse bezüglich der jeweils effizientesten Kanäle nur dann zum Tragen kommen, wenn die beteiligten Personen diese auch wählen. Eine Untersuchung von Markus (1994) unter Managern zeigte beispielsweise, dass die erfahrenen Führungskräfte durchaus ein gutes Gespür dafür hatten, wie reichhaltig (zumindest der

Theorie nach) gewisse Informationskanäle sind. Allerdings war die Mediennutzung, die sic an den Tag legten, inkonsistent mit dem, was die Theorie implizieren würde. Das vorhandene Bewusstsein fand demnach keine Umsetzung in tatsächlichem Verhalten.

Das Vorhandensein einer theoretisch optimalen Wahl ist also das eine. Ob es aber auch so kommt, ist eine andere Frage, auf die die Theorien nicht zugeschnitten sind (Dennis et al., 2008). Einerseits können sich Menschen in ihrer Wahrnehmung ein und desselben Mediums und seiner Tauglichkeit unterscheiden, andererseits kann auch die jeweilige Situation entscheidenden Einfluss nehmen (van den Hooff, 2005). Wer etwa mit dem Eintritt in die Berufswelt von einem auf den anderen Tag deutlich mehr E-Mails zu schreiben hatte, wird die Erfahrung gemacht haben, dass es zu Beginn doch deutlich länger dauert, Texte in einer Art und Weise zu formulieren, dass sie auch den beabsichtigten Ton treffen. Mit zusätzlicher Erfahrung fällt es aber deutlich leichter, auch mit weniger Zeitaufwand Nachrichten zu formulieren. Einerseits, weil sich vielleicht gewisse Formulierungen eingeschliffen haben, andererseits aber auch, weil man ein besseres Gefühl dafür entwickelt, einen gewollten Subtext zu schaffen.

Hieraus geht neben dem Bewusstsein für die Passung zwischen Medium und Aufgabe ein weiterer individueller Faktor hervor, der den Umgang mit Kommunikationsmedien beeinflussen kann, nämlich die grundsätzliche Kommunikationsmedien-Kompetenz. Spitzberg (2006) entwickelte hierzu einen breit angelegten Fragebogen, der als Instrument zur Einschätzung der generellen Kompetenz im Umgang mit digitalen Kommunikationskanälen dienen soll. Kern dieses Selbsteinschätzungs-Instruments sind verschiedene Facetten der Nutzung von digitalen Kanälen, zum einen die eigenen Fähigkeiten im Umgang mit ihnen (z. B. »Ich erreiche grundsätzlich meine Ziele in Interaktionen.«, »Meine Nachrichten werden selten missverstanden.«), aber auch periphere Eigenschaften, wie die Bereitschaft zur Nutzung (z. B. »Mit anderen über den Computer zu kommunizieren macht mich nervös.«), die Überzeugung über die eigenen Fähigkeiten (z. B. »Ich fühle mich total im Stande, fast alle derzeit verfügbaren Kommunikationsmedien zu nutzen.«) oder die Fähigkeit dem Anlass angebracht zu formulieren (z. B. »Ich verwende genauso viel Aufmerksamkeit darauf, WIE ich Dinge kommuniziere, wie darauf, WAS ich sage.«).

Gerade diese letzte Aussage fängt auch den Kern dessen ein, was Feaster (2010) als einen entscheidenden Aspekt bei der Kommunikation über digitale Kanäle sieht, und zwar die Kontrolle über den Fluss von Informationen. Seine *Skala der Informationskontrolle* (engl. *Information Control Scale*) ist ebenfalls ein Instrument zur Selbsteinschätzung, dabei aber auf einzelne Medien statt die generelle Kommunikation über technische Kanäle ausgerichtet. Der Fragebogen erhebt dabei die Fähigkeit der jeweiligen Person, den Verlauf einer Kommunikation zu erfassen, darauf Einfluss zu nehmen, sich wie gewollt auszudrücken und Dinge nicht ungewollt preiszugeben. Da diese Kompetenzen sich aber zwangsläufig auch auf die Personenebene auswirken, soll darauf in einem späteren Abschnitt noch einmal eingegangen werden.

Einschlägige Kommunikationsmedien-Theorien beschreiben also, welche Kanäle vermeintlich besser für welche Zwecke sind. Dabei können Menschen auch unterschiedlich kompetent in deren Nutzung sein. Nur warum weichen Person so häufig von der theoretisch optimalen Lösung ab? Die Beweggründe lassen sich womöglich besser verstehen, wenn man eine personen- statt einer aufgabenorientierten Perspektive auf die Kanalwahl einnimmt, wie es der *Nutzen- und Belohnungsansatz* tut (Blumler, 2019). Dieser Ansatz stellt die Frage, welchen Vorteil die konkrete Person aus der Nutzung eines bestimmten Mediums zieht. Wenn ein gestresster Mitarbeiter beispielsweise dazu tendiert, sich hauptsächlich über E-Mail mit anderen abzustimmen, so muss das nicht daran liegen, dass er sich nicht der Umständlichkeit dieses Vorgehens bewusst ist. Im Gegenteil, eventuell ist gerade die dabei entstehende Verzögerung gewünscht, um in der Zeit, die es braucht, eine Antwort zu erhalten, dringlichere Brandherde zu löschen. Hier könnten auch Führungskräfte sicherlich davon profitieren, ein unangebracht scheinendes Kommunikationsverhalten nicht als mangelnde Kompetenz abzutun, sondern die Beweggründe zu hinterfragen und entsprechend zu reagieren.

Eine weitere wichtige Erkenntnis für den Umgang mit Abweichungen von theoretisch optimalen Kommunikationskanälen ist die, dass Menschen hervorragend darin sind, sich auf ihre Umstände einzustellen. Mit der zunehmenden Verbreitung und Nutzung von textbasierten Kommunikationskanälen haben ihre Nutzer daher schnell gelernt auch vermeintlich schlanke Medien, wie etwa E-Mail, auf eine reichhaltige Art und Weise zu nutzen (Huang et al., 1998). Dies kann beispielsweise geschehen, indem Emojis eingesetzt oder Redewendungen genutzt werden, die mit gewissen Emotionen konnotiert sind. Ebenso kann aus früheren Missverständnissen bei der E-Mail-Kommunikation das Bewusstsein einer Person dafür wachsen, die eigenen Formulierungen aus der Perspektive des Empfängers zu lesen. Wenn man sich darüber im Klaren ist, wo Unklarheiten verborgen liegen könnten, ist es möglich, diese bereits anzusprechen, bevor eine Nachfrage überhaupt nötig wird. Entsprechend zeigt die Forschung auch, dass sowohl die Erfahrung mit einem Kommunikationskanal als auch mit einem gewissen Kommunikationspartner zur Überwindung potenzieller Nachteile beitragen kann, die theoretisch aufgrund einer fehlenden Passung zwischen Aufgabe und Medium vorliegen sollten (Carlson & Zmud, 1999).

Letztendlich bleibt festzuhalten, dass eine individuelle Abweichung von der theoretisch besten Medienwahl zur Bearbeitung einer Aufgabe nicht schlecht sein muss. Auch E-Mails können etwa reichhaltig sein – die reichhaltige Nutzung muss nur durch die Organisation auch ermutigt und unterstützt werden (Markus, 1994). Zum Beispiel kann durch das Vorleben einer E-Mail-Kultur, in der der formelle Charakter des Mediums abgebaut wird und die Formulierungen eher dem natürlichen Sprachgebrauch entsprechen, Missverständnissen vorgebeugt werden.

Merke

Individuelle Kompetenz im Umgang mit Kommunikationsmedien kann sich sowohl in der Auswahl eines geeigneten Kanals als auch der Fähigkeit, ihn zielgerecht einzusetzen, zeigen.

Wenn Personen vom theoretisch optimalen Kommunikationsweg abweichen, muss das nicht mit Nachteilen einhergehen. Die persönliche Erfahrung in der Nutzung des Mediums und dem Umgang mit dem Gegenüber kann hier entscheidender sein als die objektiven Eigenschaften des Kanals.

Damit diese Erfahrung zum Tragen kommt, kann es besser sein, für Freiheiten in der Auswahl verfügbarer Medien und deren Verwendungsweise zu sorgen, statt konkrete Kommunikationskanäle vorzugeben.

Gruppenfaktoren

Auch wenn die digitale Zusammenarbeit eine Kommunikation zwischen Individuen zur Grundlage hat, sind diese Individuen stets auch Vertreter sozialer Systeme und Gruppen, die ihr Denken und Verhalten prägen. Welchen Einfluss soziale Normen auf unser Miteinander haben, wird in einem späteren Kapitel dieses Buchs genauer behandelt (▶ Kap. 2). Zu diesem Zeitpunkt ist es lediglich wichtig zu betonen, dass ein potenzieller Problemherd bei der Zusammenarbeit darin liegt, dass Individuen aus verschiedenen sozialen Gruppen aufeinandertreffen. Dafür sind Unterschiede und Konflikte im Kommunikationsverhalten ein eindrucksvolles Beispiel.

Heutzutage wächst jedes Kind mit textbasierten Kommunikationsmedien auf und wird entsprechend sozialisiert. Und auch, wenn Textnachrichten schon seit Jahren den Platz als meistgenutzter Kommunikationskanal der Erwachsenen unter 50 Jahren einnehmen (Gallup, 2014), ist doch ein großer Teil der Berufstätigen noch in einer anderen Kommunikationswelt aufgewachsen. Wenn nun diese beiden Gruppen zusammenarbeiten sollen, kann es zu Phänomenen kommen, wie denjenigen, über das bekannten Media-Outlets wie Forbes, Wall Street Journal, Business Insider und Psychology Today berichten (Business Insider, 2015; Forbes, 2015; Hofschneider, 2013; Psychology Today, 2010). Demnach haben viele junge Arbeitnehmer aus Sicht ihrer Vorgesetzten heutzutage Probleme damit, das Telefon als Kommunikationskanal in ihrer täglichen Arbeit einzusetzen, was zu erheblichen Wettbewerbsnachteilen führe. Beispielsweise berichtet eine Führungskraft davon, dass ein aussichtsreicher Bewerber nicht unter Vertrag genommen werden konnte, da ihr Mitarbeiter diesen lediglich schriftlich kontaktiert hat, statt den Telefonhörer in die Hand zu nehmen.

Auch wenn dieses anekdotische Beispiel die Frage aufwerfen könnte, ob junge Menschen aufgrund des heutigen Fokus auf schriftliche Kommunikation Defizite im sozialen Kontakt entwickeln, soll es hier doch nur veranschaulichen, wie eine Gruppenzugehörigkeit und entsprechende Ansichten und Verhaltensweisen zu Konflikten im Kommunikationskontext führen können.

Ähnliche Reibungspunkte entspringen beispielsweise auch der Sozialisation in unterschiedlichen Kulturkreisen. So kann etwa die Gewichtung von Kommunikationszielen je nach Kulturkreis variieren. In östlich geprägten Ländern liegt im Vergleich zu westlich geprägten Ländern traditionell ein stärkerer Fokus auf selbstdarstellerischen Zielen, d. h., der Wahrung des Gesichts wird ein höherer Wert zugeschrieben (Canary et al., 2008). Eine westlich-geprägte Führungskraft mag es beispielsweise als Pflicht ansehen, eine negative Leistungsbeurteilung der betroffenen Person auch persönlich zu kommunizieren. Eine östlich-geprägte Führungskraft hingegen würde womöglich berücksichtigen, dass es für den Empfänger zusätzlich beschämend sein könnte, direkt mit dem negativen Feedback konfrontiert zu werden und dieses eher in einer vertraulichen E-Mail vermitteln. Genauso kann die Kultur auch die Präferenz für ein bestimmtes Kommunikationsverhalten und damit gewisse Medien beeinflussen. So nehmen sich etwa Individuen aus verschiedenen Kulturen unterschiedlich viel Zeit zum Nachdenken, wenn sie interagieren – und das selbst, wenn das Medium nicht dazu anregt (Dennis et al., 2008). Hier sei einmal die Frage zur eigenen Reflexion erlaubt: Wie lange kann am anderen Ende der Leitung Stille herrschen, bis sich Unbehagen in uns breit macht und wir uns verleitet sehen zu fragen: »Bist du noch da?«.

Auch wenn das Bewusstsein über alters- bzw. kulturell-bedingte Unterschiede im Kommunikationsverhalten wichtig sein kann, so sind Phänomene, die ganz generell bei der Zusammenarbeit in Gruppen auftreten, womöglich noch ausschlaggebender. Dass Gruppen einen bedeutenden Einfluss auf unser Verhalten und unsere Entscheidungen haben können, ist hinlänglich bekannt, aber wie verhält es sich, wenn dabei Kommunikationsmedien zum Einsatz kommen?

In der frühen wissenschaftlichen Literatur zu digitalen Kanälen herrschte die Idee, dass Kommunikationsmedien einen »demokratisierenden« Effekt auf Gruppenentscheidungen haben. Man war der Annahme, dass die zusätzliche Anonymität Merkmale wie etwa Status-Unterschiede zwischen den Beteiligten weniger sichtbar machten und damit zu einer größeren Gleichberechtigung beitrügen, doch die Datenlage für die Annahme war relativ spärlich (Spears & Lea, 1994). Während man meinen könnte, dass Entscheidungen, die in der Gruppe getroffen werden, sich aufgrund der Pluralität der Meinungen einem gemäßigten Durchschnitt anpassen sollten, deutet die Forschung eher darauf hin, dass eine »Gruppenpolarisation« stattfindet. Das bedeutet eine allgemeine Verschiebung der Meinungen in Richtung der Entscheidung, die zu Beginn innerhalb der Gruppe tendenziell vorherrscht – zumindest solang eine gewisse Anonymität und Identifikation mit der Gruppe besteht (Postmes et al., 2001). Digital getroffenen Entscheidungen laufen also Gefahr, extremer zu werden als der Durchschnitt der Einzelmeinungen. Diesem Effekt kann allerdings beigekommen werden, indem die Individualität der Gruppenmitglieder hervorgehoben wird (Lee, 2007). Denkbar wäre hier beispielsweise eine persönliche Vorstellung zu Beginn oder zumindest die Nutzung von Profilbildern. Dennoch mag es zunächst einmal riskant scheinen, Gruppenentscheidungen über Kommunikationsmedien zu treffen, wenn die Gefahr einer systematischen Verzerrung des Meinungsbildes besteht.

Doch die Nutzung von Kommunikationsmedien bei der Arbeit in Gruppen hat keinesfalls nur potenzielle Nachteile. So zeigt sich etwa, dass bei zunehmender Größe von Arbeitsgruppen weniger Prozessverluste auftreten, wenn besagte Gruppen Kommunikationsmedien nutzen, statt in Person zu kommunizieren (Lowry et al., 2006). Darüber hinaus kann im Kontext von Gruppenentscheidungen die reduzierte sozio-emotionale Kommunikation und der stärkere Aufgabenfokus leistungsfördernd wirken (Shah, 2017). Beides zeigt, dass der Einsatz von Kommunikationsmedien in Gruppen hilfreich sein kann, solang dieser Einsatz bewusst stattfindet. Wenn es um den Austausch von Meinungen geht, kann dies möglicherweise Nachteile mit sich bringen. Für die Bearbeitung von dezidierten Aufgaben, d. h., der Verfolgung von instrumentellen Zielen, können Kommunikationsmedien hingegen durchaus einen Mehrwert bieten.

> **Merke**
>
> Beim Einsatz von Kommunikationsmedien in Gruppen lassen sich verschiedene soziale und sozio-kulturelle Phänomene beobachten:
>
> - Die Zugehörigkeit zu verschiedenen sozialen Gruppen (Altersgruppen, Kulturen, etc.) kann die Präferenz und Nutzungsweise von Kommunikationsmedien beeinflussen.
> - Der Einsatz von Medien zur Kommunikation innerhalb einer Gruppe kann vorteilhafte und nachteilige Auswirkungen auf deren Ergebnisse haben.

Da auf den sozio-kulturellen Hintergrund wenig bis keinen Einfluss genommen werden kann, ist ein bewusster Einsatz von Kommunikationsmedien bei der Zusammenarbeit umso wichtiger. Hierzu zeigen sich zwei Erkenntnisse:

- Gruppenentscheidungen können extremer werden als sie im persönlichen Austausch von Angesicht zu Angesicht getroffen worden wären. Hier gilt es die potenzielle Anonymität möglichst gering zu halten (z. B. durch persönliche Vorstellungen oder die Nutzung sprachlicher statt text-basierter Kanäle).
- Prozessverluste, die mit steigender Gruppengröße einhergehen, können durch den Einsatz von Kommunikationsmedien reduziert werden. Darüber hinaus kann dies einen stärkeren Aufgabenfokus begünstigen und damit leistungsfördernd wirken.

1.3.2 Empirische Befunde auf Personenebene

Emotionale Aspekte

Wie bereits im Zusammenhang mit der individuellen Kommunikationsmedien-Kompetenz auf Aufgabenebene erwähnt, ist ein ebenso wichtiger Teil des kompetenten Einsatzes digitaler Kanäle die Regulation von Beziehungen und die Vermittlung von Emotionen, oder kurz *sozio-emotionale Kommunikationsaspekte* (Spitzberg, 2006). Auch wenn die medien-vermittelte gegenüber der persönlichen Kommunikation nicht zwangsläufig defizitär ist, wie in der frühen Forschung angenommen, so besitzen Kommunikationsmedien doch spezielle Eigenschaften, die die darüber stattfindende Kommunikation verändern. Gerade bei der textbasierten Kommunikation werden unwillkürliche Aspekte, wie Mimik, Stimmfarbe, etc., nicht transportiert und im schlimmsten Falle sogar falsch interpretiert. Ein Auszug verschiedener Nachrichten aus einer Studie von Kingsbury und Coplan (2016) zeigt sehr gut, wie offen schriftliche Nachrichten für verschiedene Interpretationen sein können und bietet einige gute Beispiele, wie wichtig diese Signale für die Interpretation von Nachrichten sind.

Exkurs: Die Doppeldeutigkeit von Textnachrichten

Um zu untersuchen, inwiefern Menschen dazu tendieren, uneindeutige Nachrichten negativ zu interpretieren, entwickelten Kingsbury und Coplan (2016) ein Messinstrument, das Probanden eine kurze Situationsbeschreibung präsentiert und anschließend eine Textnachricht, von der sie sich vorstellen sollen, dass sie sie in diesem Kontext erhalten haben. Daraufhin werden zwei unterschiedliche Interpretationen zu Auswahl gestellt, aus denen diejenige gewählt werden soll, die man für wahrscheinlicher hält. Ein Auszug aus dieser Sammlung lädt dazu ein, einmal selbst darüber zu reflektieren, welche Tendenzen man womöglich in Reaktionen auf solche mehrdeutigen Nachrichten zeigt:

Eines Abends erhalten Sie von einem Freund bzw. einer Freundin diese Nachricht:
Kannst du mich so bald wie möglich anrufen?

- Option A: Er/Sie hat mir etwas Aufregendes zu erzählen.
- Option B: Er/Sie hat mir etwas Schlimmes zu erzählen.

Ein Freund bzw. eine Freundin schickt Ihnen eine Nachricht:
Ich habe gerade ein interessantes Bild von dir gesehen

- Option A: Er/Sie mag das Foto von mir.
- Option B: Er/Sie macht sich über das Foto von mir lustig.

Sie haben mit einem Freund bzw. einer Freundin an einem Projekt gearbeitet. Eines Morgens schreibt er/sie Ihnen:
Ich bin letzte Nacht wach geblieben, um das Projekt fertigzustellen

- Option A: Er/Sie ist aufgeregt, dass das Projekt fertig ist.
- Option B: Er/Sie ist sauer auf mich, weil ich nicht mehr mitgeholfen habe.

Sie sind heute Abend mit einem Freund bzw. einer Freundin verabredet, aber fühlen sich zu müde. Sie schreiben ihm/ihr, um ihre Verabredung abzusagen. Er/Sie antwortet:
Oh okay

- Option A: Er/Sie versteht, dass ich absagen muss.
- Option B: Er/Sie ist sauer auf mich, weil ich absage.

Es liegt wohl auf der Hand, dass ein zunehmender Interpretationsspielraum innerhalb der Kommunikation sich selten positiv auf das Miteinander auswirkt. Die

Forschung zeigt beispielsweise, dass bei der E-Mail-Kommunikation (aber auch anderen elektronischen Medien) eine Negativitätseffekt auftreten kann (Byron, 2008; Watts, 2007). Das bedeutet, dass der Inhalt von Nachrichten vom Empfänger negativer wahrgenommen wird als vom Sender beabsichtigt – ein Problem, das vermutlich auf die fehlenden emotionalen Indikatoren zurückzuführen ist.

> **Exkurs: Die E-Mail-Signatur als emotionaler Disclaimer**
>
> Eine Möglichkeit dem Phänomen entgegenzuwirken, dass schriftliche Nachrichten tendenziell neutraler, wenn nicht negativer gelesen werden als sie beabsichtigt waren, könnte darin liegen, ein Bewusstsein für diese Tendenzen bei uns zu schaffen. Bei Byron (2008) findet sich hierzu eine Anekdote aus einem nicht näher spezifizierten Unternehmen, die dafürspricht, dass die Gefahr einer negativeren Interpretation dort durchaus bekannt ist, gerade wenn aus Effizienzgründen pragmatisch-kurz gefasst E-Mails versendet werden. Besagtes Unternehmen verlangt von seiner Belegschaft folgendes Statement als Signatur den eigenen E-Mails anzuhängen (übersetzt ins Deutsche):
> *»Diese E-Mail könnte einen telegraphischen Schreibstil aufweisen, der den fälschlichen Eindruck von Schroffheit oder Gefühllosigkeit vermittelt.«*
> Vielleicht wäre es in Reaktion auf dieses Kapitel auch vorstellbar, die eigenen E-Mails in Zukunft mit folgendem Statement zu versehen:
> *»Die Forschung zeigt, dass E-Mails tendenziell negativer gelesen werden als beabsichtigt. Interpretieren Sie meine Nachricht gerne etwas positiver als es zunächst scheinen mag.«*

Was zu dem Problem der subjektiven Negativ-Verzerrung digitaler Kommunikation noch zusätzlich beiträgt, ist, dass sich die Beteiligten dieser Fallstricke nicht zwangsläufig bewusst sind. So konnten Riordan und Trichtinger (2017) das Phänomen einer »Overconfidence« beim Kommunizieren von Emotionen via E-Mail nachweisen – und zwar auf beiden Seiten der Kommunikation. Sowohl Sender als auch Empfänger von emotional konnotierten Nachrichten überschätzen systematisch ihre Fähigkeit die eigenen Emotionen akkurat auszudrücken bzw. die des anderen zu interpretieren. Untermauert wird diese Fehleranfälligkeit zusätzlich durch eine Studie von Laubert und Parlamis (2019), die ebenfalls festhalten konnten, dass die Erkennung von emotionalen Facetten in der schriftlichen Kommunikation als eher unzuverlässig bezeichnet werden muss.

Nun war in diesem Kapitel bereits die Rede davon, dass Menschen in der Lage sind, sich an diese Gegebenheiten anzupassen, wenn sie Erfahrung mit dem Medium bzw. dem jeweiligen Kommunikationspartner haben. Wenn beides gegeben ist, können beispielsweise Emojis ein gutes Beispiel für verändertes Verhalten bzw. die kreative Nutzung der Möglichkeiten eines Kommunikationskanals sein (Riordan, 2017; Riordan & Glikson, 2020). Diese können durchaus Fehlinterpretationen vorbeugen, sie sollten jedoch mit Bedacht eingesetzt werden, wie der folgende Exkurs zeigt.

Exkurs: Die komplexe Deutung einfacher Emojis

Emojis sind selbstverständlich beliebt. Sie sind sogar ein so integraler Bestandteil unserer Kommunikation geworden, dass das »Freudentränengesicht« (engl. Face with Tears of Joy), von *Oxford Dictionaries* zum Wort des Jahres 2015 gekürt wurde (Miller et al., 2016).

Die Verwendung von Emojis ist nicht immer einfach, können sie doch mit einer Reihe unterschiedlicher Interpretationen einhergehen. Beispielsweise werden übermäßig herzliche Emojis bei Frauen als angebrachter und sympathischer wahrgenommen als bei Männern – allein der Absender kann also schon ihre Interpretation beeinflussen (Butterworth et al., 2019).

Das Potenzial für Missverständnisse aufgrund unterschiedlicher Interpretation wird umso größer, wenn die Emojis selbst nicht eindeutig sind. In der folgenden Abbildung einige Beispiele für womöglich häufiger unterschiedlich verstandene Vertreter (▶ Abb. 1.1).

a) 😅   b) 😏   c) 😳   d) 😬

Abb. 1.1: a) »Lachendes Gesicht mit offenem Mund und kaltem Schweiß«, b) »grinsendes Gesicht mit hochgezogenen Augenbrauen«, c) »errötetes Gesicht«, d) »Grimassen schneidendes Gesicht«

a) Ist etwas hauptsächlich lustig oder peinlich? Für beides gäbe es eindeutigere Alternativen, hier wird vermutlich mit dem Graubereich gespielt. Aber ist das Vorangegangene nun ernst gemeint?
b) Das Emoji-Äquivalent zum vielsagenden Schmunzeln, der Blick wandert ab. Findet man etwas moderat lustig, lächelt man frech verschmitzt oder hegt man gar anzügliche Gedanken?
c) Weit aufgerissene Augen, man ist eindeutig überrascht vom Gelesenen – aber weil es einen positiv von den Socken haut oder ist man entsetzt davon, was man gerade lesen musste?
d) Starrer Blick, zusammengekniffene Zähne – macht man gute Miene zum Bösen Spiel, ist man entschlossen etwas zu tun oder doch außerordentlich wütend?

Aber auch kleine Details an prinzipiell ähnlichen Emojis können die Interpretation von einer rein freundschaftlichen (▶ Abb. 1.2, links) auf eine schüchterne, romantische Ebene (▶ Abb. 1.2, rechts) verschieben (Völkel et al., 2019):

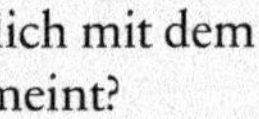

Abb. 1.2: »Lächelndes Gesicht mit lächelnden Augen« (links) vs. »lächelndes Gesicht mit zusammengekniffenen Augen« (rechts)

Als zusätzliche Schwierigkeit kommt überdies noch hinzu, dass auf diversen Betriebssystemen dieselbe Emoji-Art (d. h., Emojis mit demselben UNICODE) unterschiedlich dargestellt wird und dadurch auch verschiedene Nachrichten zu senden scheint (Franco & Fugate, 2020). Eine Übersicht über die unterschiedlichen Darstellungen findet sich z. B. unter https://unicode.org/emoji/charts/full-emoji-list.html.

Emojis können also helfen Emotionen zu übertragen, allerdings können auch hier Gefahren durch Missverständnisse schlummern. Darüber hinaus haben Emojis im Arbeitsalltag aufgrund ihres informellen Charakters ein Akzeptanzproblem und sind daher zumindest bislang immer noch unüblich. Zum anderen ist nicht immer ausreichend Wissen über das Gegenüber vorhanden. Während man mit bekannten Kommunikationspartnern lernt fehlende Informationen zu ergänzen (»Das hat er bestimmt so und so gemeint«), fällt dieser Aspekt mit Unbekannten weg.

Exkurs: Die Möglichkeiten emotionaler Kommunikation in Organisationen

Sprachnachrichten und Emojis scheinen im beruflichen Kontext noch verhältnismäßig wenig genutzt, da ihnen der Eindruck der Unprofessionalität anhaftet. Dabei können sie einen wertvollen Beitrag zur Kommunikation von Emotionen und damit zur Vermeidung von Missverständnissen leisten:

- Sprachnachrichten ermöglichen einen sinnvollen Kompromiss in der Kommunikation. Sie ermöglichen es, niemanden direkt erreichen zu müssen und Nachrichten zu einem späteren Zeitpunkt bzw. mehrmals anhören zu können, ein Vorteil den E-Mails bereithalten. Gleichzeitig können emotionale Nuancen vermittelt werden, was üblicherweise dem Telefongespräch (und reichhaltigeren Medien) vorbehalten ist. Unternehmen könnten diese Vorteile nutzen, indem sie diesen Weg der Kommunikation auch im beruflichen Kontext normalisieren.
- Ähnliches trifft auf die Verwendung von Emojis zu. Hier wäre es allerdings ratsam ein festes Repertoire einzuführen, sodass sich schnell ein gemeinsames Verständnis der Interpretation eines jeden verfügbaren Emojis einspielt. Hierbei kann auch anfangs eine deutlichere Verbalisierung von Emotionen in Kombination mit dem jeweiligen Emoji helfen. Oder in Unternehmen übliche Style-Guides könnten um interne Emoji-Lexika erweitert werden.
- Ebenso wäre denkbar, wie im vorherigen Exkurs angeführt, in der Signatur einer E-Mail standardmäßig zu erwähnen, dass schriftliche Kommunikation leicht negativer interpretiert wird als sie gemeint war. So könnte man als Sender Fehlinterpretationen vorbeugen, aber womöglich sensibilisiert es auch einen selbst dafür, dass manche Emotionen, die wir im persönlichen Austausch non-verbal zeigen würden, alternativ verbalisiert werden müssen.

Die potenziellen Nachteile, die die Vermittlung emotionaler Inhalte betreffen, lassen sich also ausgleichen, eine gewisse Erfahrung mit dem Kommunikationsmittel ist dabei aber durchaus vonnöten. Deshalb berücksichtigt Feaster (2010) in seiner bereits angesprochenen Skala der Informationskontrolle auch die individuelle Fähigkeit einer Person, über ein Kommunikationsmedium emotionale Dynamiken zu erkennen, zu nutzen und darauf zu reagieren. In einer Studie, die alltägliche Kommunikationserlebnisse über verschiedene Medien erfasste, zeigte entsprechend auch, dass diese Fähigkeit der sogenannten expressiven Kontrolle dazu beiträgt, dass die Ergebnisse von Kommunikationssituationen im Anschluss als positiver bewertet werden (Feaster, 2013).

Allerdings müssen die vermeintlichen Nachteile digitaler Kanäle nicht immer ausgeglichen werden. Sie sind auch häufig ein probates Mittel, um unsere persönlichen Ziele zu erreichen, indem wir die Eigenheiten von Kommunikationsmedien instrumentalisieren. Wer schon einmal eine E-Mail verschickt hat, statt anzurufen, um eben nicht gleich eine Antwort auf seine Frage zu bekommen, kennt diese Instrumentalisierung. Eine solche Instrumentalisierung im Kontext emotionaler Inhalte findet sich auch mit Blick auf ein Phänomen namens *MUM Effekt* (=*keeping Mum about Undesirable Messages*). Der MUM Effekt beschreibt die menschliche Tendenz mit negativen Nachrichten für andere eher hinter dem Berg zu halten oder sie nur widerwillig zu überbringen (Dibble & Sharkey, 2017). Jemandem mitzuteilen, dass er eingestellt wird, ist nun einmal wesentlich angenehmer als einem Mitbewerber eine Absage zu erteilen.

Hier scheint die verringerte Emotionalität von vielen digitalen Kanälen auf einmal außerordentlich praktisch, man könnte auch sagen, dass sie das Erlebnis »puffern«. Dieser Puffer-Effekt kann vor allem bei negativen Inhalten den Stress des Überbringers deutlich reduzieren. In aktuellen Studien konnten wir nachweisen, dass sich in der Kommunikationskanal-Wahl von Personen die strategische Tendenz zeigt, je nach Anlass der Kommunikation (z. B. positiv vs. negativ) ein mehr oder weniger pufferndes Medium zu wählen (Tretter & Diefenbach, 2022). Wenn Personen eine negative Nachricht überbringen sollten, tendierten sie eher dazu, ebensolche Kommunikationskanäle zu wählen, die einen Puffer-Effekt haben. Dabei wird das Medium als psychologischer Schild instrumentalisiert. Schon vor der eigentlichen Kommunikation wird durch die Medienwahl eine Art Kontrolle über die Emotions- und Interaktionsintensität der Kommunikation ausgeübt (Tretter & Diefenbach, 2020). Dieses Verhalten mag selbstdienlich und eigensinnig wirken, ist dabei aber eben ein klassischer Ausdruck von selbstdarstellerischen Kommunikationszielen (O'Sullivan, 2000). Unsere Forschung zeigt aber auch, dass diese Tendenz, sich bei negativen Nachrichten durch ein pufferndes Medium abzuschotten, abnimmt, wenn wir die Nachricht einer uns nahestehenden Personen zu überbringen haben (Tretter & Diefenbach, 2022). Grundsätzlich ist diese Instrumentalisierung von Medien ein anschauliches Beispiel dafür, dass ihre Eigenheiten nicht immer zwischenmenschliche Nachteile mit sich bringen, die ausgeglichen werden müssen. Manchmal sind diese Eigenheiten genauso gewünscht und werden von uns ganz bewusst eingesetzt.

Merke

Bei der Nutzung von Kommunikationsmedien, vor allem auf schriftlichem Wege, sind diverse Phänomene zu beobachten, die die erfolgreiche Kommunikation emotionaler Aspekte beeinträchtigen können:

- Menschen sind eher inkonsistent in ihrer Fähigkeit spezifische Emotionen in der schriftlichen Kommunikation zu erkennen.
- Gleichzeitig tendieren Personen an beiden Enden der Kommunikation dazu, ihre Fähigkeit zu überschätzen, Emotionen via E-Mail zu übermitteln bzw. zu interpretieren.
- Negativitätseffekt: Aufgrund der Besonderheiten schriftlicher Kommunikation wird es wahrscheinlicher, dass positive Inhalte neutraler und neutrale Inhalte negativer wahrgenommen werden.

Die Eigenheiten von Kommunikationsmedien sind aber situativ auch erwünscht und werden strategisch instrumentalisiert:

- Erfahrung mit einem Kommunikationsmedium und die entsprechend größere Kontrolle über die expressiven Facetten der Kommunikation bei seiner Nutzung führen zu positiveren Kommunikationsergebnissen.
- Puffer-Effekt: Die stärkere Kontrolle über preisgegebene Informationen und die gedämpfte Emotionalität von Kommunikationsmedien werden bei negativen Nachrichten eingesetzt, um sich vor der unmittelbaren Reaktion zu schützen.
- Die Tendenz sich bei negativen Nachrichten durch einen Puffer-Effekt selbst abzuschotten, tritt so nicht mehr auf, wenn die empfangende Person uns nahesteht. Kommunikationsmedien werden also instrumentalisiert, aber nicht um jeden Preis.

Soziale Aspekte

Neben dem emotionalen Austausch sind die sozialen Aspekte der zweite Bestandteil sozio-emotionaler Kommunikation. Vereinfacht kann die Beziehung zwischen zwei Personen anhand zweier Dimensionen eingeordnet werden, einer vertikalen und einer horizontalen Dimension. In beiden Kontexten kann der Einsatz von Kommunikationsmedien eine bedeutende Rolle spielen.

Die vertikale Dimension von Beziehungen kann als verhältnismäßiger Status bezeichnet werden, d. h. die Frage ist, wie viel Einfluss eine Person auf die andere hat. Gerade im Arbeitskontext finden sich solche Status-Unterschiede deutlicher als im sonstigen Alltag, da hier aufgrund hierarchischer Strukturen schwarz auf weiß festgehalten ist, wer die jeweilige Entscheidungsbefugnis besitzt. Nachdem je nach Status des Gegenübers dieser mehr oder weniger Einfluss hat, verwundert es entsprechend auch nicht, dass Mitarbeiter ihre Nutzung von Kommunikationsmedien daran anpassen, ob sie mit einem Kollegen in Kontakt treten oder einem Vorgesetzten (Lee et al., 2009). Zuvor in diesem Kapitel war bereits von der nicht eindeutig belegten wissenschaftlichen Annahme die Rede, dass Kommunikationsmedien aufgrund ihrer Anonymität beispielsweise Status-Unterschiede zwischen den Beteiligten weniger sichtbar machten und damit zu einer größeren Gleichberechtigung beiträgen. Dies mag in Online-Foren vielleicht noch der Fall sein, im Büroalltag, in dem uns die meisten Leute bekannt sind, wohl kaum. Entsprechend fanden Weisband und Kollegen (1995) in drei Experimenten Hinweise darauf, dass sich sowohl in Gruppen, in denen persönlich diskutiert wurde, als auch in elektronisch kommunizierenden Gruppen Status-Unterschiede manifestierten. Dies äußerte sich beispielsweise darin, dass Teilnehmern mit einem höheren Status ein größerer Beitrag an der Diskussion zu Teil wurde.

Während die Zuteilung von Redeanteilen und Einfluss je nach Status noch gewissermaßen gerechtfertigt erscheinen mag, können Status-Unterschiede aber auch potenziell Kommunikationsschwierigkeiten bedingen. Wie bereits besprochen, können Medien aufgrund ihrer Eigenheiten in unterschiedlichem Ausmaß das Kommunikationserlebnis »puffern«. In unserer Forschung konnten wir zeigen, dass Personen Medien mit einem stärkeren Puffer-Effekt bevorzugen, wenn sie, erstens, negative (im Vergleich mit positiven) Nachrichten zu überbringen haben, und zweitens, diese einem höher- oder gleichgestellten Kollegen offenbaren müssen. Bei untergeordneten Mitarbeitern zeigte sich dieser Effekt nicht. Daraus ergibt sich die Frage, ob diese Tendenz nicht langfristig Nachteile mit sich bringt. Denn Vorgesetzte sind darauf angewiesen, dass sie bei Fehlern der Mitarbeiter zuverlässig ins Bild gesetzt werden, um darauf adäquat zu reagieren. Eine E-Mail zu schreiben, statt ein persönliches Gespräch zu führen, mag es für den Mitarbeiter leichter erscheinen lassen, einen Fehler einzugestehen oder Probleme zu offenbaren – es kann aber dem langfristigen Ziel der Lösung durchaus im Wege stehen.

Nicht nur das Vorhandensein hierarchischer Unterschiede kann bei der digitalen Kommunikation eine Rolle spielen, sondern auch wie groß diese sind. Eine Untersuchung von Carlson und Davis (1998) konnte diesbezüglich nachweisen, dass Abteilungsleiter im Vergleich zu direkten Vorgesetzten eine weniger starke Empfängerorientierung bei ihrer Medienwahl zeigen. Das heißt, die höher gestellten Personen machten sich bei der Auswahl ihres Kommunikationskanals weniger Gedanken, welchen Einfluss diese Art der Kommunikation für den jeweiligen Mitarbeiter hat und ob es aus dessen Sicht der sinnvollste Weg ist. Dabei kann es gerade für die Überbringung negativen Feedbacks und die Vorbeugung von Missverständnissen besonders wichtig sein, ob man nun in persönlichen Kontakt mit dem Betroffenen tritt oder alles in eine E-Mail packt.

Problematisch wird persönlicher Kontakt allerdings dann, wenn die direkte Konfrontation dazu führt, dass Vorgesetzte die Inhalte herunterspielen oder abschwächen. Diesbezüglich zeigt die Forschung, dass die Überbringung von schlechten Nachrichten über text-basierte Medien sogar zu einer ehrlicheren und akkurateren Vermittlung führt (Sussman & Sproull, 1999). Es gilt also auch hier, wie so oft, die Konsequenzen bei der Wahl eines Kommunikationswegs abzuwägen: Ein persönliches Gespräch mag besser darin sein zu gewährleisten, dass das Feedback vom Empfänger nicht missinterpretiert wird. Wenn man sich aber damit schwertut, kritisches Feedback persönlich zu überbringen, kann auch ein technischer Vermittler ein guter Kompromiss sein, indem man beispielsweise zum Telefon greift, wenn der fehlende Blickkontakt dabei hilft.

Neben dieser vertikalen, sprich hierarchischen Dimension, kann Kommunikation auch aus der horizontalen Perspektive betrachtet werden. Die horizontale Dimension von Beziehungen kann als zwischenmenschliche Nähe verstanden werden, d. h., wie wichtig ist mir eine Person und wie sehr vertraue ich ihr. Auch wenn man sich im Arbeitskontext in einer vertikal angelegten Hierarchie-Struktur bewegt, so ist die Zusammenarbeit doch auch stark von unserem persönlichen Verhältnis zu anderen abhängig. Gerade in Zeiten, in denen sich immer mehr Arbeit ins Homeoffice verlagert – und dort teilweise auch bleiben wird – entstehen zusätzliche Herausforderungen durch den veränderten sozialen Kontakt (▶ Kap. 4).

Was dabei ausbleibt, ist die Abwechslung, die durch ungeplante und nicht-zielgerichtete Unterhaltungen am Arbeitsplatz entsteht. Während man bekannte Kollegen immer weniger sieht, reduziert sich auch das Kennenlernen neuer Kollegen auf ein Minimum. Es wird häufig über mögliche Versäumnisse in der Entwicklung sozialer Fähigkeiten von Kindern diskutiert, deren Lebenswelt sich ins Digitale verlagert. Dabei scheint es nicht unwahrscheinlich, dass auch Erwachsene mit nachlassendem Kontakt zu einem gewissen Grad »Social Skills« abbauen. Bestimmt nicht in dem Maße, dass sie stark internalisierte Verhaltensweisen im menschlichen Austausch verlernen, aber ein gewisser Normverfall ist durchaus vorstellbar (▶ Kap. 2).

Wenn in diesem Zusammenhang von Kommunikationsmedien die Rede ist, lautet die Aussage im Grunde oft, dass digitale Kommunikation den persönlichen Kontakt nicht ersetzen könne. Was dabei weniger wertgeschätzt wird, ist, dass gerade diese technischen Entwicklungen es uns erst erlauben, überhaupt in Kontakt zu treten. Daher sollte auch dieser Aspekt gewürdigt und die Möglichkeiten, die sich dadurch ergeben, wertgeschätzt werden. Wie bereits zuvor in diesem Kapitel thematisiert, sind wir Menschen gut darin uns anzupassen. Daher lernen wir auch schnell gewisse Eigenheiten von Kommunikationsmedien zu kompensieren oder diese sogar zu unseren Gunsten zu nutzen, wodurch wir eine Affinität zu Personen aufbauen können, die diejenige persönlicher Gespräche erreicht bzw. sogar übersteigt (Walther, 2011). Die Empirie zeigt hier, dass über Kommunikationsmedien gepflegte Beziehungen in Teams zwar langsamer anlaufen, sich mit zunehmender Dauer aber dem Vertrauen in persönlich aufgebauten Beziehungen annähern können (Bos et al., 2002). Was vor allem in virtuell organisierten Teams beim so wichtigen Vertrauensaufbau helfen kann, ist das persönliche Kennenlernen im Vorfeld: wenn dazu ein Treffen in Person nicht möglich ist, dann zeigt die Forschung, dass auch digitale Kennenlernmaßnahmen, einen Sprung im Vertrauensaufbau nach sich ziehen können – allein der vorherige Austausch von Bildern und Text-Nachrichten ist nachweislich wesentlich besser als nichts (Zheng et al., 2001; Zheng et al., 2002).

Mit Blick in die Zukunft bleibt dennoch die Frage, ob die Beziehungen, die wir persönlich aufgebaut haben, auch langfristig digital bestehen können – oder ob sie sich abnutzen. Ob wir neue Beziehungen auf Dauer rein elektronisch knüpfen können. Ob der direkte soziale Kontakt tatsächlich alternativlos ist oder ob es eben doch nachhaltige technische Lösungen geben kann – und wie diese aussehen könnten.

Merke

Soziale Phänomene in der vertikalen, hierarchischen Dimension:

- Status-Unterschiede werden auch deutlich, wenn nicht persönlich, sondern auf technischem Wege kommuniziert wird. Beispielsweise kommt höher gestellten Individuen aus der Gruppendynamik heraus mehr Redeanteil zu.
- Für negative Nachricht werden technische Kommunikationsmittel als Puffer genutzt, wenn mit gleichgestellten oder höher gestellten Personen kommuniziert wird. Bei niedriger gestellten Personen zeigt sich kein Unterschied zu positiven Nachrichten.
- Wenn Führungskräfte »abwärts« kommunizieren, dann machen sie sich tendenziell mehr Gedanken darüber, welche Konsequenzen die Wahl des Kommunikationsmediums für den Empfänger hat, wenn der hierarchische Unterschied geringer ist.

Soziale Phänomene in der horizontalen, zwischenmenschlichen Dimension:

- In digital aufgebauten Beziehungen kann Vertrauen entstehen, das dem in persönlichem Austausch entstandenen Beziehungen nicht unbedingt nachsteht. Es braucht lediglich mehr Zeit, um ein ähnliches Niveau zu erreichen.
- Beim Vertrauensaufbau in digitalen Verhältnissen kann es besonders hilfreich sein, zumindest zu Beginn des Kennenlernens einen Austausch auf persönlicher Ebene zu initiieren, bevor die Kommunikation in die digitale Welt getragen wird.
- Kommunikationsmedien können ein valider Weg sein, ehrlich und akkurat zu kommunizieren, wenn dies im persönlichen Gespräch schwerfällt.

1.4 Die Zukunft digitaler Kommunikation

Der digitale Wandel macht vor fast keinem Bestandteil unseres Lebens Halt, schon gar nicht vor dem Arbeitsalltag, ganz im Gegenteil: viele Erkenntnisse, die die Forschung zur Kommunikation über technische Kanäle hervorgebracht hat, stammen ursprünglich aus dem Arbeitskontext. Denn hier besteht seit jeher ein hohes Interesse an der Effizienzsteigerung von Kommunikationsprozessen, während zugleich die notwendigen finanziellen Ressourcen vorhanden sind, um bereits früh die zur jeweiligen Zeit noch innovativen, vielversprechenden Technologien zu implementieren – wenn auch zunächst nicht immer erfolgreich.

Exkurs: Das (vermeintliche) Scheitern der Videokonferenz

Während wir heutzutage fast selbstverständlich über Zoom, Skype und andere Videotelefonie-Services interagieren, attestierte Egido bereits im Jahre 1988 ein Scheitern der Videokonferenz als Kommunikationsmedium (Egido, 1988). Es mag überraschen, aber die technischen Mittel für Videokonferenzen waren zum damaligen Zeitpunkt seit über zwanzig Jahren kommerziell verfügbar. In ihrem Übersichtsartikel gibt die Forscherin einen Einblick in den damaligen Stand der Videotelefonie und eine Analyse möglicher Gründe für deren vermeintliches Scheitern.

Eine zentrale Ursache wurde darin gesehen, dass Videokonferenzen als Ersatz für tatsächliche Meetings beworben worden sind. Menschen in verantwortlichen Positionen wurde diese technische Lösung schmackhaft gemacht, indem die Kosteneinsparungen hervorgehoben wurden, die mit den ausfallenden Dienstreisen einhergehen würden. Doch bediente diese Lösung nicht die Bedürfnisse der Endnutzer. Auf Basis damaliger Umfrageergebnisse wurde sogar geschlussfolgert, dass der Anteil von Meetings, für die eine video-basierte Lösung als der optimale Kommunikationsweg gesehen wurde, bei gerade einmal 4% liegt. Gleichzeitig ist der informelle Austausch außerhalb von offiziellen Meetings damals wie heute derjenige Raum, in dem viele wichtige Informationen geteilt und bedeutende Entscheidungen getroffen werden.

Egido sah jedoch noch nicht jede Hoffnung in dieses Medium verloren. Die zunehmende Digitalisierung von Arbeitsabläufen, die Möglichkeit zum lockeren Austausch mittels Videotelefonie und die zunehmende Verteilung von Führungsverantwortung auf mehrere Köpfe, so wurde vermutet, könnten der Verbreitung der Technologie einen neuen Schub verleihen. Zugleich wurde aber auch festgehalten, dass inmitten dieser Trends die Zukunft der Videotelefonie schwer vorauszusagen sei – über 30 Jahre später sind wir diesbezüglich um einiges schlauer.

Dennoch verschwand das Konzept nie so ganz und spätestens mit der Ausbreitung der Corona-Pandemie und einhergehender Beschränkungen wurde die Videotelefonie zum alltäglichen Kommunikationskanal in privaten und beruflichen Kontexten (Bitkom Research, 2021a, 2021b). Mit der zunehmenden Verlagerung des beruflichen Geschehens in die Homeoffices der Leute schien dieser Weg der Kommunikation ein adäquater Ersatz für persönliche Gespräche von Angesicht zu Angesicht zu sein. Gleichzeitig brachte die gewonnene Flexibilität nicht gemeinsam an einem Ort sein zu müssen viele Freiheiten mit sich (▶ Kap. 4). Doch auch wenn die Videotelefonie die tolle Möglichkeit bot, trotz Einschränkungen jederzeit und überall persönliche Gespräche zu führen, vermochte sie keineswegs andere technische Kanäle obsolet zu machen. Eher das Gegenteil: Asynchrone Kommunikation, wie etwa das Schreiben von Mails, wurde schon allein dadurch noch relevanter, dass es aufgrund flexiblerer Arbeitszeiten nicht mehr so einfach möglich war, sich jederzeit auszutauschen – oder eventuell auch gar nicht mehr nötig.

Nun bewegen wir uns in einer Kommunikationswelt, die mehr denn je durchsetzt ist von digitalen Möglichkeiten zum zwischenmenschlichen Austausch. Das Rad wird auch nach Eindämmung der Pandemie nicht zurückzudrehen sein, sie scheint die vorgezeichnete Entwicklung eher beschleunigt zu haben. Nur wo führt diese hin und wie könnten wir damit umgehen? Wie bereits diverse Male in diesem Kapitel angeklungen, sollte die Kommunikation über digitale Kanäle nicht als besser oder schlechter angesehen werden, sondern als durch die Akteure im jeweiligen Kontext gut oder schlecht eingesetzt. Entsprechend muss das übergeordnete Ziel ein bewusster Einsatz des verfügbaren Repertoires sein. Möglichkeiten und Umstände auf Basis bisheriger Forschung wurden hier bereits aufgezeigt und es wurde skizziert, was auf menschlicher Seite im Umgang mit Kommunikationsmedien beachtet werden sollte. Ausgehend davon, dass persönlicher sozialer Kontakt unverzichtbar ist, stellt sich aber auch ein Anspruch an die Technik und damit diejenigen, die sie entwickeln und implementieren. Wie können neue, fortschrittliche Kommunikationstechnologien gestaltet werden, die zur Bereicherung unserer alltäglichen Kommunikation beitragen können und welchen Herausforderungen müssen sie gerecht werden?

1.4.1 Innovative Lösungen gegenwärtiger Probleme

Zwischenmenschliche Interaktion im Alltag ist ein Kernbaustein der menschlichen Entwicklung, besonders in früheren Phasen unseres Lebens (Rogoff et al., 2018). Denn der aktive Austausch mit Gleichaltrigen stellt eine wertvolle Quelle für die kognitive, emotionale und soziale Entwicklung von Kindern dar (Cameron & Tenenbaum, 2021). Daher rührt auch die oft geäußerte Besorgnis, dass die Verlagerung unseres Alltags in die digitale Welt einhergehen könnte mit dem Verlust ebensolcher Fähigkeiten, nach dem Motto »use it or lose it«. Dabei muss eines nicht unbedingt zum anderen führen. So stellten Koutmanis und Kollegen (2013) in einer Längsschnittstudie unter 10–17-Jährigen fest, dass deren intensivere Nutzung von Instant-Messengern dazu beitrug, dass die Jugendlichen auch »offline« besser darin waren, Freundschaften zu knüpfen. Die Forschergruppe führt diesen Zusammenhang darauf zurück, dass die Chat-Dienste es ihnen erlauben mit vielfältigeren Personengruppen in Austausch zu treten und dabei ihr soziale Fähigkeiten zu trainieren, was sich wiederum in den normalen Alltag überträgt. Doch statt sich allein auf solche potenziellen Vorteile derzeitiger Kommunikationstechnologien zu konzentrieren, sollte es uns ein Anliegen sein, diese zu bereichern und somit auf die zunehmende Verlagerung unserer Kommunikation ins Digitale zu reagieren.

Eine häufig auftretende Herausforderung, die sich uns bei der Nutzung von vielen technischen Kommunikationskanälen stellt, ist das Fehlen visuellen Feedbacks über die Mimik des Gegenübers, wodurch es zu Fehlinterpretationen kommen kann. Gleichzeitig ist die Videotelefonie, die einen solchen Feedbackkanal bietet, nicht immer ein geeignetes oder überhaupt gewünschtes Kommunikationsmittel. Um dem zu begegnen, entwickelten Wang und Kollegen die Anwendung *KinChat* (Wang et al., 2014), welche den Gesichtsausdruck und die Kopfhaltung während des Schreibens über eine Kamera erfasst, sie als schematische Zeichnung visualisiert und den Text mit dieser ergänzt. Ein ähnlicher Ansatz findet sich auch im Prototyp *Chat42* von Quintes und Ullrich (2019), welcher den Gesichtsausdruck der Schreibenden erfasst und ein entsprechendes Emoji ausgibt, das diesen widerspiegelt. Beide Anwendungen adressieren einen Nachteil bestehender Technologien, indem sie diese erweitern, statt andere Kanäle notwendig zu machen.

Eine weitere Problematik bei der Nutzung von Kommunikationsmedien, die bereits in diesem Kapitel behandelt wurde, ist das fehlende Bewusstsein dafür, wie emotional aufgeladene Nachrichten beim Empfänger ankommen und welche negativen Effekte sich daraus ergeben, wenn beispielsweise Nachrichten negativer interpretiert werden als vom Sender beabsichtigt. Eine technische Antwort auf dieses Problem findet sich in einem Prototyp von David und Katz (2016). Die hier entwickelte Software liest einen geschriebenen Text vor dem Absenden aus und simuliert die Reaktion des Gegenübers. Dabei wird auf Basis von Schlüsselwörtern und enthaltenen Phrasen derjenige Gesichtsausdruck aus einer Sammlung von Bildern ausgegeben, der am ehesten die Emotion widerspiegelt, die der Empfänger in Reaktion auf die Nachricht zeigen könnte. Solche Erweiterungen könnten beim Verfassen von Nachrichten helfen besser zu reflektieren, welche Auswirkungen die eigenen Nachrichten haben und dazu beitragen, dass eine umsichtigere Formulierung gewählt wird – oder eventuell sogar ein anderer Kommunikationsweg.

Neben den genannten Wegen den emotionalen Austausch bei der Kommunikation zu unterstützen, findet sich in der Literatur auch eine Bandbreite an technischen Innovationen, die darauf ausgerichtet sind, ein Gefühl von Verbundenheit zwischen den Nutzern herzustellen (Hassenzahl et al., 2012). Dies kann etwa dadurch entstehen, dass ein Bewusstsein für die Anwesenheit und Gefühlslage des anderen vermittelt wird, indem bestimmte Licht- und Farbstimmungen von Geräten ausgegeben werden. Oder physische Nähe durch eine Erhöhung der Temperatur simuliert wird. Oder die Möglichkeit zum persönlichen Ausdruck erweitert sind, indem Gesten von künstlichen Armen wiedergegeben werden (Nakanishi et al., 2014). Derartige technischen Umsetzungen mögen zunächst sehr experimentell erscheinen, könnten aber durchaus die menschliche Interaktion auf einer persönlichen Ebene bereichern, wenn sie Qualitäten aus der analogen Welt in die digitale Kommunikation übersetzen.

Literaturempfehlung

Im Zusammenhang mit der Vermittlung von Nähe und Verbundenheit kann die Arbeit von Hassenzahl und Kollegen (2012) mit dem Titel »All You Need is Love: Current Strategies of Mediating Intimate Relationships through Technology« nur empfohlen werden. In diesem Artikel und dem zugehörigen Anhang wird eine Übersicht von 143 Artefakten geboten, seien es Designs, Konzepte oder Technologien, und strukturiert aufgearbeitet, wie diese es auf verschiedenem Wege ermöglichen, bedeutungsvolle und intime Erlebnisse durch Technologien zu schaffen.

Abgesehen von der Bereicherung zwischenmenschlicher Kommunikation auf persönlicher Ebene sind ebenso auf Aufgabenebene vielversprechende Anwendungsbereiche auszumachen, in denen technische Entwicklungen die Kommunikation der Zukunft formen könnten. Schon vor Jahrzehnten wurde der Begriff der *E-Mail-Überlastung* (engl. *E-Mail Overload*) geprägt (Whittaker & Sidner, 1996). Das Phänomen, das ursprünglich eigentlich eine Überlastung des Mediums bezeichnete, da es für zu viele Funktionen herhalten musste (z. B. Kommunikation, Archivierung, Aufgaben-Management), wurde im Laufe der Zeit auf die Überlastung des Menschen umgemünzt. Inzwischen beschreibt der Begriff nämlich das Gefühl der Überlastung, wenn die E-Mail-Nutzung außer Kontrolle gerät und man mehr Mails empfängt und versendet als man effektiv stemmen kann (Dabbish & Kraut, 2006). Um diesem Problem eines überquellenden Postfachs und dem einhergehenden Gefühl der Überlastung beizukommen, entwickeln sich zwangsläufig verschiedene Kompensationsstrategien.

Exkurs: Die langfristigen Probleme kurzfristiger E-Mail-Antwort-Strategien

Es verwundert kaum, dass Menschen, die das Gefühl haben, mehr E-Mails verwalten zu müssen als in ihrer Macht steht, verschiedene Kompensationsstrategien entwickeln. Einige anekdotische Beispiele für diese Strategien (und daraus neu erwachsende Probleme), die uns Personen berichtet haben, sehen wie folgt aus:

- Wichtige E-Mails werden priorisiert, aber niedriger priorisierte Nachrichten niemals beantwortet. Es wird davon ausgegangen, dass sich die Person »schon nochmal melden wird, falls es denn wirklich so wichtig ist«. Diese Haltung wird zur Norm und man erhält mehrere E-Mails zum selben Anliegen in immer kürzerer Zeit.
- Es werden parallele Kommunikationskanäle geöffnet, beispielsweise ein Instant-Messenger-Service als Anlaufstelle ausgegeben – »falls irgendetwas ganz dringend ist, bin ich dort besser erreichbar«. Da über das E-Mail-Postfach eine Antwort unwahrscheinlich erscheint und die meisten Leute ihre Anliegen für wichtig halten, wird auch dieser Alternativkanal zunehmend genutzt und das Problem der Überlastung schwappt über.
- Nur einzelne, schnell beantwortbare Inhalte von E-Mails werden aufgegriffen und kommentiert. So wird der Verpflichtung einer Antwort nachgekommen und der anderen Person »der Ball ins Feld gespielt«. Dies führt zu einer Inflation von Kommunikationshäppchen in einem ausufernden Hin und Her.
- E-Mails werden anhand gewisser Kriterien direkt ausgesiebt. Beispielsweise werden Nachrichten sofort als gelesen markiert, wenn man als Empfänger nur in CC gesetzt wurde, da dies keine Handlungsaufforderung impliziert. Dadurch bleibt man eventuell im Unwissen über Vorgänge, die später noch von Bedeutung sind.

Derartige Strategien mögen kurzfristig Abhilfe verschaffen, aber können sich langfristig eigentlich nur negativ auf die Kommunikationsleistung auswirken. Denn häufig hat nicht nur eine Person in einem sozialen System mit einem »E-Mail Overload« zu kämpfen und so wird das Problem nur temporär von einem zum anderen geschoben oder sogar multipliziert. Zusätzliche Arbeitskräfte einzustellen, um auf diese Überlastung zu reagieren, wird nur in den wenigsten Fällen eine in Frage kommende Option sein.

Womöglich braucht es eine organisational vorgegebene E-Mail-Etikette, die den Autor einer Nachricht von zeitraubenden Gepflogenheiten wie Höflichkeitsformeln befreit, aber auch die Verantwortung überträgt, E-Mails so zu strukturieren, dass ganz klar Anlass, Problemschilderung und mögliche Arbeitsschritte ersichtlich sind. Dies könnte den Empfänger entlasten, würde aber wiederum auch einen Mehraufwand auf Seiten des Senders bedeuten und könnte der Kommunikation den persönlichen Charakter nehmen. Eine andere Möglichkeit, die sich hier in Zukunft auftun könnte, ist die Integration von künstlicher Intelligenz in eben diesen E-Mail-Verkehr. Auf Seiten des Senders könnten Algorithmen bei der Erstellung von Nachrichten helfen, indem Formulierungen und Struktur vorgegeben und mögliche Unklarheiten in der Wortwahl identifiziert werden, während auf Seiten des Empfängers die Extraktion zentraler Informationen und die Übersetzung in aufgabenbezogene Arbeitsschritte übernommen werden könnte.

Generell scheint mit der zunehmend zu erwartenden Integration von künstlicher Intelligenz in alle unsere Lebensbereiche auch die Kommunikation ein potentes Feld zu sein, um sich deren Vorteile zu Nutze zu machen. Daher soll darauf nun zum Abschluss dieses Kapitels noch ein genauerer Blick geworfen werden.

1.4.2 Neue Kommunikationswelt: KI-mediierte Kommunikation

In einem 2020 erschienenen Positionspapier führen Hancock und Kollegen in Anlehnung an das Forschungsfeld der computer-mediierten Kommunikation (engl. CMC) den Begriff der KI-mediierten Kommunikation (engl. AI-MC) ein und geben auf Basis des derzeitigen Entwicklungsstandes einen Ausblick darauf, wie künstliche Intelligenz (KI) in Zukunft die Art, wie wir kommunizieren, verändern könnte. KI-mediierte Kommunikation beschreibt dabei die Einbindung einer technischen Instanz, die im Auftrag eines Kommunizierenden Nachrichten verändert, anreichert oder generiert, um Kommunikations- bzw. interpersonelle Ziele zu erreichen.

Die zuvor bereits vorgestellten prototypischen Anwendungen können als Vorstufe derartiger Systeme verstanden werden, die auf Grundlage einer großen Datenbasis und in höchster Geschwindigkeit Einfluss auf unsere Kommunikation nehmen werden. Beim Verfassen von Nachrichten mit dem Smartphone findet dieses Prinzip bereits Anwendung durch die Autokorrektur und Vorschläge passender Emojis, auch wenn wir diese Hilfe vielleicht nicht als Eingriff in unsere Kommunikation wahrnehmen und schon gar nicht als »intelligent«. Einen Schritt weiter gehen die heute schon für jeden mit einem *Gmail*-Konto aktivierbaren Funktionen »Intelligentes Schreiben« und »Intelligente Antwort«, die beim Verfassen von Nachrichten aufgrund des Kontextes Textvorschläge machen bzw. ganze Antwortmöglichkeiten vorschlagen. Bei beiden Funktionen steht es Nutzern sogar offen, die Funktionen zu personalisieren, indem die KI aus dem persönlichen Kommunikationsverhalten lernt und passendere Vorschläge aufgrund früherer Interaktionen liefern soll.

KI-Schreibassistenten wie *Grammarly* und *Boomerang Respondable* wollen die Nachrichtenerstellung auf ein höheres Niveau heben, indem sie nicht nur den Text selbst, sondern auch die Wirkung auf den Leser einschätzen und ggf. Vorschläge machen. Grammarly etwa bewertet neben der Korrektheit eines Textes auch dessen Verständlichkeit, Lebendigkeit oder den generellen Ton hinsichtlich Formalität, Selbstvertrauen oder Freundlichkeit. Boomerang Respondable arbeitet mit ähnlichen Dimensionen, leitet seinen Namen aber auch daher ab, dass eine Einschätzung abgegeben wird, wie wahrscheinlich man eine Antwort auf die so formulierte E-Mail erhält. Die hier ausgegebene Wahrscheinlichkeit könnte bei einer privaten Verabredung, die Höflichkeit verlangt, beispielsweise dadurch steigen, dass statt der lockeren Aufforderung »Sag mir einfach, wo du dich treffen möchtest« die zurückhaltendere Formulierung »Bitte lass mich wissen, wo du dich treffen möchtest« gewählt wird. Oder wenn es um eine Initiativbewerbung geht, kann eine Antwort dadurch wahrscheinlicher werden, dass statt der Frage »Hätten Sie demnächst Zeit für ein Gespräch?« die Formulierung gewählt wird »Lassen Sie uns gerne dazu sprechen. Wann hätten Sie Zeit sich zu treffen?«

Heutzutage ist in Unternehmen das Führen von Profilen über tatsächliche und potenzielle Kunden üblicher Standard. Da scheint es nicht unwahrscheinlich, dass diese Informationen schon bald dafür genutzt werden könnten, KI-gestützt Nachrichten zu formulieren, die in ihrem Ton und Subtext auf den jeweiligen Empfänger und das erklärte Ziel ausgerichtet sind – etwa möglichst vertrauenswürdig oder durchsetzungsstark zu wirken. Die Anwendung *Crystal* beispielsweise nutzt bereits Informationen auf öffentlich zugänglichen Websites wie *LinkedIn*, um Empfänger in Persönlichkeitstypen einzuteilen, um daraus wiederum geeignete Kommunikationsstile abzuleiten und Formulierungsvorschläge für E-Mails und Telefonate zu machen. Und das experimentelle *Google Duplex* verlässt sogar den Bereich der textbasierten Kommunikation und übernimmt im Auftrag der Nutzer Telefonate für Tischreservierungen oder Frisörtermine bei teilnehmenden Unternehmen.

Unter anderem auf Grundlage solcher Beispiele schlagen Hancock und Kollegen (2020) ein Schema zur Einordnung von Anwendungen für KI-mediierte Kommunikation vor, das zur Charakterisierung dient und fünf Dimensionen unterscheidet:

- *Ausmaß:* Wie groß ist der Einfluss der KI auf die Kommunikation? Beispielsweise können nur Rechtschreibfehler korrigiert oder ganze Antworten vorgegeben werden.
- *Medientyp:* Auf welcher Art von Medium findet die Unterstützung statt? Textvorschläge können gemacht, Filter zur Glättung des Aussehens in Videotelefonaten angewandt oder die Tonlage der Stimme in Telefonaten reguliert werden.
- *Optimierungsziel:* Welches Ziel wird mit der Unterstützung verfolgt? Beispielsweise könnte die Vermittlung bestimmter Eigenschaften beabsichtigt sein, wie etwa Durchsetzungsstärke, Vertrauenswürdigkeit oder Humor.

- *Autonomie:* Wie eigenständig kann die KI ohne Kontrolle des Senders agieren? Etwa könnten Nachrichten nur vorgeschlagen und dann vom Sender ausgewählt werden oder der Sender wählt nur »Ablehnung« auf eine E-Mail-Anfrage und das System generiert selbstständig eine Absage.
- *Rollenausrichtung:* Auf welcher Seite der Kommunikation kommt die KI zum Einsatz? Sender können Vorschläge erhalten, welche Formulierungen sie am besten wählen sollten, während Empfänger Auskunft darüber bekommen könnten, ob Sender Anzeichen unehrlichen Verhaltens zeigen.

Gerade die letzten beiden Dimensionen bringen Fragen bezüglich der Verantwortlichkeit und ethischen Anwendung mit sich. In einer Studie von Hohenstein und Jung (2020) wurde von Kommunizierenden ein höheres gegenseitiges Vertrauen berichtet, wenn bei der Diskussion über eine gemeinsame Aufgabe KI-generierte Antwortvorschläge zum Einsatz kamen. Gleichzeitig wurde im Falle eines Scheiterns der Aufgabe dem Gegenüber weniger Verantwortung zugeschrieben, was darauf hindeutet, dass die KI als Sündenbock in derartigen Fällen herhalten könnte. Andererseits können auch gegenteilige Effekte auftreten. So zeigte sich in einer Studie, dass Rechtschreibfehler in einem Text sich negativer auf die Bewertung der Fähigkeit eines Autors auswirken, wenn Leser dachten, dass eine Rechtschreibkorrektur zum Einsatz kam (Figueredo & Varnhagen, 2005). Weiter gedacht stellt sich neben dieser persönlichen Verantwortung für Misserfolge auch die Frage der rechtlichen Haftbarkeit, wenn ein Einsatz von KI im Arbeitsalltag zu Fehlern und Schäden führt: Liegt diese beim Anbieter, dem Kundenunternehmen oder dem eigentlichen Nutzer?

Die Verbreitung des Einsatzes von KI in der Kommunikation könnte auch weitreichende Konsequenzen für unsere zwischenmenschlichen Beziehungen haben. Viele Programme richten sich bisher auf den Sendevorgang von Nachrichten und die Formulierung von Texten aus. Wäre es dann nicht nur logisch, sondern gleichermaßen gerecht, dass Empfänger von Nachrichten darüber informiert werden, wenn KI zum Einsatz kam? Oder auch sie selbst als Empfänger bei der Nachrichten-Verarbeitung von derartigen Systemen unterstützt würden? Und welche Konsequenzen könnte das für die Bewertung der Kommunikation haben?

Im ersten Teil dieses Kapitels wurde im Zuge der sozialen Informationsverarbeitungstheorie (Walther, 1992) das Phänomen behandelt, dass Menschen in der Lage sind, ihre Kommunikation dem jeweiligen Medium anzupassen und lernen, soziale Informationen auf andere Art und Weise zu transportieren (z. B. über den Sprachstil, aber auch Hilfsmittel wie Emojis). Der Einsatz künstlicher Intelligenz könnte dazu führen, dass diese Charakteristika ihren diagnostischen Wert verlieren und die Kommunikation darunter leidet, dass die Systeme nicht in der Lage sind, die Feinheiten, die sich in der Interaktion zwischen Menschen über die Zeit entwickelt haben, abzubilden.

Ebenso könnten sich Effekte auf die selektive Selbstdarstellung ergeben, die im Zentrum des ebenfalls behandelten hyperpersonalen Modells (Walther, 1996) steht. Menschen sind ohnehin schon darauf bedacht, sich vorteilhaft zu präsentieren, was gemäß dem Modell durch die Eigenschaften von Kommunikationsmedien erleichtert wird (z. B. durch die Möglichkeit zur sorgsamen Formulierung bei asynchronen Kommunikationskanälen). Es ist gut vorstellbar, dass diese Effekte sich zunehmend verstärken, wenn noch zusätzliche Unterstützung durch künstliche Intelligenz zum Tragen kommt und wir unser Gegenüber deutlich positiver wahrnehmen, als dass ohne KI der Fall gewesen wäre. Andererseits wären auch gegenteilige Effekt vorstellbar, wenn das generelle Misstrauen an der Authentizität der Autorenschaft wächst. So berichten etwa Jakesch und Kollegen von einer Untersuchung der Vertrauenswürdigkeit, die Airbnb-Profilen zugeschrieben wird, wenn künstliche Intelligenz bei deren Erstellung zum Einsatz kam (Jakesch et al., 2019). Die Probanden glaubten hierbei einen Mix aus von Menschen und von KI geschriebenen Profilen zu sehen und äußerten im Schnitt weniger Vertrauen gegenüber dem Gastgeber, wenn das jeweilige Profil deklariert war als von einer KI generiert. Ein ähnlicher Effekt stellte sich auch ein, wenn kein Label vorhanden war und die Probanden dies lediglich vermuteten.

Die beispielhafte Diskussion möglicher Konsequenzen für die soziale Informationsverarbeitungstheorie und das hyperpersonale Modell zeigt bereits, dass einige Theorien zur computer-mediierten Kommunikation möglicherweise neu gedacht werden müssen, wenn künstliche Intelligenz in unsere alltäglich Kommunikation Einzug hält (Hancock et al., 2020). In ihren Anwendungsmöglichkeiten hält die künstliche Intelligenz unbestritten viele Vorteile bereit. Ethisch vertretbar erscheint ihr Einsatz im zwischenmenschlichen Miteinander jedoch nur, solange es bei einer Unterstützung der Kommunikation bleibt, im Sinne einer KI-mediierten Kommunikation, und es eben nicht zu einer gänzlichen Übernahme derselbigen, einer KI-geführten Kommunikation, kommt.

1.5 Resümee

Zusammenfassend sollte dieses Kapitel einen Überblick über die wichtigsten Theorien im Kontext technik-vermittelter Kommunikation bieten, einen Einblick darin geben, welche Voraussetzungen für deren Einsatz gelten, welche Effekte sich daraus ergeben können und wie die Entwicklung unseres Kommunikationsverhaltens in Zukunft aussehen könnte. Ausgehend davon, dass jeder Kommunikation gewisse Ziele zugrunde liegen, wurden diese Inhalte schematisch danach eingeteilt, ob sie vorwiegend auf einer Aufgaben- oder Personenebene zu verorten sind. Zieht man den klassischen Begriff zur Beschreibung dieses Feldes als computer-mediierte Kommunikation, oder CMK, heran, so liegt der Fokus innerhalb der Aufgabenebene vorwiegend auf dem C, d. h., der eingesetzten Technik und welche Bedingungen sich aus deren Eigenschaften ergeben. Innerhalb der Personenebene liegt dieser Fokus wiederum auf dem M, d. h., der Tatsache, dass ein vermittelndes Element zum Tragen kommt und wie sich diese Besonderheit auf die beteiligten Menschen und deren Verbindung auswirkt. Während diese Unterscheidung für eine strukturierte Aufarbeitung durchaus sinnvoll ist und in vielen Fällen eine Perspektive im Vordergrund steht, kann dennoch nicht vernachlässigt werden, dass es sich eben um zwei Ebenen im selben Komplex handelt, die im Alltag nicht klar voneinander trennbar sind. Entsprechend ist auch jeder Akt des Zusammenarbeitens, und sei er noch so pragmatisch ausgerichtet, auch eine Arbeit an dem Bild, dass wir abgeben, und dem Verhältnis, das wir zum Gegenüber pflegen. Damit dies gelingt, ist es von großer Bedeutung ein Bewusstsein über den Einfluss von Medien auf die Kommunikation zu haben und deren Eigenheiten kompetent einzusetzen. Denn letztendlich ist die Kommunikationstechnologie – wie jedes andere Werkzeug auch – in der Lage nachteilig oder vorteilhaft eingesetzt zu werden. Dies gilt erst recht vor dem Hintergrund zukünftiger technischer Entwicklungen und den Herausforderungen und Potenzialen, die die Integration künstlicher Intelligenz in unseren Kommunikationsalltag bereithalten wird.

Literatur

Bitkom Research. (2021a). *8 Videoanrufe pro Tag sind der Schnitt.* https://www.bitkom.org/Presse/Presseinformation/8-Videoanrufe-pro-Tag-sind-der-Schnitt [08.09.2022]
Bitkom Research. (2021b). *Ein Jahr Corona: Wie hat die Pandemie unseren Alltag digitalisiert?* https://www.bitkom.org/sites/default/files/2021-03/bitkom-charts-ein-jahr-corona-10-03-2021_final.pdf [08.09.2022]
Blumler, J. G. (2019). Uses and gratifications research. In T. P. Vos, F. Hanusch, & D. Dimitrakopoulou (Hrsg.), *The Wiley Blackwell-ICA international encyclopedias of communication. The international encyclopedia of journalism studies* (S. 1–8). Hoboken, NJ: Wiley.
Bos, N., Olson, J., Gergle, D., Olson, G., & Wright, Z. (2002). Effects of four computer-mediated communications channels on trust development. In D. Wixon (Hrsg.), *Proceedings of the SIGCHI Conference on Human Factors in Computing Systems* (S. 135–140). New York, NY: Association for Computing Machinery.
Business Insider. (2015). *Why millennials are scared of talking on the phone – and how to get over it.* http://www.businessinsider.com/conquer-your-fear-of-the-phone-2015-5?IR=T [08.09.2022]
Butterworth, S. E., Giuliano, T. A., White, J., Cantu, L., & Fraser, K. C. (2019). Sender gender influencesemoji interpretation in text messages. *Frontiers in Psychology, 10,* Article 784.
Byron, K. (2008). Carrying too heavy a load? The communication and miscommunication of emotion by email. *Academy of Management Review, 33*(2), 309–327.
Cameron, L., & Tenenbaum, H. R. (2021). Lessons from developmental science to mitigate the effects of the COVID-19 restrictions on social development. *Group Processes & Intergroup Relations, 24*(2), 231–236.
Canary, D. J., Manusov, V. L., & Cody, M. J. (2008). *Interpersonal communication: A goals-based approach* (4th ed.). Boston, MA: Bedford/St. Martin's.
Carlson, J. R., & Zmud, R. W. (1999). Channel expansion theory and the experiential nature of media richness perceptions. *Academy of Management Journal, 42*(2), 153–170.
Carlson, P. J., & Davis, G. B. (1998). An investigation of media selection among directors and managers: From »self« to »other« orientation. *MIS Quarterly, 22*(3), 335–362.
Dabbish, L. A., & Kraut, R. E. (2006). Email overload at work: An analysis of factors associated with email strain. In P. Hinds (Hrsg.), *Proceedings of the 2006 20th anniversary conference on Computer supported cooperative work* (S. 431–440). New York, NY: Association for Computing Machinery.
Daft, R. L., & Lengel, R. H. (1986). Organizational information requirements, media richness and structural design. *Management Science, 32*(5), 554–571.

Daft, R. L., Lengel, R. H., & Trevino, L. K. (1987). Message equivocality, media selection, and manager performance: Implications for information systems. *MIS Quarterly, 11*(3), 355–366.

David, M., & Katz, A. (2016). Emotional awareness: An enhanced computer mediated communication using facial expressions. *Social Networking, 5*(1), 27–38.

Dennis, A. R., Fuller, R. M., & Valacich, J. S. (2008). Media, tasks, and communication processes: A theory of media synchronicity. *MIS Quarterly, 32*(3), 575–600.

Dennis, A. R., & Kinney, S. T. (1998). Testing media richness theory in the new media: The effects of cues, feedback, and task equivocality. *Information Systems Research, 9*(3), 256–274.

Dennis, A. R., Valacich, J. S., Speier, C., & Morris, M. G. (1998). Beyond media richness: An empirical test of media synchronicity theory. In *Proceedings of the Thirty-First Hawaii International Conference on System Sciences* (S. 48–57). IEEE Computer Society Press.

Dibble, J. L., & Sharkey, W. F. (2017). Before breaking bad news: Relationships among topic, reasons for sharing, messenger concerns, and the reluctance to share the news. *Communication Quarterly, 65*(4), 436–455.

Egido, C. (1988). Video conferencing as a technology to support group work: A review of its failures. In I. Greif (Hrsg.), *Proceedings of the 1988 ACM conference on Computer-supported cooperative work* (S. 13–24). New York, NY: Association for Computing Machinery.

Feaster, J. C. (2010). Expanding the impression management model of communication channels: An information control scale. *Journal of Computer-Mediated Communication, 16*(1), 115–138.

Feaster, J. C. (2013). Great expectations: The association between media-afforded information control and desirable social outcomes. *Communication Quarterly, 61*(2), 172–194.

Figueredo, L., & Varnhagen, C. K. (2005). Didn't You Run the Spell Checker? Effects of Type of Spelling Error and Use of a Spell Checker on Perceptions of the Author. *Reading Psychology, 26*(4–5), 441–458.

Forbes. (2015). *Why Millennials Are Texting More And Talking Less.* http://www.forbes.com/sites/neilhowe/2015/07/15/why-millennials-are-texting-more-and-talking-less/#8bdd6ba55761 [08.09.2022]

Franco, C. L., & Fugate, J. M. B. (2020). Emoji face renderings: Exploring the role emoji platform differences have on emotional interpretation. *Journal of Nonverbal Behavior, 44*(2), 301–328.

Gallup. (2014). *The new era of communication among Americans. Gallup.* https://news.gallup.com/poll/179288/new-era-communication-americans.aspx [08.09.2022]

Hancock, J. T., Naaman, M., & Levy, K. (2020). AI-mediated communication: Definition, research agenda, and ethical considerations. *Journal of Computer-Mediated Communication, 25*(1), 89–100.

Hassenzahl, M., Heidecker, S., Eckoldt, K., Diefenbach, S., & Hillmann, U. (2012). All you need is love: Current strategies of mediating intimate relationships through technology. *ACM Transactions on Computer-Human Interaction, 19*(4), 30.

Hofschneider, A. (2013). Bosses Say ›Pick Up the Phone‹: Managers have a message for younger employees: Get off email and talk on the phone. *The Wall Street Journal.* http://www.wsj.com/articles/SB10001424127887323407104579036714155366866 [08.09.2022]

Hohenstein, J., & Jung, M. (2020). AI as a moral crumple zone: The effects of AI-mediated communication on attribution and trust. *Computers in Human Behavior, 106*, 106190.

Huang, W., Watson, R. T., & Wei, K. K. (1998). Can a lean e-mail medium be used for rich communication? A psychological perspective. *European Journal of Information Systems, 7*(4), 269–274.

Jakesch, M., French, M., Ma, X., Hancock, J. T., & Naaman, M. (2019). Ai-mediated communication: How the perception that profile text was written by AI affects trustworthiness. In S. Brewster (Hrsg.), *ACM Digital Library, Proceedings of the 2019 CHI Conference on Human Factors in Computing Systems* (S. 1–13). New York, NY: Association for Computing Machinery.

Kingsbury, M., & Coplan, R. J. (2016). RU mad @ me? Social anxiety and interpretation of ambiguous text messages. *Computers in Human Behavior, 54*, 368–379.

Koutamanis, M., Vossen, H. G., Peter, J., & Valkenburg, P. M. (2013). Practice makes perfect: The longitudinal effect of adolescents' instant messaging on their ability to initiate offline friendships. *Computers in Human Behavior*, 29(6), 2265–2272.

Laubert, C., & Parlamis, J. (2019). Are you angry (happy, sad) or aren't you? Emotion detection difficulty in email negotiation. *Group Decision and Negotiation*, 28(2), 377–413.

Lee, E.-J. (2007). Deindividuation effects on group polarization in computer-mediated communication: The role of group identification, public-self-awareness, and perceived argument quality. *Journal of Communication*, 57(2), 385–403.

Lee, Y., Kozar, K. A., & Larsen, K. R. (2009). Avatar e-mail versus traditional e-mail: Perceptual difference and media selection difference. *Decision Support Systems*, 46(2), 451–467.

Lengel, R. H., & Daft, R. L. (1989). The Selection of Communication Media as an Executive Skill. *The Academy of Management Executive (1987–1989)*, 2(3), 225–232.

Lowry, P. B., Roberts, T. L., Romano, N. C., Cheney, P. D., & Hightower, R. T. (2006). The impact of group size and social presence on small-group communication. *Small Group Research*, 37(6), 631–661.

Markus, M. L. (1994). Electronic mail as the medium of managerial choice. *Organization Science*, 5(4), 502–527.

Miller, H., Thebault-Spieker, J., Chang, S., Johnson, I., Terveen, L., & Hecht, B. (2016). »Blissfully happy« or »Ready to fight«: Varying interpretations of emoji. *Proceedings of the Tenth International AAAI Conference on Web and Social Media*. https://www.aaai.org/ocs/index.php/icwsm/icwsm16/paper/viewpaper/13167 [08.09.2022]

Nakanishi, H., Tanaka, K., & Wada, Y. (2014). Remote handshaking: Touch enhances video-mediated social telepresence. In M. Jones, P. Palanque, A. Schmidt, & T. Grossman (Hrsg.), *Chi 2014: Proceedings of the 32nd annual ACM conference on Human Factors in Computing Systems* (S. 2143–2152). New York, NY: Association for Computing Machinery.

O'Sullivan, P. B. (2000). What you don't know won't hurt me: Impression management functions of communication channels in relationships. *Human Communication Research*, 26(3), 403–431.

Postmes, T., Spears, R., Sakhel, K., & Groot, D. de (2001). Social influence in computer-mediated communication: The effects of anonymity on group behavior. *Personality and Social Psychology Bulletin*, 27(10), 1243–1254.

Psychology Today. (2010). *Don't call us, we'll call ... well, no, actually we probably won't*. https://www.psychologytoday.com/blog/the-introverts-corner/201002/dont-call-us-we-ll-call-well-no-actually-we-won-t [08.09.2022]

Quintes, C., & Ullrich, D. (2019). OMG I'm laughing so hard – alienation in digital communication and potential countermeasures. *I-Com*, 18(3), 301–307.

Reicher, S. D., Spears, R., & Postmes, T. (1995). A social identity model of deindividuation phenomena. *European Review of Social Psychology*, 6(1), 161–198.

Riordan, M. A. (2017). Emojis as tools for emotion work: Communicating affect in text messages. *Journal of Language and Social Psychology*, 36(5), 549–567.

Riordan, M. A., & Glikson, E. (2020). On the hazards of the technology age: How using emojis affects perceptions of leaders. *International Journal of Business Communication*, 232948842097169.

Riordan, M. A., & Trichtinger, L. A. (2017). Overconfidence at the keyboard: Confidence and accuracy in interpreting affect in e-mail exchanges. *Human Communication Research*, 43(1), 1–24.

Rogoff, B., Dahl, A., & Callanan, M. (2018). The importance of understanding children's lived experience. *Developmental Review*, 50, 5–15.

Schmitz, J., & Fulk, J. (1991). Organizational colleagues, media richness, and electronic mail: A test of the social influence model of technology use. *Communication Research*, 18(4), 487–523.

Shah, C. (2017). *Social information seeking: Leveraging the wisdom of the crowd*. Cham: Springer International Publishing.

Short, J., Williams, E., & Christie, B. (1976). *The social psychology of telecommunications*. London: Wiley.

Spears, R., & Lea, M. (1994). Panacea or panopticon? The hidden power in computer-mediated communication. *Communication Research*, *21*(4), 427–459.

Spitzberg, B. H. (2006). Preliminary development of a model and measure of computer-mediated communication (CMC) competence. *Journal of Computer-Mediated Communication*, *11*(2), 629–666.

Sussman, S. W., & Sproull, L. (1999). Straight talk: Delivering bad news through electronic communication. *Information Systems Research*, *10*(2), 150–166.

Tretter, S., & Diefenbach, S. (2022). The buffer effect: Strategic choice of communication media and the moderating role of interpersonal closeness. *Journal of Media Psychology*, *34*(5), 265–276.

Tretter, S., & Diefenbach, S. (2020). Emotion and interaction control: A motive-based approach to media choice in socio-emotional communication. *Multimodal Technologies and Interaction*, *4*(3), 53.

van den Hooff, B. (2005). Situational influences on the use of communication technologies: A meta-analysis and exploratory study. *Journal of Business Communication*, *42*(1), 4–27.

Völkel, S. T., Buschek, D., Pranjic, J., & Hussmann, H. (2019). Understanding emoji interpretation through user ersonality and message context. In *ACM Digital Library, Proceedings of the 21st International Conference on Human-Computer Interaction with Mobile Devices and Services* (S. 1–12). New York, NY: Association for Computing Machinery.

Walther, J. B. (1992). Interpersonal effects in computer-mediated interaction: A relational perspective. *Communication Research*, *19*(1), 52–90.

Walther, J. B. (1996). Computer-mediated communication: Impersonal, interpersonal, and hyperpersonal interaction. *Communication Research*, *23*(1), 3–43.

Walther, J. B. (2011). Theories of computer-mediated communication and interpersonal relations. In M. L. Knapp & J. A. Daly (Hrsg.), *The SAGE Handbook of Interpersonal Communication* (4. Aufl., S. 443–479). Thousand Oaks, CA: SAGE Publications.

Wang, S.-P., Lai, C.-T., Huang, A.-J., & Wang, H.-C. (2014). Kinchat: Veiling your face without suppressing facial expression in text communication. In M. Jones (Hrsg.), *Chi 2014: Extended Abstracts of the 32nd annual ACM conference on Human Factors in Computing Systems* (S. 2461–2466). New York, NY: Association for Computing Machinery.

Watts, S. A. (2007). Evaluative feedback: Perspectives on media effects. *Journal of Computer-Mediated Communication*, *12*(2), 384–411.

Weisband, S. P., Schneider, S. K., & Connolly, T. (1995). Computer-mediated communication and social information: Status salience and status differences. *Academy of Management Journal*, *38*(4), 1124–1151.

Whittaker, S., & Sidner, C. (1996). Email overload: Exploring personal information management of email. In M. J. Tauber (Hrsg.), *Proceedings of the SIGCHI Conference on Human Factors in Computing Systems* (S. 276–283). New York, NY: Association for Computing Machinery.

Zheng, J., Bos, N., Olson, J. S., & Olson, G. M. (2001). Trust without touch: Jump-start trust with social chat. In M. Tremaine (Hrsg.), *Chi ›01 Extended Abstracts on Human Factors in Computing Systems* (S. 293–294). New York, NY: Association for Computing Machinery.

Zheng, J., Veinott, E., Bos, N., Olson, J. S., & Olson, G. M. (2002). Trust without touch: Jumpstarting long-distance trust with initial social activities. In D. Wixon (Hrsg.), *Proceedings of the SIGCHI Conference on Human Factors in Computing Systems* (S. 141–146). New York, NY: Association for Computing Machinery.

2 Soziale Normen im digitalen Kontext

Sarah Diefenbach

Stellen Sie sich vor...

Sie sitzen mit Ihrem besten Freund/Ihrer besten Freundin im Café oder im Park. Endlich mal wieder Zeit gemütlich zu quatschen und zu erzählen. Die letzten Wochen waren turbulent, viel Aufregung, und dann gestern Abend noch dieser überflüssige Streit daheim. Es tut so gut, dass jetzt jemand zuhört und voll und ganz für Sie da ist. Sie genießen den Austausch und das Gefühl von Vertrautheit, erzählen, fühlen sich verstanden...

Aber dann...meldet sich bei Ihrem Gegenüber das Smartphone. Und er/sie greift auch sofort zum Telefon und fängt an zu tippen. Anscheinend eine überaus wichtige Nachricht, vielleicht auch ein Katzenvideo, Sie wissen es nicht. Der Blick bleibt fixiert auf's Display – totaler Kontaktabbruch zwischen Ihnen beiden.

Wahrscheinlich ist dies von Ihrem Gegenüber nicht böse gemeint, sondern einfach eine gedankenlose, automatische Reaktion: Wenn die Technik ruft, reagiert man. Sie sind erstmal abgemeldet – Ihre Geschichte, Ihre Emotionen müssen warten. Vielleicht denken Sie sich auch: Das ist einfach unhöflich, unverschämt, das macht man nicht! Die Psychologie würde dazu sagen: ein klassischer Normkonflikt, ein Verstoß gegen soziale Normen.

Seit jeher regeln soziale Normen unser Miteinander – einst am Lagerfeuer und heute in Begegnungsräumen von Menschen aller Art, wie etwa im Café, im Büro oder in digitalen sozialen Netzwerken. Soziale Normen sind die ungeschriebenen Gesetze, die das Zusammenleben der Mitglieder einer Gesellschaft regulieren: gemeinsame Überzeugungen darüber, was sich gehört und wie man sich in bestimmten Situationen richtig verhält (Turner, 1991). Überall da, wo Menschen zusammentreffen, spielen soziale Normen eine Rolle. Dies umfasst alltägliche Umgangsformen der Höflichkeit und Rücksichtnahme, wie etwa Begrüßung und Verabschiedung, anderen die Tür aufhalten oder denjenigen, die es nötig haben, einen Platz im Bus anbieten. Auch unsere Kommunikation ist gesteuert durch soziale Normen wie beispielsweise: Wie offen sage ich meine Meinung – gegenüber meiner Familie, Freunden oder dem Chef? Oft geht es hierbei um implizite Hierarchien, wobei sich die gültigen sozialen Normen auch je nach Kultur unterscheiden können. Treffen Personen mit gegensätzlichen sozialen Normen aufeinander, können schnell Konflikte entstehen. Denn jeder verhält sich aus seiner Sicht richtig – und das Verhalten des anderen scheint vollkommen unangemessen. Im Unterschied zu sozialen Normen, wurden andere Vorschriften, Gesetze und Verhaltensrichtlinien von Menschen bewusst verfasst und gestaltet und mit spezifischen Anreizen und Sanktionen verknüpft. Soziale Normen hingegen entwickeln sich eher spontan und werden selten schriftlich festgehalten (Hechter & Opp, 2001; Horne, 2001; Popa et al., 2014). Im Gegenteil scheinen uns soziale Normen oft dermaßen unumstößlich, dass man gar nicht auf die Idee kommt, über diese Selbstverständlichkeiten zu sprechen. So sind wir uns den vielen impliziten Regeln, die ein harmonisches Miteinander ermöglichen, oftmals gar nicht bewusst. Deutlich werden soziale Normen meist dann erst, wenn es zum Konflikt kommt und sich eine Person in einer Art und Weise verhält, die unserem Verständnis davon, was angemessen scheint, widerspricht. Wie beispielsweise sich in einer Warteschlange vordrängeln, ohne vorher anzuklopfen in ein Bürozimmer eintreten oder mit Essen beginnen, bevor alle am Tisch sitzen. Das heißt also auch: wer konfliktfrei durch den Alltag und in der Gesellschaft gut zurechtkommen will, muss diese Spielregeln kennen.

Soziale Normen haben somit eine zentrale Funktion für das Funktionieren unserer Gesellschaft und ein Gefühl von Sicherheit und Zusammengehörigkeit (Turner, 1991). Sie bilden einen Schutzraum für die Begegnung zwischen Menschen und sind ein Ausdruck von Achtsamkeit und Respekt für den anderen. Geteilte soziale Normen heißt sich darauf verlassen zu können, dass wir uns gemeinsam an diese Regeln halten. Ich muss nicht darum bitten oder darauf hinweisen, dass meine Bedürfnisse geachtet werden, wie beispielsweise ein angenehmer räumlicher Abstand zum Gesprächspartner oder der Verzicht auf unangenehme, zu intime Fragen. Die Einhaltung dieser Regeln ist selbstverständlich und heißt auch: in einer Gruppe von Menschen mit gemeinsamen sozialen Normen, kann ich mich entspannt fühlen. Soziale Normen sind der Kitt, der ein miteinander Interagieren und gemeinsam produktiv sein von Menschen erst ermöglicht. Das gilt sowohl für den privaten als auch für den Arbeitskontext. So betont auch die Forschungsliteratur zu Führungsverhalten und Arbeitsengagement, die zentrale Bedeutsamkeit sozialer Normen für die Team-Identität und Arbeitsmotivation (Ehrhart & Naumann, 2004; Ellemers et al., 2004).

Doch gerade in unserer zunehmend digitalen Welt, werden bestehende soziale Normen immer häufiger in Frage gestellt. Große Anteile unserer Kommunikation und Interaktion mit anderen verlaufen technologievermittelt – gerade auch im beruflichen Kontext und in Zeiten von Homeoffice. Menschen treffen in neuen, digitalen Kontexten aufeinander, für die sich noch keine gemeinsamen Regeln etabliert haben. Oder aber die Nutzung von Technik begünstigt Verhaltensweisen und die Entwicklung neuer Normen, welche mit traditionellen Normen in Konflikt stehen. Dies war auch der Fall im Eingangsbeispiel, bei dem sich zwei Positionen gegenüberstehen: Eine traditionelle Norm wie »Volle Aufmerksamkeit für den Gesprächspartner« und eine neuere Norm wie »Digitale Kommunikation hat Vorrang«. Diese und weitere Typen von Normkonflikten im Kontext der Techniknutzung werden im Folgenden näher beleuchtet.

2.1 Kapitelausblick

Das Kapitel betrachtet Konflikte zwischen Menschen im Kontext der Techniknutzung aus der Perspektive sozialer Normen und beleuchtet das Themenfeld anhand verschiedener Fallstudien mit jeweils spezifischen Schwerpunkten. Hierbei interessiert insgesamt die Frage, ob und inwieweit Normkonflikte im Kontext der Techniknutzung sich von Normkonflikten im Allgemeinen abheben, und welche besonderen Charakteristika und Herausforderungen sich feststellen lassen. Darauf aufbauend wird auch die Frage möglicher Vermeidungsstrategien beleuchtet und welche Ansatzpunkte für Interventionen sich aus dem Verständnis von Konflikten und Missverständnissen im digitalen Kontext als Normkonflikte ergeben.

Die folgenden Abschnitte beschreiben zunächst allgemeine *Konflikttypen und Entstehungsgeschichten von Normkonflikten*, welche anhand einer qualitativen Studie und Analyse von Erlebnisberichten zu sozialen Konflikten im Kontext der Techniknutzung im Alltag extrahiert wurden. Eine weitere Studie beleuchtet die *Bedeutung sozialer Normen im (digitalen) Arbeitskontext* und betrachtet neben den Konflikten und bestehenden sozialen Normen selbst auch Ansatzpunkte für Interventionen durch Technikgestaltung und Führungskräfte. Einen weiteren Schwerpunkt bildet das Thema *mobile Etikette* und eine Erhebung von Ansichten zum angemessenen Umgang mit dem Smartphone. Neben den Einsichten aus der aktuellen Begfragungen werden anhand eines Vergleichs zu vergangenen Erhebungen auch allgemeine Trends und Veränderungen über die Zeit betrachtet. Das abschließende Resümee diskutiert übergreifende Schlussfolgerungen und mögliche Interventionen.

2.2 Konflikttypen und Entstehungsgeschichten von Normkonflikten im Kontext der Techniknutzung im Alltag

Normkonflikte im Kontext der Techniknutzung können auf unterschiedliche Art und Weise entstehen und spezifische Konstellationen im Laufe der Entwicklung und Veränderung von Normen in einer Gesellschaft können diese besonders wahrscheinlich machen. Dies zeigte sich auch in einer unserer Studien zu sozialen Konflikten im Zusammenhang mit Techniknutzung im Alltag (Diefenbach & Ullrich, 2018), welche Einsichten in die Entstehungsgeschichten und verschiedene Typen von Normkonflikten verdeutlicht. In unserer Untersuchung haben wir Erlebnisberichte zu Konflikten oder Missverständnissen zwischen Menschen im Zusammenhang mit der Nutzung von Technik im Alltag gesammelt. Dies mussten nicht unbedingt dramatische Streitigkeiten sein, sondern auch alltägliche Situationen, in denen sich die Person unverstanden oder rücksichtslos behandelt gefühlt hatten. Neben der Situationsbeschreibung gaben die Teilnehmer zusätzlich ein

Rating des eigenen emotionalen Erlebens (1 = negativ, 5 = positiv) ab sowie ein Rating des (vorgestellten) emotionalen Erlebens der anderen am Konflikt beteiligten Person. Anhand einer qualitativen Inhaltsanalyse der 110 Konfliktberichte konnten wir vier grobe Konflikttypen identifizieren. Die folgenden Abschnitte erläutern die vier Typen anhand exemplarischer Konfliktschilderungen und Parallelen zu von anderen Forschern beschriebenen Phänomenen und Konflikten im Kontext der Techniknutzung. Eine weiterführende Diskussion und Verortung in der Forschungsliteratur findet sich in unseren Forschungsarbeiten zu »Disrespectful Technologies« (Diefenbach & Ullrich, 2018) sowie einem Vortrag im Rahmen der ard alpha Campus Talks (Diefenbach, 2020).

2.2.1 Typ 1: Technologie-initiierte Normverletzung

Für jeden sozialen Kontext existieren spezifische Normen, wie Menschen sich verhalten und miteinander interagieren. Somit liefern soziale Normen eine Art Korsett, das steuert, dass das Verhalten der Beteiligten einem bestimmten Rahmen bleibt und Konflikte vermeidet. Doch auch wenn Menschen grundsätzlich gewillt sind, diese Verhaltensregeln zu befolgen und zu respektieren, können externe Impulse dazu führen, dass man von den bestehenden Normen abweicht.

Typ 1, die *Technologie-initiierte Normverletzung* beschreibt Fälle wie das Eingangsszenario zu Kapitelbeginn: Die Technik tut etwas oder ermöglicht ein Verhalten, das mit einer bestehenden Norm im Konflikt steht. Wie eben die Unterbrechung eines direkten Gesprächs durch das piepende Smartphone – ohne Rücksicht auf die Gefühle des Gegenübers in der nicht-digitalen Welt. Ein Kontext, der nach traditionellen sozialen Normen als »geschützter Raum« gilt und eine exklusive Aufmerksamkeit für die Anwesenden untereinander impliziert (z. B. Esstisch), macht die Erfahrung der Zuwendung des Gegenübers zur Technik als Normverletzung dabei noch stärker. Viele der Konfliktberichte beschreiben derartige Erfahrungen.

> Wir sitzen beim Essen und sein Handy liegt auf dem Tisch. Er bekommt die ganze Zeit Nachrichten aus seinem Gruppenchat mit Freunden. Ununterbrochen. Dann erzähle ich etwas und er ist abgelenkt, weil sein Handy die ganze Zeit auf dem Tisch vibriert. Als ich eine Frage stelle, reagiert er erst nicht und fragt dann »was hast du gesagt?«

Auch impliziter Druck durch technische Features kann dazu verleiten, von bestehenden Normen abzuweichen. So beschrieben einige Studienteilnehmer, dass sie Nachrichten schneller und weniger sorgfältig beantworten, weil sie sich durch die Gelesen-Bestätigung (z. B. die blauen Haken in WhatsApp) dazu genötigt fühlen.

> Ich hatte eine Nachricht von meiner Kommilitonin bekommen, war aber sehr im Stress und konnte nicht antworten. Als ich die Nachricht gelesen habe, habe ich das Handy wieder weggelegt und hatte vor es später zu beantworten. Als sie sah, dass ich es schon gesehen hatte, schrieb sie mir erneut und wollte wissen, warum ich sie ignoriere. Das hat mich noch viel mehr gestresst.

Die Norm »wohlüberlegte Nachrichten an Personen, die einem wichtig sind« wird geopfert, für eine neue Norm der schnellstmöglichen Antwortverpflichtung. So erfüllen Personen zwar den (vermeintlichen) Wunsch des Senders, auf eine Nachricht möglichst schnell eine Antwort zu liefern, die Qualität der Antwort rückt in den Hintergrund. Gerade in engen Beziehungen, in denen man eigentlich erwartet, dass der andere sich Gedanken darübermacht, was er schreibt, kann eine vorschnelle Antwort zu weiteren Konflikten führen. Der sowieso schon gestresste Kommunikationspartner bekommt neuen Stress und die schnell geschickte Antwort wird zum Bumerang.

Einen besonderen Spezialfall Technologie-initiierter Normverletzung bildet die Verletzung sozialer Normen durch das Wegfallen einer bereits gewohnten technischen Funktion. Beispielsweise ist es für viele Menschen zum Standard geworden, durch die Technik an Geburtstage von Freunden und Bekannten erinnern lassen, oftmals durch Erinnerungsfunktionen in sozialen Medien. Fällt diese Funktion weg, weil jemand in sozialen Medien nicht präsent ist, oder das Geburtstagskind explizit testen möchte, wer aus seinem Umfeld noch die traditionelle Norm (»bei Personen, die mir wichtig sind, weiß ich wann sie Geburtstag haben und gratuliere«) erfüllt, kommt es zum Konflikt.

> Mein Ex-Freund hatte Geburtstag. Ich habe den Geburtstag vergessen, weil er auf Facebook die Funktion, die einen an den Geburtstag von Personen erinnert, deaktiviert hatte, um zu sehen wer an seinen Geburtstag denkt. Mein Ex-Freund hat mir Vorwürfe gemacht, dass ich seinen Geburtstag vergessen habe. Ich empfand sein Verhalten in der Situation als »kindisch«, denn er hat durch sein Verhalten (das Deaktivieren der »Geburtstagsfunktion«) ja meine Reaktion bzw. das Ausbleiben einer Aktion meinerseits provoziert.

2.2.2 Typ 2: Norm-Erosion

Wenn traditionelle Normen, wie etwa die ungeteilte Aufmerksamkeit für den Gesprächspartner, im Alltag immer häufiger verletzt werden, wird dies irgendwann zum Standard. Die Normverletzung wird zur neuen Norm – ein Fall von *Norm-Erosion*. So kann man sich fragen, welche traditionellen Normen überhaupt noch eine Chance auf Bestand haben.

Gibt es noch ungeteilte Aufmerksamkeit?

Wahrscheinlich ist es auch Ihnen schon einmal passiert, dass Sie eine etwas lieblose Nachricht verschickt haben, bei der Sie sich im Nachhinein betrachtet doch gern etwas mehr Zeit für die Antwort genommen hätten. Genauso haben wir bestimmt auch unbemerkt schon einmal die Norm ungeteilter Aufmerksamkeit verletzt – nicht nur im digitalen Kontext. Wir wollten zuhören, haben dann aber nebenher irgendetwas anderes gemacht: Einen Brief geöffnet, Geschirr weggeräumt, in der Tasche gekramt – oder eben mal kurz das Smartphone gecheckt. Ohne schlechtes Gefühl und ohne böse Absicht die Technik verführt zur Normverletzung, ohne dass man es merkt. So wahrscheinlich auch im folgenden Beispiel, bei dem die Freundin nach einem impliziten Hinweis auf die Normverletzung auch gewillt ist, zur traditionellen Norm zurückzukehren und ungeteilte Aufmerksamkeit zu schenken:

> Ich wollte meiner Freundin etwas für mich persönlich Wichtiges erzählen – sie hat dabei Facebook und Instagram gecheckt. Ich fühlte mich unwichtiger als der News-Feed und habe dann zu reden aufgehört. Als ich etwas gesagt habe, hat sie jedoch aufgehört und zugehört.

Blöd fühlt es sich dennoch an, erst darum kämpfen zu müssen, die Aufmerksamkeit (zurück) zu erlangen. Auch schon der Schritt, überhaupt ein Gespräch zu initiieren, und zum technikfokussierten Gegenüber durchzudringen, erweist sich oft als problematisch.

> Ich komme zum Zimmer rein und rede bereits mehrere Minuten mit ihm, ohne dass er auch nur einmal vom PC aufgeblickt hätte.

In manchen Fällen ist die Hürde zur eigentlichen Kommunikation, nämlich die Aufmerksamkeit des Gesprächspartners gewinnen, so hoch, dass es gar nicht mehr zum Austausch kommt. Wenn dies solcher Mühen bedarf, verliert der Initiator des Gesprächs irgendwann die Lust sich mitzuteilen. Der Kampf um Aufmerksamkeit hat die Stimmung zerstört.

> Meine Mutter schrieb während eines Gespräches nebenher auf WhatsApp. Von Anfang an beschwerte ich mich, dass sie doch bitte zuhören solle. Sie sagte immer wieder, sie höre ja zu, schrieb aber nebenher weiter. Nach einer weiteren Minute fragte ich entnervt, ob sie überhaupt etwas mitgekriegt hätte. Sie konnte nicht wiedergeben, was ich bisher erzählt hatte. Daraufhin habe ich das Gespräch abgebrochen. Nun legte sie das Handy weg, ich hatte aber keine Lust, die Geschichte noch einmal zu erzählen. Ich habe mich ignoriert gefühlt und fand das Verhalten strahlte mangelndes Interesse und fehlende Wertschätzung aus.

Vielleicht denken Sie sich jetzt: Ganz so kleinlich muss man das nicht sehen. Digitale Parallelbeschäftigung gehört dazu, darüber regt sich heute niemand mehr auf. Nebenher schnell Emails oder Instagram checken ist doch kein Drama, wir haben ja alle nicht viel Zeit. Und wenn man das Verhalten der Menschen beobachtet, scheint diese Sicht auch tatsächlich weit verbreitet. Begeben Sie an einen beliebigen öffentlichen Platz, eine Sehenswürdigkeit oder ein Café und sehen Sie sich um: es wird immer schwerer Menschen zu finden, die *kein* Smartphone in der Hand haben – oder zumindest in sicherer Reichweite.

Gibt es noch Pünktlichkeit und Verbindlichkeit?

Die Norm-Erosion trifft nicht nur die Wertschätzung des Gegenübers durch Aufmerksamkeit, auch Normen von Pünktlichkeit und Verbindlichkeit gehen immer mehr verloren.

> Seit es WhatsApp gibt, ist niemand mehr pünktlich. Man hat das Gefühl, es stört die Leute gar nicht mehr zu spät zu kommen, man kann ja jederzeit bequem informieren. So nach dem Motto: Ich habe Bescheid gesagt, also ist es ok.

Und seien wir ehrlich, gewissermaßen ist die Analyse des Studienteilnehmers ja zutrffend. Hätte man *kein Handy* dabei, würde man sich wahrscheinlich mehr bemühen pünktlich zu sein. Die Technik verführt zur Normverletzung.

Die Effekte der allgegenwärtigen Erreichbarkeit und Möglichkeiten zur kurzfristigen Kommunikation verändern die Verabredungskultur insgesamt, wie auch in unserem Artikel zu (Dis)Respectful Technologies (Diefenbach et al., 2017) beschrieben: Längerfristige konkrete Verabredungen wie »Nächsten Dienstag um acht in der Pizzeria« werden seltener. Oft verabredet man höchstens vage einen Wochentag mit dem Zusatz »wir hören uns nochmal«. Wie verbindlich die Verabredung dann schon getroffen ist, wird von den Beteiligten ganz unterschiedlich interpretiert: Eine Person organisiert für den Abend schon einen Babysitter und freut sich auf das Treffen. Eine andere Person fühlt sich nach dem langen Arbeitstag doch etwas müde und sagt ab. Eine dritte Person bemerkt, dass das Wetter eigentlich zu schlecht ist, um das Haus zu verlassen und verkündet unbekümmert »ich bleibe heute auf dem Sofa, viel Spaß euch«. Heißt also im Endeffekt: Ob, wann und wo genau man sich trifft, wer alles dabei sein wird oder doch im letzten Moment eine alternative Abendgestaltung vorzieht, wird erst kurz vorher klar. Die Stimmung im Gruppenchat kann sich jederzeit ändern. Je größer die Gruppe, umso extremer die Tendenz für kurzfristige Absagen. »Sorry, ich pack es nicht. Bin raus.« heißt es oft gerade von den Leuten, die vorher tagelang im Chat beteuert haben, es wäre doch soo schön, sich mal wieder zu sehen. Das ständige miteinander im Kontakt sein, wird für die einen zum Freifahrtschein für Unverbindlichkeit, wohingegen andere gerade in dem intensiven digitalen Kontakt im Vorfeld ein Commitment sehen.

Werden Normen der Verabredungskultur so unterschiedlich wahrgenommen, und dementsprechend auch mehr oder weniger Energie in die Einhaltung traditioneller Normen investiert, erzeugt dies auch ein Ungleichgewicht in der Gruppe. Wenn sich der andere gerade auf der Arbeit abgemüht und extrem gestresst hat, um die Verabredung einhalten zu können, und zum Lohn jetzt erstmal eine halbe Stunde allein in der Pizzeria sitzt, verspricht dies keinen harmonischen Start in den Abend.

2.2.3 Typ 3: Norm-Fragmentierung

Im Laufe der Norm-Erosion werden traditionelle Normen durch neue Normen abgelöst. Allerdings verläuft dieser Prozess nicht gleichmäßig über alle Mitglieder einer Gesellschaft hinweg. Während einige noch immer die traditionelle Norm favorisieren (z. B. keine Smartphones am Essenstisch), finden andere Gefallen an den neuen technischen Möglichkeiten und die bisherigen Regeln zu überschreiben. Es kommt zur *Norm-Fragmentierung*. Alte, traditionelle und neue, moderne Normen existieren nebeneinander und jeder sieht die eigene Norm als die gültige Norm. Die Gesellschaft ist sich uneins, was aktuell noch Gültigkeit hat und über was man sich aufregen darf. Manche Menschen sehen Zuspätkommen vielleicht gar nicht mehr als Normverletzung, sondern als Ausdruck eines ungezwungenen modernen Lifestyles. Bei so einer Konstellation sind Konflikte vorprogrammiert, wie es auch zahlreiche Beispiele von Norm-Fragmentierung in unserer Studie zeigen.

Aufmerksamkeit füreinander vs. Aufmerksamkeit für's Smartphone

Heißt physisch an einem Ort sein automatisch, dass man etwas gemeinsam erleben will? Geht es darum, sich einander exklusive Aufmerksamkeit zu schenken? Oder ist es eher ein nebeneinander am gleichen Ort, und vielleicht einzelne Momente teilen? Die Erwartungen bezüglich Treffen im Freundes- und Familienkreis gehen hier offensichtlich auseinander.

> Ich, mein Partner und Cousin haben vorgestern Abend einen Film bei uns zu Hause geschaut. Mein Cousin war viel mit seinem Handy beschäftigt und hat mit den Freunden geschrieben. Die Situation war unangenehm, weil wir nach dem Film gerne darüber diskutieren wollten, aber er hat nicht so viel mitbekommen. Auch das Gefühl, dass er beim gemeinsamen Treffen (Film schauen) gedanklich nicht dabei war, und hat uns gegenüber kein Interesse gezeigt.

> Wir haben zusammen TV geschaut als Gruppenaktion, nebenbei haben wir uns unterhalten. Alle waren permanent am Handy, was sehr gestört hat. Meine Erwartung war, dass wir Zeit zusammen verbringen und nicht die ganze Zeit am Handy sind.

Telefonieren am Essenstisch – Respektlosigkeit oder Engagement?

Auch die Situation eines Restaurantbesuchs, bei dem die Eltern endlich den neuen Freund der Tochter kennenlernen sollen, und die Frage, wie man das Telefonieren am Essenstisch bewertet, zeugt von Norm-Fragmentierung.

> Meine Eltern lernen meinen Freund kennen beim Essen im Restaurant. Er geht ans Handy und telefoniert während wir essen. Schlechter Eindruck!

Dass er mit seinem Verhalten einen schlechten Eindruck hinterlässt, ist dem jungen Mann wahrscheinlich nicht bewusst (geht man davon aus, dass er die Eltern seiner Freundin nicht unnötig verärgern möchte). Anscheinend kommt er gar nicht auf die Idee, dass sein Verhalten befremdlich wirken könnte. Im Gegenteil: Aus einer anderen Perspektive könnte man im offenbar dringenden Telefonat am Essenstisch auch ein positives Zeichen sehen: Der ehrgeizige junge Geschäftsmann, der sich rund um die Uhr um sein Business kümmert. Zwei Interpretationen der gleichen Situation prallen aufeinander: Was der eine als unmögliches, unhöfliches Verhalten sieht, ist für den anderen normal und erstrebenswert.

Chat: Medium für Sachinformtion vs. Beziehungsinformation

Genauso können unterschiedliche Erwartungen bezüglich der Art und Weise der Kommunikation zu Konflikten führen. Ganz allgemein entstehen Konflikte in der Kommunikation häufig dadurch, dass Sender und Empfänger einer Botschaft mit Informationen auf unterschiedlicher Ebene operieren, wie dies auch Friedemann Schulz von Thun (1981) in seinem Kommunikationsquadrat oder »Vier-Ohren-Modell« der Kommunikation beschreibt. Beispielsweise wird eine Information des Senders auf Sachebene (»Oh, jetzt fängt es gerade an zu regnen.«) vom Empfänger auf Beziehungsebene interpretiert (»Aha, du hast also keine Lust auf unseren gemeinsamen Spaziergang. Ich bin dir nicht wichtig.«). Die Chat-Kommunikation ist dabei besonders anfällig für derartige Missverständnisse. Im direkten Gespräch oder auch einem Telefonat liefern neben den Worten selbst auch Stimmlage und Tonfall des Senders Beziehungsinformationen. Auch die Einhaltung (oder Missachtung) einer gewissen Form der Ritualisierung, bestehend aus Begrüßung und Verabschiedung, hilft bei der Einschätzung der emotionalen Verfassung des Senders und zu interpretieren, wie eine Botschaft gemeint ist. Die Chat-Kommunikation hingegen ist diesbezüglich oft mit großer Unsicherheit behaftet. Beispielsweise kann das Verhalten einer Person, die Chat als ein Medium für Übermittlung von Sachinformation nutzt, eine Person, die in den Chat-Nachrichten nach Beziehungsinformation sucht (und ein Ausbleiben dieser widerum als negative Beziehungsinformation wertet), stark verunsichern.

> Manchmal habe ich ein ungutes Gefühl, wenn ich oder ein(e) Freund(in) sehr kurz angebunden antworten (z.B. auf eine Frage, ein Treffen auszumachen), sodass der Eindruck entsteht, dass der eine keine Lust hat, sich zu treffen oder mit mir zu schreiben. Daraus schließe ich oft Desinteresse oder Unlust an meiner Person.

> Ich habe eine Nachricht bekommen, es gab für mich nichts darauf zu antworten, deshalb habe ich es nicht getan. Die andere Person war daraufhin beleidigt (dass ich den Kontakt in diesem Moment nicht aufrechterhalten habe?)

So ist auch die Frage, ob es in Ordnung ist, Chatnachrichten auf sachliche Informationen zu beschränken und die Kommunikation zu beenden, wenn es sachlich nichts mehr hinzuzufügen gibt, ein Fall von Norm-Fragmentierung.

Urlaub heißt Abschalten vs. ständige Erreichbarkeit

Auch bezüglich der Erwartungen an Kommunikationspflichten und das Aufrechterhalten dieser Verpflichtungen in der Urlaubszeit existieren heute alte und neue Normen nebeneinander.

> Ich war über Sylvester einige Tage im Ausland im Urlaub und schaltete mein Handy aus, um wirklich abschalten zu können. Dies führte dazu, dass ich vielen Leuten erst im Nachhinein ein frohes neues Jahr wünschen konnte, was zu Enttäuschung und Verärgerung führte (ich dachte, ich bin dir nicht wichtig etc.).

Früher einmal (traditionelle Norm) galt der Urlaub als eine Zeit, in der man von allen Pflichten entbunden war. Gegenüber dem Arbeitgeber, aber auch gegenüber den Freunden in der Heimat. Demgegenüber stehen heute Vertreter einer neuen Norm, nach der es keine Zeiten und Orte mehr gibt, die von Rechten und Pflichten der ständigen Kommunikation befreien: Wenn man rund um die Welt vernetzt sein kann, gibt es keinen Grund für Pausen und kompletten Rückzug. Instagram-Freunde und Follower kann man auch oder gerade vom Urlaubsort mit den Highlights des eigenen Lebens versorgen. Für den Fall der Fälle hat man natürlich das Diensthandy dabei, und wenn es schon da ist, dann ruft man auch mal die E-Mails ab. Und wenn man sie schon abgerufen hat, dann beantwortet man auch schnell das »Wichtigste« – und macht sich damit auch selbst wichtig. In so einem Klima verwundert es nicht, dass diese Erwartungen auch zum Jahreswechsel bestehen bleiben. Ständiger digitaler Kontakt ist Verpflichtung, zu jeder Zeit, weltweit.

Auch bei der Interpretation von Kontaktverpflichtungen in der Urlaubszeit prallen also traditionelle und neue Normen aufeinander. So entsteht im Zuge der Norm-Fragmentierung eine Gesellschaft, in der Menschen Alltag teilen und leben, die von ganz unterschiedlichen Standards und Erwartungen aneinander ausgehen, und sich dem Auseinanderklaffen ihrer Sichtweisen höchstwahrscheinlich gar nicht bewusst sind. Wenn Mitmenschen gegen (aus der eigenen Sicht gültige) soziale Normen verstoßen, wird dies eher mit Unhöflichkeit oder einem schlechten Charakter in Verbindung gebracht, als mit der Idee, die Eindeutigkeit der eigenen Sichtweise zu hinterfragen.

2.2.4 Typ 4: Norm-Konfusion

Ein weiterer Typ von Normkonflikt betrifft neuartige Formen der sozialen Interaktion, die erst durch Technik möglich wurden, und für die es dementsprechend noch keine einheitlichen Interpretationen sowie klare Normen geben kann. Oft werden auch unterschiedliche Parallelen zu Bildern oder Verhaltensweisen der nicht-digitalen Welt gezogen, woraus sich dann unterschiedliche Ansichten über angemessene Verhaltensweisen ergeben. Es entsteht Verwirrung, die sogenannte *Norm-Konfusion*, wie auch die folgenden Beispiele von unterschiedlichen Bewertungen einer Situation bzw. Technologie zeigen.

Was ist ein Chat?

Was zum Beispiel gilt für die Kommunikation per Chat und Dienste wie Skype oder WhatsApp? Eine mögliche Interpretation wäre: Chatten ist im Prinzip wie ein direktes Gespräch, nur über die Ferne. Dies würde heißen: Man begrüßt sich, man verabschiedet sich, und wenn das Gegenüber eine Frage stellt, antwortet man. Man lässt den anderen nicht einfach ohne Antwort stehen oder verlässt unvermittelt den Raum. Aber genau dieses Gefühl stellt sich oft in der Kommunikation via WhatsApp ein: Man schickt eine Nachricht, diese wird vom Empfänger auch wahrgenommen, aber dennoch nicht beantwortet. Der Sender fühlt sich allein gelassen.

> Er hat meine Nachricht gelesen [das sehe ich an den blauen Häkchen] aber stundenlang keine Antwort. Ich warte aber auf die Antwort, da ich die gemeinsame Tagesplanung gestalten möchte – fühle mich ignoriert und vernachlässigt.

> Sie war wütend, weil ich ihre Nachricht gelesen, aber nicht gleich geantwortet hatte. Ich hatte lediglich keine Zeit dafür.

> Ich habe es versäumt auf eine Nachricht zu antworten, weshalb die beteiligte Person mich anderweitig versucht hat zu kontaktieren. Dieser Umstand hat dazu geführt, dass die Person etwas enttäuscht bzw. sauer wurde. Sie hatte die Erwartung, dass ich schnellstmöglich über diesen Messengerdienst antworten muss.

> Eine Freundin hat gefragt, ob wir am Wochenende etwas zusammen machen. Keiner hat innerhalb eines Tages geantwortet. DieFreundin hat später gesagt, dass sie dies sehr gestört hatte.

Sieht man WhatsApp tatsächlich in Parallele zu einem direkten Gespräch, ist die emotionale Enttäuschung des Senders, der auf Antwort wartet, gut nachvollziehbar. Den Raum zu verlassen und das Gegenüber ohne Antwort zurücklassen, wäre in einer Konversation von Angesicht zu Angesicht Unverschämtheit, eine regelrechte

Provokation. Es ist kaum vorstellbar, sich in so einer Situation *nicht* beleidigt zu fühlen.

Findet diese Interaktion allerdings in WhatsApp statt, sind auch andere Interpretationen denkbar. Vielleicht sieht der Interaktionspartner eine Chat-Unterhaltung nicht als Gespräch, sondern eher wie einen Briefwechsel: Man schreibt, wann es passt, je nach Zeit und Belieben. Dann könnte man sogar sagen: Es ist gerade als Zeichen der Wertschätzung, sich für die Antwort Zeit zu nehmen, mit Ruhe und Muße einen Antwortbrief zu verfassen und nicht im Alltagsstress ein paar lieblose Zeilen zurückzusenden. Das heißt also in Konsequenz: Je nachdem, welche Parallelen man zieht – WhatsApp als Gespräch oder als Briefwechsel – kommt man zu ganz anderen Schlussfolgerungen was gutes und schlechtes Benehmen ist. Dies betrifft auch die Frage der angemessenen Begrüßungsformeln: sieht man einen Chatverlauf als fortgesetzte Unterhaltung oder als ein immer wieder neu begonnenes Gespräch, bei dem bei jedem Kontakt eine neue förmliche Begrüßung erfolgen sollte?

> Mein Vater ist der Meinung, dass jeder »wiederaufgenommenen Chat« mit »Hallo«, »Guten Morgen« etc. begonnen werden sollte. Wenn man über ein neues Ereignis schreibt oder der alte Chatverlauf einige Tage her ist, verstehe ich das und begrüße meine Kontakte auch dementsprechend, wenn mein Vater mir abends antwortet und ich erst am nächsten Tag in der früh zurückschreibe, dann finde ich es nicht nötig nochmal mit »guten Morgen« etc. anzufangen.

Denkanstoß: Wie sehen Sie das? Norm-Konfusion in sozialen Medien

Norm-Konfusion ist weit verbreitet – insbesondere im Kontext sozialer Medien treffen oft unterschiedliche Ansichten darüber, wie das Verhalten des Gegenübers zu interpretieren und bewerten ist aufeinander. Die weiteren folgenden Zitate unserer Studienteilnehmer sind eine Einladung an Sie zum Mitdenken und Diskutieren: Wie hätten Sie sich in der entsprechenden Situation verhalten und gefühlt? Welche Norm hat aus Ihrer Sicht Gültigkeit und warum?

Wie »persönlich« ist Kontakt via Facebook?

Die Mutter meines Partners hat mir per WhatsApp zum Geburtstag gratuliert, obwohl sie das die Jahre zuvor immer telefonisch getan hat. Ich persönlich war darüber nicht sehr traurig, so konnte ich einem Smalltalk-Gespräch entgehen. Mein Freund jedoch fand dies unmöglich und regte sich darüber auf, wieso seine Mutter mir nicht »persönlicher« am Telefon gratuliert. Freundin hat per Facebook gratuliert – Mutter beleidigt, weil keine Karte

Emojis – ein Muss?

Dass ich die Emojis weggelassen hatte, wurde vom Partner so interpretiert, dass ich sauer bin. Dabei war ich nur in Eile.
Schreiben ohne Smileys wird als schlecht gelaunt oder wütend aufgefasst
Nachricht ohne Smileys verschicken oder sich kurz halten – oft entsteht der Eindruck, dass ich schlecht gelaunt bin und die beteiligte(n) Person(en)fühlen sich dann unbegründet angegriffen – schreiben aggressiv zurück.

Er schreibt ohne Smileys und sehr knapp zurück und ich habe dadurch das Gefühl bekommen, er sei böse auf mich, obwohl er es gar nicht war.

»Mein Geburtstagstisch gehört mir« vs. »Auf meinem Account kann ich posten was ich will«

Ich war das Wochenende bei meinen Eltern zu besuch, da ich am Sonntag Geburtstag hatte. – Als ich am Sonntagmorgen an meinem Geburtstag aufwachte, schaute ich ein bisschen meine Neuigkeiten auf meinem Handy nach, u. a. eben auch Facebook – Dabei entdeckte ich, dass mein Vater auf Facebook ein Foto meines angerichteten Geburtstagsfrühstücks gepostet hatte. Es hatte unzählige Likes. Ich war dann richtig sauer, weil es mich gestört hat, dass er diesen Familienmoment mit allen geteilt hat, ohne mich zu fragen und dass all diese Personen mein Geburtstagsfrühstück vor mir gesehen hatten. Ich sprach ihn daraufhin darauf an und er argumentierte er könne ja selber entscheiden was er auf seinem Facebookaccount postet

Was ist die Facebook-Pinnwand?

Verwandte schrieb mir Geburtstagsgruß auf meine Facebook Pinnwand. Pinnwand Einträge bei Facebook beantworte ich nicht, da man davon am Geburtstag sehr viele kriegt, aber sie meist unpersönlich sind. Bei meinen Eltern beklagte sich die Verwandte, dass ich mich nicht bei ihr für die Glückwünsche bedankt hätte

Was ist eine »Veranstaltung« auf Facebook?

Eine Geburtstagseinladung, die auf Facebook als »Veranstaltung« erstellt wurde und die an ca. 20 Freunde gerichtet ist. Manche Freunde sagen zu oder ab und manche Freunde ignorieren die Veranstaltung und sagen gar nichts. Ich persönlich habe die Erwartung, dass mir die Leute eine Rückmeldung auf die Einladung geben und bin traurig, wenn das nicht passiert. Andere aber würden das vielleicht nicht schlimm finden.

Geburtstagseinladung via WhatsApp-Gruppe: Manche Freunde antworten auch nach zwei Wochen nicht auf die Geburtstagseinladung – weder im Gruppenchat, noch in einem privaten Chat. Ich selbst antworte immer direkt auf Einladungen und sage zu oder ab

Muss man sich für seinen Zuletzt-Online-Status rechtfertigen?

Bei WhatsApp ist für uns beide sichtbar, wann der andere jeweils das letzte Mal online war. In den letzten Tagen habe ich häufiger noch sehr lange gearbeitet und wir haben nochmal kurz telefoniert, bevor wir eigentlich beide schlafen gehen wollten. Wenn ich dann aber halt gerade im Bett liege und mit der Arbeit fertig bin, verliere ich mich manchmal ein wenig in den sozialen Medien. Das ist mir an einem Abend so passiert und entsprechend habe ich am nächsten Morgen länger geschlafen. Als ich aufwachte sah ich direkt eine Nachricht von meinem Freund, ob ich nicht eigentlich schon früher schlafen gehen wollte und warum ich noch so lange wach gewesen sei. Er meinte es absolut nicht böse, aber ein bisschen komisch ist es schon manchmal, dass die Kontrolle

2.2 Konflikttypen und Entstehungsgeschichten von Normkonflikten

durch andere durch diese Information des »letzten Online-gewesen-seins« potenziell ziemlich groß ist.

Nicht nur im digitalen Kontext, auch überall sonst, wo neue Felder sozialer Interaktion entstehen, kann es zur Norm-Konfusion kommen und es können aufgrund konträrer Erwartungen Konflikte entstehen. Beispiele finden sich auch im Kontext der »Sharing«-Kultur, welche in den letzten Jahren wachsenden Zuspruch gefunden hat. Modelle des Teilens und der gemeinsamen Nutzung von Dingen, vom Verleihen von Werkzeug in der Nachbarschaft, über das Anbieten des Sofas zur Übernachtung an Fremde auf Reisen (Couchsurfing, couchsurfing.com) bis zu professionell organisierten Teilen wie etwa Car-Sharing. Jedoch ist auch in Sharing-Modellen nicht immer klar, welche Erwartungen mit dem Anbieten und Teilen verknüpft sind und ob es eher ideelle oder pragmatische Motivationen sind, die zum Teilen anregen. Beispielsweise zeigte eine Befragungsstudie im Rahmen eines Projektseminars an der LMU München, dass auch unter Couchsurfern häufig Normkonflikte entstehen. Einige Couchsurfer sehen sich als Teil einer Community, die neben dem zur Verfügungstellen eines Schlafplatzes auch für Interesse an anderen Menschen und Kulturen steht. Neben der Übernachtungsmöglichkeit bieten die Gastgeber auch ihre Qualitäten als Fremdenführer an und zeigen den Gästen ihre Lieblingsplätze in der Stadt – und freuen sich gleichezeitig etwas über den Gast und seine Lebensgeschichte zu erfahren. Man isst und erzählt zusammen und das Couchsurfing-Erlebnis wird zum essenziellen Teil der Reise. Andere Couchsurfer betrachten Couchsurfing einfach als pragmatische günstige Übernachtungsmöglichkeit ohne Erwartungen jeglichen »Service« darüber hinaus und wollen vom Gastgeber in Ruhe gelassen werden.

Wann immer neue Kontexte des Zusammenkommens von Menschen entstehen, braucht es eine Zeit, bis einheitliche Normen ausgehandelt sind und mit dem Konsens hinsichtlich Umgangsformen auch Harmonie entstehen kann. Gerade dies macht aber den digitalen Raum besonders anfällig für Normkonflikte in Form von Norm-Konfusion (siehe auch Diefenbach & Ullrich, 2018). Durch die schnelle technische Innovation können neue Felder sozialer Interaktion quasi über Nacht entstehen. Es entstehen laufend neue Räume, in denen neue Normen kreiert und ausgehandelt werden müssen. Hat sich gerade ein Gleichgewicht und gemeinsames Verständnis eingependelt, entsteht die nächste technische Innovation und neue Fragen kommen auf. Dazu kommt, dass die Norm-Konfusion und die Nicht-Einigkeit im digitalen Raum weniger offensichtlich ist, als in der direkten Begegnung. Während zwei Couchsurfer mit gegensätzlichen Couchsurfing-Normen, die sich in der Wohnung des Gastgebers live gegenüberstehen, ihre gegenseitige Irritation über das unerwartete Verhalten des anderen wahrscheinlich bemerken werden, bleibt die Norm-Konfusion im digitalen Raum oft im Verborgenen. Das Kopfschütteln der Person am Rechner oder Smartphone, die sich über das Verhalten des digitalen Gegenübers im Chat ärgert, wird selten sichtbar. All dies macht eine Auflösung oder zumindest Deeskalation des Konflikts im digitalen Raum noch schwieriger als in der nicht-digitalen Welt.

2.2.5 Konflikt- und Beziehungsdynamik

In unserer Studie zu Typen und Entstehungsgeschichten von Konflikten im Kontext der Techniknutzung im Alltag interessierten wir uns auch dafür, wie die Studienteilnehmer ihre eigene Rolle und emotionale Lage im Vergleich zu den anderen am Konflikt beteiligten Personen einschätzen. Zusätzlich zur qualitativen Beschreibung des Konflikts gaben die Studienteilnehmer daher Auskunft zum eigenen emotionalen Erleben der Situation sowie zum (vorgestellten) Erleben der anderen am Konflikt beteiligten Person und nutzten hierfür eine Ratingskala von 1 (= negativ) bis 5 (= positiv). Die Auswertung ergab Durchschnittswerte im negativen Skalenbereich, was angesichts der Tatsache, dass es sich um die Beschreibung einer Konfliktsituation handelt, auch nicht verwundert. Bemerkenswert ist allerdings, dass die Einschätzung des eigenen Erlebens (M = 1,98; SD = 0,93) signifikant negativer ausfällt als die Einschätzung des Erlebens der anderen Person (M = 2,56; SD = 1,13). Aus konfliktdynamischer Perspektive könnte das heißen: Man sieht sich selbst als Opfer des Konflikts – ich bin der, dem es schlecht geht und der mehr leidet – und erwartet vom anderen ein Entgegenkommen oder eine Entschuldigung. Diese verhärtete Konstellation, in der jeder sich selbst in der moralisch überlegenen Position sieht, schafft beste Voraussetzungen für eine weitere Distanzierung, Entfremdung und Frustration auf beiden Seiten. In der Forschungsliteratur wird dieses Phänomen auch als *Competitive Victimhood* (Noor et al., 2012; Shnabel et al., 2009) bezeichnet: beide Parteien konkurrieren um die Opferrolle und sehen keinen Anlass, aufeinanderzuzugehen. Aus normpsychologischer Sicht ist jedoch gut nachvollziehbar, wie es dazu kommen kann. Wenn Normen gebrochen werden, erzeugt das Unmut, Irritationen und Distanz zwischen den Menschen – wie man auch bei interkulturellen Normkonflikten gut beobachten kann. Geht man von unterschiedlichen Normen aus, sieht jede Seite den Normverstoß beim Gegenüber und eine Annäherung und Auflösung der dem Konflikt zugrundeliegenden Normdiskrepanz wird immer unwahrscheinlicher.

2.2.6 Interpretation von aus der Forschungsliteratur im Feld Human-Computer Interaction (HCI) bekannten Phänomenen als Normkonflikte

Insgesamt haben sich bereits eine Vielzahl von Studien mit der Entwicklung sozialer Normen im Kontext der Techniknutzung und digitalen Räumen wie soziale Medien (z. B. Moncur et al., 2016, Sabra, 2017; Voggeser et al., 2017), Online-Bibliotheken (Radford, 2006), Online-Gaming (Martey & Stromer-Galley, 2007) oder Online-Communities (Kim, 2000) beschäftigt. Auch Parallelen zwischen digitalen und nicht-digitalen Kontexten wurden betrachtet. Beispielsweise untersuchten Yee et al. (2007) inwieweit soziale Normen der direkten Kommunikation wie Augenkontakt auch in digitale Umgebungen wie Videokonferenzen transferiert werden. Weniger beforscht wurden jedoch bislang Differenzierungsmerkmale zwischen verschiedenen Typen von Normkonflikten und deren spezifische Entstehungsgeschichten. Die hier vorgestellten vier Konflikttypen erweitern damit die bisherige Forschungslandschaft und erlauben eine tiefere Einsicht in die Gründe und Dynamik von Konflikten im Kontext der Techniknutzung (siehe auch Diefenbach & Ullrich, 2018). Die Konflikttypen können helfen, auftretende Konflikte in Alltag und Berufsleben auf Parallelen und Elemente eines Normkonflikts zu prüfen und entsprechend zu kategorisieren. Auch in der Forschungsliteratur im Feld HCI (Human-Computer Interaction) beschriebene Konflikte lassen sich oftmals einem der vier Konflikttypen zuordnen und dementsprechend besser verstehen und interpretieren.

Ein Beispiel für ein in der Forschungsliteratur gut beschriebenes Beispiel von Technologie-initiierter Normverletzung ist Phubbing, das Ignorieren des direkten Gegenübers im Zusammenhang mit der Nutzung des Smartphones (z. B. Çikrikci et al., 2019; Nazir, 2020; Nazir & Piskin, 2016; Nuñez et al., 2020; Yam & Ilhan, 2020).

Phubbing

Der Begriff Phubbing kombiniert die englischen Wörter »phone« (Telefon) und »snub« (brüskieren, jemanden vor den Kopf stoßen). Wie von Nazir & Piskin (2016) beschrieben, erfolgte die Wortschöpfung im Jahr 2013 durch einen Kreis von Lexikologen, Phonetikern und Schriftstellern auf den Aufruf des australischen Macquarie Dictionary (macquariedictionary.com.au). Die Experten wurden gebeten, ein bezeichnendes Wort für das kritische, immer häufiger zu beobachtende Verhalten von Mobiltelefonbesitzern im Beisein anderer zu finden: die Aufmerksamkeit dem Mobiltelefon anstatt dem Gegenüber schenken, sei es am Essenstisch, bei einem Meeting, während einer Vorlesung oder beim Zusammensein mit Freunden und Familie. In den Folgejahren wurde der Phubbing-Begriff auch in der Forschungsliteratur aufgegriffen und in Verbindung mit verschiedenen psychologischen Konzepten und Wirkmechanismen (z.B: sozialer Ausschluss, Nunez et al., 2020) und Kontexten (z. B. Effekte auf Lehrkräfte von Phubbing in Vorlesungen, Nazir, 2020) beforscht.

Als ständiger Begleiter eröffnet das Smartphone zahlreiche Möglichkeiten aber auch »Verführungen«, wie das ständige Checken des Smartphones oder Chatten parallel zum direkten Gespräch (siehe auch Diefenbach et al., 2017). Modelle der Kommunikationspsychologie (z. B. Hall & Knapp, 2013) machen die negativen Effekte der Parallelbeschäftigung mit dem Smartphone auf die Gesprächsqualität und die Beziehung der Gesprächspartner nachvollziehbar: Wie auch von Nazir und Piskin (2016) beschrieben, ist der gegenseitige Blickkontakt ein zentrales Element von Gesprächen und dient der wechselseitigen Versicherung, dass man einander zuhört und Aufmerksamkeit schenkt. Durch den Blick zum Gesprächspartner erfährt die aktuell sprechende Person, ob der Gesprächspartner zuhört und dem Gesagten Interesse schenkt. Phubbing unterwandert diese Möglichkeit. Ist der Blick des Gegenübers auf's Smartphone gerichtet, wird dies als Desinteresse an der eigenen Geschichte gewertet, was das Gefühl von Verbundenheit nachvollziehbarerweise schmälert (Nazir & Piskin, 2016). So wird Phubbing auch als eine Erfahrung technik-induzierter sozialer Exklusion bezeichnet, möglicherweise auch mit negativen Effekten über den aktuellen Kontext hinaus (Nuñez et al., 2020). Dementsprechend verwundert es nicht, dass allein schon das auf dem Tisch liegende Smartphone die Gesprächsatmosphäre negativ verändert (Przybylski & Weinstein, 2013). Selbst wenn es nicht piept oder blinkt – die latente Bedrohung, das Gespräch könnte jederzeit durch einen Anruf oder eine eingehende Nachricht unterbrochen werden, ist dennoch spürbar.

Auch die anderen Konflikttypen decken sich häufig mit in der Forschungsliteratur beschriebenen Phänomenen. Beispielsweise lassen sich auch im Kontext der Nutzung sozialer Medien häufig Fälle von Norm-Fragmentierung erkennen. Wie beispielsweise sieht angemessenes Verhalten im Umgang mit Tod und Trauer aus? Wir alle kennen die etablierten Solidaritätsbekundungen in sozialen Medien bei Naturkatastrophen, Anschlägen und anderen schrecklichen Ereignissen der öffentlichen Berichterstattung. Aber wie ist es, wenn eine Privatperson stirbt? In einer Studie im Kontext von Facebook befasste sich Sabra (2017) mit den Beileidsbekundungen von (Facebook-)Freunden des Verstorbenen. Hierbei zeigte sich, dass die Trauer-Postings in sozialen Medien für Familienangehörige oft eher schmerzhaft sind, da sie aus deren Sicht unangemessen und nicht ernstzunehmen scheinen (siehe auch Walter et al., 2011). Ein entsprechendes Teilnehmerzitat eines trauernden Angehörigen in der Studie von Sabra (2017) lautet beispielsweise:

> »If one day you are ›in grief‹ and express it in a ten line status update and the next day upload a picture of your delicious tuna sandwich, I, personally, find it difficult to take the first mentioned seriously.« (Sabra, 2017, S. 28).

Teilweise werden die Trauerbekundungen in sozialen Medien von den Angehörigen sogar als unaufrichtig empfunden und die (Facebook-)Freunde des Verstorbenen verdächtigt, dessen Tod zu instrumentalisieren, um in sozialen Medien Anerkennung zu sammeln. So bringt eine trauernde Verwandte zum Ausdruck:

> »I hate when they do that! Tasteless. Why must other people be meddled in this? To get likes? Empty comments from people who say they are there for you, sweety« (Sabra, 2017, S. 31).

Aus der Perspektive der Norm-Fragmentierung könnte man sagen: der traditionellen Norm, nach der öffentliche und extrem emotionale Äußerungen zum Tod des Verstorbenen engen Freunden und Familie vorbehalten waren, steht nun einer neue Norm gegenüber, welche sich im Internet etabliert hat. Trauern »online« gilt als Solidaritätsbekundung, an der auch entfernte Bekannte partizipieren dürfen oder dies sogar erwartet wird – selbst wenn klar ist, dass der Tod des Verstorbenen sie in ihrem weiteren Alltag kaum bis gar nicht tangiert (und sie womöglich zehn Minuten später schon wieder ein Bild vom fröhlichen Zusammensein mit Freunden beim Mittagessen posten). Es existieren hier unterschiedliche Annahmen darüber, was angemessenes Verhalten ist, welche infolgedessen zur Wahrnehmung von Normverstößen seitens des anderen führen bzw. Unverständnis darüber, dass die andere Seite das eigene Verhalten als Normverstoß wahrnimmt.

Ein weiteres Beispiel von Norm-Konfusion liefert die Studie von Lee und Takayama (2011) zur Verwendung von Telepresence-Robotern im Arbeitskontext. Physisch nicht-anwesende Kollegen werden hierbei durch einen Roboter (Mobile Remote Presence System, kurz MRP) vertreten und können mittels Videotechnik an Gesprächen teilnehmen und sich durch die Fernsteuerung des Roboters auch physisch im Raum zwischen den Kollegen vor Ort bewegen. Interviews und Verhaltensbeobachtungen im Kreis der Arbeitskollegen zeigen, dass sich im Umgang mit dem MRP zwei verschiedene Haltungen und entsprechende soziale Normen erkennen lassen. Erstens, eine Betrachtung des Roboters als direkte Repräsentation der (phyisch nicht anwesenden) Person, und dementsprechend eine Aktivierung derselben Normen, wie wenn man direkt mit der Person interagieren würde. Man spricht den Roboter mit Namen an, schaut in die Richtung des Roboters, wenn man mit ihm redet und unterlässt verletzendes Verhalten, wie etwa die Füße auf dem Roboter ablegen oder an dem Roboter »herumzuspielen«. Zweitens, eine Betrachtung des Roboters als Objekt und Technik, das eine Verbindung zur phyisch nicht anwesenden Person ermöglicht, jedoch nicht die Person selbst repräsentiert, ähnlich wie ein Telefon. Ist ein Meeting beendet, wird der Roboter achtlos im Raum zurückgelassen, ohne dass sich jemand darum sorgt, ob der Roboter vielleicht neue Akkuladung für das nächste Treffen benötigt. Steht der Roboter im Weg, wird er beiseitegeschoben. Verhaltensweisen, die akzeptabel sind, wenn man den Roboter als »tote Technik« betrachtet – aber nicht aus Sicht der durch den Roboter repräsentierten Person. Die Behandlung als Objekt fühlt sich verletzend an, und das Herumdrehen an den Lautstärkereglern des Roboters als ein Angriff auf den persönlichen Raum.

> »He just kept bumping my volume up, and bumping it down…It was just very distracting… I felt like… my personal space was being invaded.« (Lee & Takayama, 2004, S. 39)

Genauso lassen sich Anzeichen von Norm-Konfusion auch schon in frühen Diskussionen zur E-Mail-Etikette (z. B. Preece, 2004) erkennen. Eine zentrale Frage, zu der allerdings große Uneinigkeit besteht lautet: Ist es notwendig, sich in der E-Mail-Kommunikation mit Namen anzureden? Die Teilnehmer in der Interview-Studie von Preece (2004) und die Meinungen von Usern in einer entsprechenden Diskussion im Ars Technica Open Forum (2004) im gleichen Jahr gehen hier stark auseinander. Einige befürworten eine Norm der Anrede mit Namen und entsprechende Begrüßungs- und Verabschiedungsworte, ähnlich wie in einem Brief.

> »… not addressing me by my name and ending without a farewell greeting and the sender's name – that's rude and unfriendly.« (Preece, 2004, S. 58)

Andere distanzieren sich explizit von dieser »anachronistischen« Norm und betonen, dass eine E-Mail eben kein Brief ist, und dementsprechend auch nicht dessen Regeln folgen muss:

> »No name whatsoever. I just reply without any kind of anachronistic salutation line. Death to the letter and everything it stood for.« (Ars Technologica Open Forum, 2004)

Schließlich gibt es weitere, differenziertere Sichtweisen, nach denen die E-Mail eher in Parallele zu einem direkten, persönlichen Gespräch interpretiert wird, und das Weglassen der formalen Anrede als ein Zeichen der Vertrautheit:

> »In personal email that's a reply, I often don't even use the name. You've emailed me. You know me. I know you.« (Ars Technologica Open Forum, 2004)

> »I don't think I have ever put a formal greeting in an email, even back in olden times. Of course, I don't use someone's name when talking to them in person either, they know who they are, no need to remind them.« (Ars Technologica Open Forum, 2004)

Auch hier wird deutlich, dass oft Verwirrung darüber besteht, welche Normen in neuen, durch Technik mediierten Kontexten der sozialen Interaktion Gültigkeit haben. Die Tendenz, aus anderen Kontexten bekannte Normen zu transferieren und die Achtung dieser auch vom Gegenüber zu erwarten, ist nachvollziehbar – führt jedoch zwangsläufig zu Konflikten, wenn unterschiedliche Ideen dazu bestehen, welche Kontexte als Parallele herangezogen werden (z. B. Gestaltung der E-Mail-Konversation in Parallele zu einem Brief vs. direkten Gespräch). Oftmals werden derartige Konfliktursachen im Verborgenen bleiben. Eine Meta-Kommunikation über angemessenes Verhalten wie die Diskussion zur E-Mail-Kommunikation im Ars Technologica Open Forum ist eher die Ausnahme, kann jedoch ein wichtiger Ausgangspunkt sein, um Norm-Konfusion sichtbar zu machen und dem Verhalten der anderen möglicherweise mit mehr Verständnis zu begegnen.

Neben der Kategorisierung von Konflikten der hier beschriebenen vier Konflikttypen, gibt es selbstverständlich weitere Möglichkeiten der Differenzierung zwischen unterschiedlichen Konflikten im Kontext der Techniknutzung. Ein weiteres Unterscheidungsmerkmal wäre beispielsweise, ob der Konflikt sich primär im digitalen Raum abspielt (z. B. Ärger über den Kommunikationspartner im Chatroom) oder aber der Konflikt zwar durch Technik vermittelt ist, jedoch im nicht-digitalen Raum stattfindet (z. B. die Unterbrechung einer Unterhaltung durch das Piepen des Smartphones des Gesprächspartners). Weiterführend könnte man analysieren welche strukturellen Unterschiede zwischen digitalem und nicht-digitalen Raum bestehen, und warum es schwer sein kann, Normen aus dem nicht-digitalen Raum in den digitalen Raum zu transferieren. Im digitalen Raum bzw. im Internet gelten andere Gesetze der Distanz und Anonymität. Man kann sich beispielsweise durch einen Avatar repräsentieren lassen oder auch nur »unsichtbar dabei sein«, ohne dass die anderen dies mitbekommen, quasi eine »Tarnkappe« tragen (z. B. als unangemeldeter Gast in einem Forum nur lesen). All dies bedingt, dass die soziale Interaktion ganz anderen Grenzen und Rahmenbedingungen unterworfen ist, und somit auch die Entwicklung von sozialen Normen beeinflusst.

2.3 Fokus Digitale Arbeitswelt: Konfliktherde im Kontext von digitaler Kollaboration und Homeoffice

Mehr denn je ist heute nicht nur die private Kommunikation, sondern auch die soziale Interaktion im Arbeitskontext durch digitale Kanäle geprägt. Immer mehr Arbeitgeber ermöglichen (oder erwarten) mobiles Arbeiten abseits des Büros (IWG, 2019) – mit vielseitigen Konsequenzen, neuen Freiheiten und neuen Herausforderungen. Dementsprechend beschreibt auch Messenger (2019) Telearbeit bzw. Telework als eine grundsätzlich neue Art des Arbeitens, welche nahezu alle Lebensbereiche beeinflusst (»a whole new mode of work [which] has grown into almost every possible aspect of life«, Messenger, 2019, S. 8).

Im Kontext der Corona-Pandemie ist der Anteil von Homeoffice nachvollziehbarerweise nochmals deutlich gestiegen. Im Jahr 2018, vor der Pandemie, ergab eine globale Erhebung der IWG International Workplace Group unter 18.000 Personen in 96 Ländern, dass 70 % der Befragten zumindest ein Mal pro Woche übers Homeoffice arbeiten (IWG, 2018). In einer Befragung von 2020 bildete Homeoffice dann für 88 % den Berufsalltag (Iometrics & Global Workplace Analytics, 2020). Die Umstellung auf digitale Zusammenarbeit und Homeoffice im Kontext der Corona-Pandemie erschuf für viele Arbeitnehmer eine neue Situation, ohne die für derartige fundamentale Änderungen der Arbeitssituationen eigentlich notwendige Zeit der Vorbereitung und Begleitung (Milasi et al., 2020). Umso wichtiger scheint es auch in diesem Kontext die spezifischen (technischen und psychologischen) Herausforderungen technologievermittelter sozialer Interaktion zu erkennen und mögliche Unterstützungsangebote und Maßnahmen ableiten zu können. Hierfür haben wir die Angaben von 145 Personen zu ihren Erfahrungen mit digitaler Kommunikation im Arbeitskontext ausgewertet (siehe auch Diefenbach, 2021), die folgenden Abschnitte geben einen Einblick in die Befragungsmethodik und ausgewählte Ergebnisse.

2.3.1 Stichprobe und Befragungsmethodik

Die Befragung erfolgte mittels Online-Fragebogen im Juli/August 2020. Die finale Stichprobe und Basis für die hier vorgestellten Analysen umfasste 145 Personen im Durchschnittsalter von 32 Jahren (SD = 11,09; min: 18, max: 64), darunter 63 % Frauen und 37 % Männer aus verschiedenen Branchen wie beispielsweise Beratung und Consulting, Erziehung, Bildung und Wissenschaft, Gesundheit und Soziales, Industrie und Maschinenbau, Internet und Informationstechnologien, Medien und Verlage, Öffentlicher Dienst oder Wirtschaftsprüfung, sowie Steuern und Recht. Dabei arbeitet ein Großteil der Befragten im Angstelltenverhältnis, ein geringerer Anteil als Selbstständige oder Freiberufler. Auch Studierende waren Teil der Stichprobe, welche dann beispielsweise über digitale Kommunikation im Kontext des Studiums oder im Kontext ihrer Nebentätigkeit z. B. als Werkstudent berichteten.

Die folgende Abbildung (▶ Abb. 2.1) zeigt die Häufigkeit von Homeoffice unter den Befragten vor und während der Corona-Pandemie. Es zeigt sich, dass Homeoffice und die entsprechende Zunahme der Nutzung digitaler Kommunikation im Arbeitskontext für viele der Befragten eine grundlegende Veränderung ihrer Arbeitssituation darstellen. Mehr als 70 % der Befragten geben an, vor der Corona-Pandemie gar nicht oder höchstens einen Tag pro Woche im Homeoffice gearbeitet zu haben, wohingegen nun zum Zeitpunkt der Erhebung mehr als 70 % ausschließlich oder mehrheitlich im Homeoffice arbeiten. Die aktuelle Form der digitalen Zusammenarbeit und Kommunikation mit Kollegen ist demnach für einen Großteil der Befragten eine neue Erfahrung.

2 Soziale Normen im digitalen Kontext

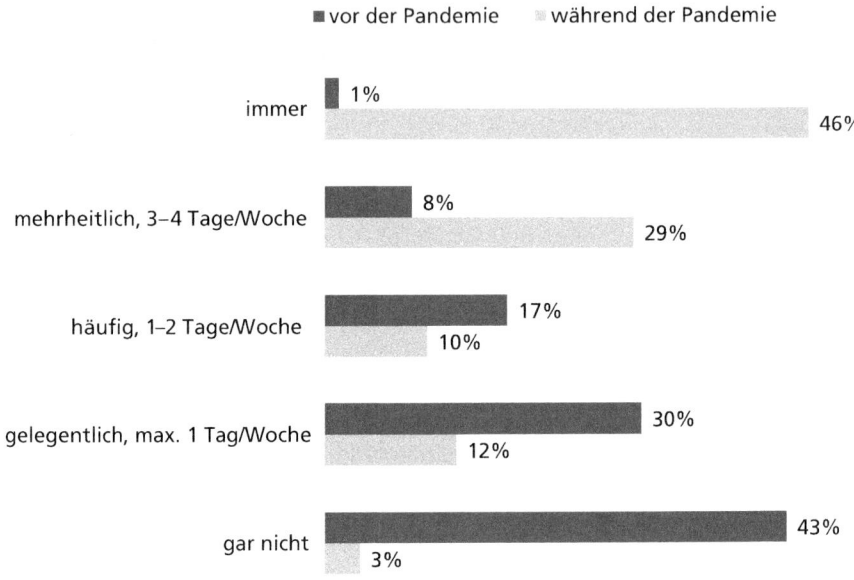

Abb. 2.1: Häufigkeit von Homeoffice vor und während der Corona-Pandemie

Zu Beginn der Befragung baten wir die Teilnehmer um die Schilderung einer kürzlichen, konflikthaften Situation aus ihrem (digitalen) Arbeitsalltag und nutzten dazu die folgende Instruktion:

> Denken Sie zurück an die vergangenen Wochen und die verschiedenen Situationen im Arbeitskontext, in denen Sie dank technischer Hilfsmittel mit anderen kommuniziert oder zusammengearbeitet haben (z. B. Teammeeting via Videokonferenz, Zusammenarbeit an einem Online-Dokument, virtuelle gemeinsame Kaffeepause).
>
> Beschreiben Sie nun ein Beispiel einer derartigen kürzlichen Situation, die Sie als schwierig, irritierend oder konflikthaft erlebt haben oder in der Sie etwas gestört hat. Es muss sich hierbei nicht um einen dramatischen Konflikt handeln – wichtig ist, Ihr subjektives Erleben der Situation, z. B. ein Gefühl erfahrener Rücksichtslosigkeit, des Unverstandenseins oder der Irritation über das Verhalten anderer.
>
> Welche Person(en) und welche Technik waren in der Situation beteiligt? Was ist passiert?

Vielleicht kommt auch Ihnen jetzt eine ähnliche Erfahrung in den Sinn, in der Sie sich unverstanden gefühlt haben oder über das Verhalten von Kollegen irritiert waren.

Zusätzlich zu den qualitativen Erlebnisbeschreibungen zu Beginn der Befragung, haben wir weitere Ratings und Einschätzungen zu spezifischen Aspekten der digitalen Kommunikation im Arbeitskontext erfragt.

Insgesamt war die Befragung gegliedert in drei thematische Blöcke:

- Konflikte im Kontext digitaler Zusammenarbeit,
- Arbeitsqualitäten und soziale Normen in digitalen und nicht-digitalen Meetings,
- Interventionen und Technikgestaltung.

Zusätzlich wurden demografische Angaben und Angaben zur aktuellen Arbeitssituation und genutzten Technologien erhoben. Die Antworten der Befragten zu offenen Fragen wurden mittels qualitativer Inhaltsanalyse kategorisiert und die Zuordnung zu den Kategorien mittels Interraterreliabilitäten[2] auf Eindeutigkeit geprüft, hierbei ergaben sich Cohens Kappa Werte ≥ .82, was für eine sehr gute Übereinstimmung der Urteile der Rater spricht. Die quantitativen Ratings wurden meist deskriptiv ausgewertet, teils auch die Abweichungen der Mittelwerte zum Skalenmittelpunkt analysiert. Als signifikant bezeichnete Differenzen beziehen sich auf eine Irrtumswahrscheinlichkeit von $\alpha < .05$ (dies bedeutet, dass der untersuchte Zusammenhang 95%iger Wahrscheinlichkeit nicht rein zufällig zu beobachten ist).

2.3.2 Konflikte im Kontext digitaler Zusammenarbeit

Die Tabellen 2.1–2.3 geben einen Überblick über die Merkmale der beschriebenen Konflikte im Kontext digitaler Zusammenarbeit. Wie in der ersten Tabelle (▶ Tab. 2.1) ersichtlich, waren die am Konflikt beteiligten Personen meist Kollegen, teilweise auch Vorgesetzte oder Kunden. Ein Großteil der beschriebenen Konflikte fand im Kontext eines digitalen Meetings mittels Videokonferenz statt, wobei Zoom die meistgenutzte Software war, gefolgt von Microsoft Teams und Skype (▶ Tab. 2.2).

Tab. 2.1: Am Konflikt beteiligte Personen und relative Häufigkeit der Nennung [N=145]

am Konflikt beteiligte Person(en)	relative Häufigkeit
Kollegen	42 %
Kollegen und Chef	28 %
Chef	6 %
Kunden	6 %
andere	19 %

---

2 Die Interraterreliabilität bezeichnet das Ausmaß der Übereinstimmung verschiedener Urteiler. Ein hoher Wert spricht für eine hohe Übereinstimmung der Urteile verschiedener Personen. Ein gängiges Maß für die Berechnung der Interraterreliabilität bei zwei Urteilern ist Cohens Kappa. Der theoretische Maximalwert von Cohens Kappa (=vollkommene Übereinstimmung) ist 1.0.

Tab. 2.2: Am Konflikt beteiligte Technik und relative Häufigkeit der Nennung [N=145]

am Konflikt beteiligte Technik	relative Häufigkeit
Zoom	43 %
Microsoft Teams	10 %
Skype	5 %
WebEx	3 %
Slack	1 %
WhatsApp	1 %
E-mail	1 %
andere Videokonferenz-Software	15 %
mobiles Gerät (nicht näher beschrieben)	6 %
anderes	11 %

Wie in der dritten Tabelle (▶ Tab. 2.3) ersichtlich, beschreibt rund ein Drittel der Befragten (32 %) einen Konflikt im Sinne eines primär technischen Problems. Die Mehrheit der Fälle allerdings lässt sich im Sinne psychologischer Konflikte interpretieren, die sich im Kontext der digitalen Strukturen ergeben. Dies sind beispielsweise Konflikte durch Unsicherheit, Missverständnisse, fehlende soziale Rückmeldung (23 %), Normverletzungen (8 %), fehlende Regeln (11 %) oder Kommunikationsbarrieren in digitalen Strukturen (7 %).

Tab. 2.3: Konflikt-Kategorien und relative Häufigkeit der Nennung [N=145]

Konfliktkategorie	relative Häufigkeit
technische Probleme	32 %
Unsicherheit, Missverständnisse, fehlende soziale Rückmeldung	23 %
Normverletzung	8 %
fehlende Regeln	11 %
Kommunikationsbarrieren in digitalen Strukturen	7 %
anderes	19 %

Die nachfolgenden Kästen illustrieren die verschiedenen Konflikttypen anhand von Beispielen.

Technische Probleme

Beispiele

- schlechte Internetverbindung
- schlechter Eindruck auf andere durch technische Probleme beim Einwählen in die Videokonferenz

Beispielstatements:
»Durch schlechte Audio-Verbindung wurden wichtige Daten nicht an alle Teilnehmer übermittelt, was zu ›unangenehmen‹ Nachfragen führte, obwohl alles Wichtige kommuniziert wurde.« [P 46]

»Technische Probleme, dadurch haben beide durcheinander geredet und sich gegenseitig unterbrochen« [P 53]

Unsicherheit, Missverständnisse, fehlende soziale Rückmeldung

Beispiele

- Schwierigkeiten, nonverbale Kommunikation in einer Videokonferenz richtig einschätzen zu können und dadurch Missinterpretation der Meinung eines Kunden;
- als Sprecher erlebte Unsicherheit durch fehlende Rückmeldungen der Zuhörer, insbesondere wenn andere die Kamera ausgeschaltet haben;
- Unsicherheit, ob fehlende Reaktion der Gesprächspartner auf Desinteresse oder technische Probleme zurückzuführen ist;
- Argwohn gegenüber Kommunikationspartnern, Vermutung, dass andere technische Probleme vorgeben, um einer unangenehmen Situation (z. B. Test, Vorstellung) zu entgehen;
- Unterhaltung wird als sinnlos/leer und »keine echte Kommunikation« erlebt, insbesondere wenn Kommunikation über mehrere Kanäle verteilt stattfindet (z. B. Tutor spricht und ist sichtbar; Teilnehmer sind nicht sichtbar, kommunizieren nur über Chat).

Beispielstatements:
»Schwarze Kacheln, man redet ›ins Nichts‹« [P20]]

»Ich habe das Gefühl, nicht zu Wort zu kommen, weil die anderen weniger auf meine Mimik achten und nicht merken, wenn ich ansetze, um etwas zu sagen. Daher muss ich anderen ins Wort platzen, da ne Minute später das Gespräch schon bei einem anderen Thema ist.« [P 37]

»Es ist einfach seltsam, wenn man einen Tutor sieht, oder manchmal auch nur hört, aber die StudentInnen schreiben nur im Chat. Die Tutoren hätten sich zu Beginn gewünscht, dass wir StudentInnen uns auch per Video und Ton zeigen. Leider hat das nur selten jemand gemacht [...] dann kommt es einem so vor, als würde der Tutor sich selbst unterhalten. Ich schreibe dann wenigstens am Ende ab und zu noch ein Dankeschön. [...] Natürlich bekomme ich dann ein schlechtes Gewissen, umso weniger Leute teilnehmen und ich frage mich wie es dem Tutor dann damit geht, wenn er zwar eine Übung leitet, aber oft während der ganzen Übung durch einfach gar keine Rückmeldung von uns bekommt.« [P 86]

Normverletzung

Beispiele

- ohne Ankündigung den Raum verlassen
- Essen während eines Videocalls
- endlose Monologe ohne Berücksichtigung des Bedarfs nach Wortmeldungen der anderen
- fehlende Sensibilität für den Eindruck des eigenen Verhaltens auf andere
- unhöfliche oder unangemessene Verhaltensweisen, die bei einem Vor-Ort-Treffen so wahrscheinlich nicht vorgekommen wären

Beispielstatements:
»Kollegen haben bei stummgeschaltenden Mikrofon miteinander geflüstert/gesprochen – Gefühl, dass sie über den Sprecher oder das Gesagte sprechen und dass sie das bei einem face-to-face Meeting nicht gemacht hätten« [P 89]

»Eines der Teammitglieder hat sich nicht in die Arbeit eingebracht. Von besagtem Mitglied wurden bereits mehrfach Zweifel an der Sinnhaftigkeit des Arbeitsauftrags geäußert. Während der tatsächlichen Kollaborationsphase traten dann offensichtlich vorgeschobene technische Schwierigkeiten auf, die es dem Mitglied ermöglichten, sich komplett seiner Aufgabe zu entziehen. Zu dritt gemeinsam physisch anwesend im selben Raum wäre das Mitglied mit derart unkollegialem Verhalten niemals durchgekommen.« [P 44]

»Ein Mitglied von meinem Team hat nebenbei etwas anderes gemacht (Facebook feedback durchlesen) und nicht zum Meeting zugehoert und ich musste alles doppelt erzaehlen.« [P 121]

»Zoom-Vorlesungssitzung: Die Katze der Professorin setzte sich auf den Schoß selbiger, Studierende begannen im öffentlichen Chat über die Katze zu schreiben (bspw. wie süß diese sei, einfach nur: ›miau‹), selbst nachdem die Dozentin die Katze wieder auf den Boden gesetzt hatte. Dozentin dachte jeweils bei eingehender Chat-Nachricht, es seien Fragen zum Stoff, sodass sie ihre Aufmerksamkeit dem Chat zuwandte, nur um eine weitere Katzennachricht vorlesen zu müssen. Fand das Verhalten der Mitstudierenden irritierend und respektlos der Dozentin gegenüber. Bei Präsenzveranstaltung wäre das ein Pausentratsch gewesen und keine Handhebungen/Unterbrechungen der Vorlesung« [P 92]

Fehlende Regeln

Beispiele

- Unsicherheit über Vorgehen zur Wortmeldung in digitalen Meetings (spontanes reinreden? Physisch die Hand heben? Handhebe-Symbol nutzen? In den Chat schreiben?)
- Scheinbar selbstverständliche Regeln werden von anderen missachtet, z.B. ausschalten des Mikrofons, wenn man nichts zu sagen hat, um störende Hintergrundgeräusche zu vermeiden.

Beispielstatements:
»Ich empfinde es immer noch schwierig, alles im Blick zu haben, den Chat und das eigentliche Meeting. Sowohl als Teilnehmerin, als auch als Host, habe ich oft das Gefühl, dass mir etwas entgeht. Manche »hören« nichts, manche haben ein instabiles Internet, manche knabbern, suchen in ihren Unterlagen und schalten das Mikrofon nicht aus, etc.., das empfinde ich doch als sehr mühsam. es müssen sich erst noch Regeln finden« [P 129]

»Ich hatte ein Meeting auf Jitsi mit drei anderen Dienstleistern [...] Bei einem davon hat die Frau im Hintergrund an der Nähmaschine gearbeitet. Das war sehr laut und unangenehm« [P 43]

Kommunikationsbarierren in digitalen Strukturen

Beispiele

- Schwierigkeiten in Telefonkonferenzen herauszufinden, wer gerade spricht, insbesondere, wenn man die Teilnehmer nicht gut kennt;
- Schwierigkeiten Small Talk zu initiieren (z. B. in Wartesituationen), Anschalten des Mikrofons als Barriere (will ich jetzt wirklich etwas sagen?);
- weniger Raum für informelle, halb-private Konversation, dadurch auch Wegfallen des Gefühls von Verbundenheit zu Kollegen;
- Schwierigkeiten ein Gefühl gemeinsamer Kommunikation aufzubauen, insbesondere in »blended« Kontexten (z. B. ein Teil der Workshop-Teilnehmer ist physisch zusammen, ein anderer Teil digital zugeschaltet).

Beispielstatements:
»Teilnehmer loggt sich in Konferenz ein, nur um anschließend mitzuteilen, dass er noch auf die Toilette müsse. Alle anderen mussten inhaltlich warten und Small Talk zur Überbrückung zu initiieren ist schwerer, weil man eine bestimmte Person ansprechen muss während andere unbeteiligt zuhören.« [P 75]

»Fast alle waren bei dem Meeting vor Ort, jedoch eine Person hat sich via unseres momentan allgemeinen Tool für Meetings (Zoom) hinzugefügt. Es war schwierig, diese Person mit einzubeziehen, sie zu verstehen und uns verständlich zu machen (riesiger Raum mit entsprechendem Abstand zueinander). Da war es einfacher, wenn alle über Zoom dabei waren.« [P 25]

»Während ich die Folien vorstelle, kommen und gehen einzelne Teilnehmer, teilweise verkünden sie das im Chat, ich konzentriere mich in diesem Moment aber auf die Präsentation und bin danach überrascht, dass ein neuer Teilnehmer plötzlich mit redet und ein anderer schon längst nicht mehr im Call ist.« [P 23]

2.3.3 Arbeitsqualitäten und soziale Normen in digitalen Strukturen versus Vor-Ort-Arbeit

Häufig hört man die These: Wenn jetzt die digitalen Strukturen geschaffen sind, kann man die Arbeit auch so weiterlaufen lassen und Homeoffice und digitale Kommunikation zum Standard machen. Stimmt das aus Ihrer Sicht? Was funktioniert vielleicht sogar besser über digitale Strukturen, an welchen Stellen lässt sich der direkte Kontakt nicht ersetzen? Welche Qualitäten lassen sich über digitale Kanäle verbessern, welche nicht?

Was sagen Sie dazu – wie sehen Sie die Erfüllung von Arbeitsqualitäten durch digitale Strukturen und vor-Ort-Arbeit im Vergleich? Die folgende Abbildung (▶ Abb. 2.2) zeigt die Angaben der Teilnehmer zu dieser Fragestellung in unserer Befragung. Wie ersichtlich, sehen die Befragten für die meisten Arbeitsqualitäten eine bessere Erfüllung druch vor-Ort-Arbeit, insbesondere für die Aspekte »Probleme lösen und Konfliktmanagement« sowie »Teamzusammenhalt und Teamgefühl«. Eine bessere Erfüllung durch digitale Strukturen sehen die Befragten jedoch hinsichtlich »Aufgabenerfüllung und Effizienz«, was auch die Attraktivität von Homeoffice seitens der Arbeitgeber nachvollziehbar macht.

Zusätzlich haben wir soziale Normen in digitalen und nicht-digitalen Meetings untersucht und dafür für spezifische Verhaltensweisen ein Rating für beide Kontexte erfragt (u Abb 2.3).

Wie der Vergleich von schwarzen und grauen Balken für die einzelnen Verhaltensweisen zeigt, gehen die Ansichten für die meisten abgefragten Verhalten in die gleiche Richtung, d. h. die sozialen Normen für digitale und nicht-digitale Meetings sind nicht grundsätzlich verschieden oder komplett gegensätzlich. Beispielsweise wird es in beiden Kontexten als in Ordnung angesehen, während dem Meeting

2.3 Fokus Digitale Arbeitswelt: Konfliktherde

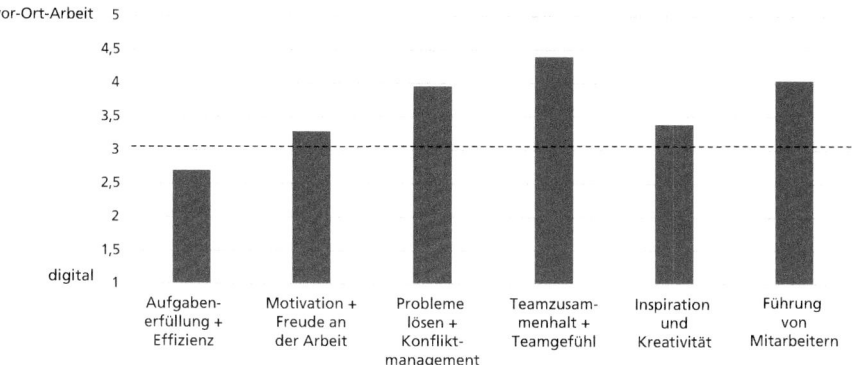

Abb. 2.2: Beurteilung der Erfüllung von Arbeitsqualitäten durch digitale Strukturen versus Vor-Ort-Arbeit [N=145].

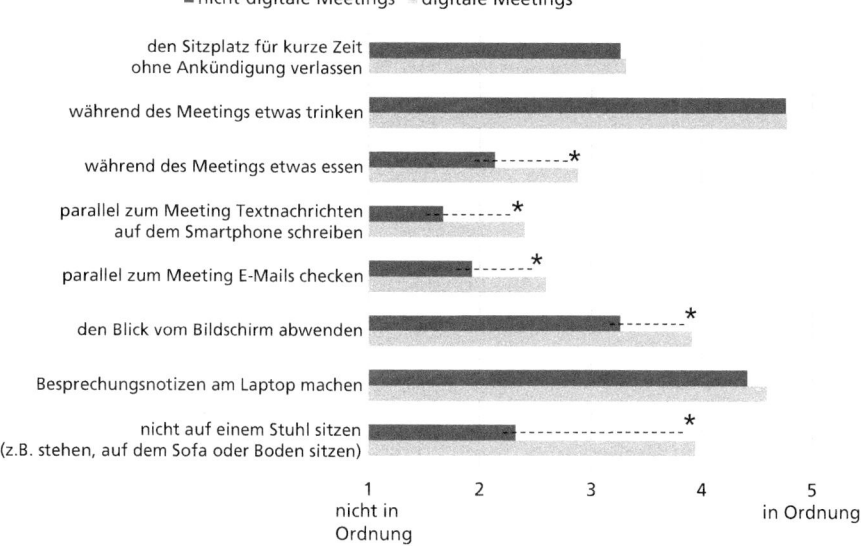

Abb. 2.3: Beurteilung von Verhaltensweisen in digitalen und nicht-digitalen Meetings [N=145]. * = statistisch signifikanter Unterschied.

etwas zu trinken oder sich Besprechungsnotizen am Laptop zu machen, wohingegen das Schreiben von Textnachrichten auf dem Smartphone oder das Checken von E-Mails parallel zum Meeting in beiden Kontexten eher abgelehnt wird. Unterschiede zwischen den beiden Kontexten lassen sich aber insofern feststellen, als dass die Ansichten bzgl. digitalen Meetings insgesamt etwas lockerer sind, teilweise sind die Unterschiede in der Beurteilung der beiden Kontexte auch signifikant. Ein Grund hierfür könnte sein, dass die Nebenbeschäftigungen in digitalen Meetings für die anderen Teilnehmer womöglich nicht so offentlich sind. Beispielsweise könnten Teilnehmer in einer Videokonferenz außerhalb des Sichtfelds der anderen eine

Nachricht auf dem Smartphone schreiben. Das Verhalten bleibt zwar problematisch und bringt sicherlich Aufmerksamkeitsverluste mit sich, wirkt aber nicht so konfrontativ und respektlos wie im nicht-digitalen Setting.

Zusätzlich wurden die Einschätzungen der Studienteilnehmer zu möglichen Konfliktherden in digitalen Meetings anhand einer in einem vorherigen Workshop erarbeiteten Sammlung erfragt (1 = geringes Konfliktpotenzial, 5 = hohes Konfliktpotenzial). Als häufige Konfliktherde (Mittelwerte > 3) bei digitalen Meetings im Arbeitsumfeld sehen die Befragten:

- zu Wort kommen, z. B. weil die Hand heben übersehen wird,
- Redezeiten, z. B. weil es schwerer fällt, jemanden zu unterbrechen,
- Kamera, z. B. weil einige Teilnehmer die Kamera an haben, andere nicht,
- Gesprächsführung, z. B. Unsicherheit, wer durch das Meeting leitet,
- Pünktlichkeit, Unverbindlichkeit, z. B. weil Teilnehmer zu spät kommen, ohne dies zu entschuldigen.

Besonders hohes Konfliktpotenzial (Mittelwerte > 4) sehen die Teilnehmer für:

- Nebenbeschäftigungen, z. B. Unkonzentriertheit der Teilnehmer durch gleichzeitige Nutzung des Smartphones,
- fehlende non-verbale Rückmeldungen, z. B. Unsicherheit seitens des Sprechers, ob die anderen überhaupt zuhören.

Diese Ergebnisse zeigen, dass die Konflikherde und damit auch mögliche Interventionen auf ganz unterschiedlichen Ebenen angesiedelt sein können. Während fehlende non-verbale Rückmeldungen und die damit einhergehende Unsicherheit seitens des Sprechers vielleicht durch technische Lösungen adressiert werden könnten, die eine höhere Interaktivität und das Gefühl von kontinuierlichem (nonverbalen) Austausch ermöglichen, betrifft die Problematik der Nebenbeschäftigungen eher die Frage der Selbstdisziplin bzw. die Absprache von gemeinsamen Verhaltensregeln.

2.3.4 Interventionen – durch die Technik?

In Anlehnung an das Konzept *Persuasiver Technologies* und anderen Technologien zum Zweck der Verhaltensänderung (z. B. Fogg, 2003; Laschke et al., 2011) interessierte uns, inwieweit die Teilnehmer einen solchen Ansatz auch im Arbeitskontext zur Unterstützung der Einhaltung sozialer Normen als denkbar sehen. Hierbei erfragten wir sowohl die allgemeine Zustimmung zur Nutzung der Kommunikationstechnologie selbst als Mittel zur konfliktfreien Gestaltung von technikvermittelter Kommunikation im Arbeitskontext, deren Bewertung im Vergleich zu anderen Interventionsmöglichkeiten (z. B. Vorgabe von Verhaltensregeln durch die Führungsperson), als auch die konkrete gewünschte Art der Einflussnahme durch Technik. Das Maß der Zustimmung der Teilnehmer wurde auch hier auf einer 5er-Skala erfragt (1 = stimme nicht zu, 5 = stimme vollkommen zu).

Die Zustimmungswerte für die abgefragten Interventionsmöglichkeiten lagen allesamt im oberen Skalenbereich, wobei die Gestaltung der Kommunikationstechnologie selbst tatsächlich als eine der vielversprechensten Maßnahmen gesehen wird (M = 4,00; SD = 1,07), gleichermaßen positiv sehen die Befragten die Möglichkeiten durch Meta-Kommunikation, d. h. ein Austausch über die Kommunikation unter Kollegen, wobei Verhaltensregeln thematisiert und gemeinsam abgesprochen werden (M = 4,0; SD = 1,08). Etwas weniger optimistisch sehen die Befragten Einflussmöglichkeiten durch Führung und die klare Vorgabe von Verhaltensregeln (z. B. durch Chef, Teamkoordinator, M = 3,88; SD = 1,11) sowie das Potenzial von Eigenverantwortung (M = 3,62; SD = 1,05), wie etwa einen Leitfaden zur Unterstützung der Selbstreflexion (z. B. wie wirkt mein Verhalten auf andere, welche Normen und Erwartungen kommuniziere ich durch mein Verhalten).

Die Art und Weise der Einflussnahme durch Technikgestaltung wurde in Orientierung am *Classification Schema of Design Influence* nach Tromp et al. (2011) abgefragt, das vier Typen von Einflussnahme durch Gestaltung unterscheidet, nämlich *Persuasive Design Influence*, *Coercive Design Influence*, *Seductive Design Influence* und *Decisive Design Influence*.

Ein Kategorisierungsschema zur Beschreibung der Art und Weise der Einflussnahme von Gestaltung auf Verhalten

Das von Tromp et al. (2011) vorgeschlagene Kategorisierungsschema unterscheidet zwei Dimensionen der Einflussnahme von Gestaltung auf Verhalten. Die erste Dimension bezieht sich auf die Stärke der Einflussnahme (schwach vs. stark bzw. im englischsprachigen weak vs. strong). Die zweite Dimension bezieht sich darauf, wie offensichtlich die Einflussnahme ist (verdeckt vs. offensichtlich bzw. im englischsprachigen hidden vs. apparent). Anhand dieser Dimensionen ergeben sich dann vier Typen von Einflussnahme, im englischsprachigen bezeichnet als persuasive (apparent, weak), coercive (apparent, strong), seductive (hidden, weak) und decisive (hidden, strong).

Ursprünglich eingesetzt wurde das Kategorisierungsschema von Tromp et al. (2011) im Anwendungsfeld *Socially Resonsible Behavior*, wie beispielsweise die Unterstützung von rücksichtsvollem Verhalten im Straßenverkehr und die Einhaltung einer angemessenen Geschwindigkeit beim Autofahren.

Ein Blitzer wäre ein Beispiel für Coercive Design, der Versuch der Einfluss der Gestaltung ist stark und offensichtlich. Das nicht-erwünschte Verhalten wird registriert und durch eine Geldbuße bestraft. So wird der Autofahrer mehr oder weniger in das gewünschte Verhalten, die Einhaltung der vorgeschriebenen Maximalgeschwindigkeit, gezwungen. Setzt man voraus, dass der Fahrer Geld- und Freiheitsstrafen vermeiden möchte, bleibt dem Fahrer quasi keine andere Wahl, als sich an der Verkehrsregel entsprechend zu verhalten. Persönliche Einsicht und die Frage, ob der Autofahrer das Geschwindigkeitslimit in dem aktuellen Bereich für sinnvoll hält oder nicht, spielen dafür keine Rolle.

Ein anderer Ansatz wäre ein Poster am Straßenrand, das Autofahrer durch verbale Botschaften (z. B. »watch your speed«) an die Überprüfung der Geschwindigkeit erinnert und auf die Einsicht des Autofahrers baut. Dies wäre ein Beispiel für Seductive Design. Die Einflussnahme ist schwächer und weniger offensichtlich als beim Blitzer und die Verantwortung verbleibt beim Autofahrer.

Übertragen auf den hier interessierenden Kontext der digitalen Kommunikation im Arbeitsumfeld, wurden die vier Arten der Einflussnahme am Beispiel eines Videokonferenzsystems beschrieben, das die Einhaltung von Pünktlichkeit in Meetings unterstützen will (▶ Tab. 2.4). Die linke Spalte umschreibt die Art der Einflussnahme anhand einer entsprechenden Funktionalität des Videokonferenzsystems. Die mittlere Spalte enthält den entsprechenden Typ der Einflussnahme nach dem Kategorisierungsschema von Tromp et al. (2011). Die Spalten rechts zeigen die Zustimmungswerte (Mittelwerte und Standardabweichungen) der Teilnehmer für die verschiedenen Typen der Einflussnahme auf einer Skala von 1 (stimme nicht zu) bis 5 (stimme vollkommen zu).

Tab. 2.4: Beurteilung der Einflussnahme durch Technik für vier verschiedene Arten der Einflussnahme am Beispiel von Unterstützung der Pünktlichkeit in digitalen Meetings in Orientierung am Classification Schema of Design Influence nach Tromp et al (2011) [N = 145, 1 = stimme nicht zu, 5 = stimme vollkommen zu]

Technik sollte so gestaltet sein, dass...	Typ der Einflussnahme	Zustimmung	
		M	SD
... zur Einhaltung von Verhaltensregeln ermutigt wird (z. B. Video-Konferenzsystem, das zur Pünktlichkeit ermutigt, in dem man beim Eintreten in den Konferenzraum eine Meldung erhält, wie lange man die anderen schon warten lässt).	apparent, weak = persuasive influence	3,52	1,33
... die Einhaltung von Verhaltensregeln eingefordert wird (z. B. Video-Konferenzsystem, das Pünktlichkeit einfordert, in dem 2 Minuten nach der geplanten Startzeit eines Meetings keine Teilnehmer mehr in den Konferenzraum eintreten können).	apparent, strong = coercive influence	2,54	1,41
... sie die Einhaltung von Verhaltensregeln auf sanfte Art und Weise wahrscheinlicher macht (z. B. Video-Konferenzsystem, das bei jedem Teilnehmer die Eintrittsuhrzeit einblendet).	hidden, weak = seductive influence	3,34	1,29
... sie die Einhaltung von Verhaltensregeln auf bestimmte Art und Weise wahrscheinlicher macht (z. B. Video-Konferenzsystem, das zu spät eingetretene Teilnehmer für die ersten 2 Minuten auf stumm einstellt, um den laufenden Gesprächsfluss nicht zu stören).	hidden, strong = decisive influence	3,41	1,50

Die niedrigsten Zustimmungswerte erreichte hierbei die Einflussnahme mittels coercive design influence, d. h. die Einforderung von Verhaltensregeln durch die Technik, im vorliegenden Beispiel ein Video-Konferenzsystem, das Pünktlichkeit einfordert, in dem zwei Minuten nach der geplanten Startzeit eines Meetings keine Teilnehmer mehr in den Konferenzraum eintreten können. Die Zustimmungswerte für die anderen Optionen lagen jeweils im positiven Skalenbereich und wurden nicht signifikant unterschiedlich bewertet.

Die insgesamt aufgeschlossene Haltung der Studienteilnehmer gegenüber der Nutzung der Gestaltung zur Unterstützung erwünschter Verhaltensweisen verweist auf ein interessantes, bislang im Bereich von Kommunikationssoftware im Arbeitskontext noch wenig beachtetes Potenzial. Die bewusste, zielgerichtete Gestaltung der Räume und Umwelten, in denen sich Menschen begegnen und verhalten, ist in vielen Bereichen des Lebens allgegenwärtig, wenn auch für die Menschen nicht immer offensichtlich. Beispielsweise hat die Art und Weise der Gestaltung von Gehwegen und Straßen einen Einfluss darauf, wie sich das Miteinander von Fußgängern und Autofahrern gestaltet. In einem Video von Not just bikes (2019) ist dies am Beispiel der durchgängigen Gehwege (Continous Sidewalks) beschrieben. In typischen Städten in den USA (und an vielen anderen Orten weltweit) endet der Gehweg an jeder Straßenkreuzung. Möglicherweise gibt es einen abgesenkten Bordstein, der den Übertritt auf die Straße erleichtert. Die Gestaltung aber macht klar: Der Bereich des Fußgängers endet hier, das Überqueren der Straße heißt das Terrain des Autofahrers betreten. Aus der Perspektive des Autofahrers hingegen gibt es keine Unterbrechungen. Die Straße gehört den Autofahrern und sieht überall gleich aus – in der Gestaltung gibt es keine Hinweise darauf, dass man die Straße an irgendeiner Stelle nicht mehr ganz für sich beanspruchen und mit Fußgängern teilen müsste. In den Niederlanden (und einigen weiteren Orten) hingegen findet man auch die umgekehrte Logik: Der Gehweg setzt sich durchgängig fort und »durchkreuzt« die Straßen. Gleichbleibende Farbe und Gehwegbelag sowie die durchgängig gleichbleibende Höhe des Gehwegs machen deutlich, dass es sich weiterhin um einen Bereich für Fußgänger handelt, den die Autos »besuchen«, um von einem Straßenabschnitt zum nächsten zu gelangen.

Das Beispiel der Gestaltung von Verkehrswegen verdeutlicht auch: Man kann nicht nicht gestalten. In Parallele zu der Aussage »Man kann nicht nicht kommunizieren« des Psychologen Paul Watzlawick (z. B. Watzlawick et al., 2011), ist auch Gestaltung immer eine Art der Einflussnahme, selbst wenn diese nicht bewusst beabsichtigt ist. Aus dieser Einsicht heraus erwächst an Gestalter von Verkehrswegen, Software, Stühlen und Tischen und allen sonstigen Dingen, die uns umgeben und das Verhalten und Erleben von Menschen formen, eine Verantwortung. Dies betrifft beispielsweise ergonomische Betrachtungen aber auch Betrachtungen zur Interaktion zwischen Menschen: Welche Dynamiken werden sich aus der Gestaltung ergeben? Welche Normen wollen wir durch die Gestaltung nahelegen – und welche Verhaltensweisen eher vermeiden?

Folgt man der Betrachtung, dass Normkonflikte in der Online-Welt auch eine Folge mangelnder Selbstkontrolle bzw. Selbstaufmerksamkeit sein können (Voggeser et al., 2018) könnten auch Self-monitoring-Elemente ein hilfreiches Gestaltungselement sein; in Videokonferenzen beispielsweise Vehaltensstatistiken wie Redezeit, Häufigkeit von Unterbrechungen anderer oder Hinweis auf Hintergrundgeräusche. Auf diesem Weg könnte Self-monitoring das Bewusstsein für das eigene Verhalten und dessen Konsequenzen für andere erhöhen und damit Diskrepanzen zwischen Wahrnehmungen der Kommunikationspartner verringern.

Auch die Vermeidung von Norm-Konfusion könnte durch die Gestaltung unterstützt werden. Beispielsweise könnte hinsichtlich des oben diskutierten Beispiels der Interpretation der Chat-Kommunikation als Gespräch oder Briefwechsel, die optische Gestaltung der Chatsoftware eine einheitliche Interpretation unterstützen. Soll die Chat-Kommunikation als Gespräch verstanden werden, könnte dies zum Beispiel durch Sprechblasen oder die Repräsentation der Kommunikationspartner durch Bilder unterstützt werden (siehe auch Mooseder, 2018). Wenn die Chat-Gestaltung die Metapher eines »Gesprächs« aktiviert, könnte auch die Einhaltung von Gesprächsnormen und eine gemeinsame Sicht der Kommunikationspartner wahrscheinlicher werden.

2.3.5 Implikationen für digitale Führung und Teamgeist online

Die Einblicke in die vielfältigen Ursachen und Dynamiken hinter Konflikten im Kontext digitaler Kommunikation im Unternehmenskontext unterstreichen die Notwendigkeit, soziale Normen als Element digitaler Führung und Unternehmenskultur zu verstehen.

Oftmals existieren keine expliziten Regeln für den Umgang mit Technik bzw. den Umgang miteinander im Kontext digitaler Kommunikation. Stattdessen passen sich die Ansichten darüber, was angemessen und unangemessen ist, oft einfach der Verbreitung eines Verhaltens an und verändern sich dementsprechend auch über die Zeit (siehe auch Diefenbach et al., 2017b). So ist beispielsweise die Nutzung des Smartphones im Fitnessstudio oder in öffentlichen Verkehrsmitteln heute akzeptierter als noch vor ein paar Jahren (siehe auch Fallstudie Mobile Etikette sowie Diefenbach et al., 2017b). Allerdings sagt dabei die Verbreitung oder Akzeptanz eines Verhaltens nichts darüber aus, ob das Verhalten für die Menschen gut ist oder wie es sich auf die soziale Interaktion auswirkt. Gerade im Unternehmenskontext gilt es daher, die Dynamiken und Herausforderungen im Kontext digitaler Kommunikation ernstzunehmen und bewusst zu adressieren. Anders als im Privatkontext, wo man den Nutzungsgewohnheiten anderer oft mehr oder weniger ausgeliefert ist, bestehen im Unternehmenskontext mehr Möglichkeiten zur Einflussnahme.

Die vorgestellte Fallstudie zeigt, dass fehlende oder unklare soziale Normen sowie Unsicherheiten durch die Einschränkungen digitaler Kommunikationskanäle Ursache für zahlreiche Missverständnisse und Konflikte im Arbeitskontext sind. Gleichzeitig lassen sich die Ergebnisse aber auch als Aufruf verstehen, soziale Normen stärker als Gestaltungselement und Potenzial für die Stärkung von Teamgeist und konfliktfreier Kommunikation zu nutzen. Wie aus der Führungsforschung und Literatur zu *Organizational Citizenship Behavior* (OCB) bekannt (z. B. Ehrhart & Naumann, 2004; Ellemers et al., 2004), stehen geteilte soziale Normen in enger Verbindung zur sozialen Teamidentität und Arbeitsmotivation, und bilden generell ein wertvolles Gut für den Erhalt einer Gemeinschaft und die Erreichung von

Gruppenzielen (Hechter & Opp, 2001). Gleichzeitig sind soziale Normen eben meist implizit und schwer greifbar und entsprechende Konflikte werden oft erst evident, wenn die Eskalation schon weit fortgeschritten ist. So müssen neben einer aufgabenorientierten Perspektive, der Nutzung technischer Möglichkeiten im Sinne von Rationalisierung, Flexibilisierung von Arbeitszeiten und Orten und Schaffung neuer Kommunikationskanäle auch die Effekte auf zwischenmenschlicher Ebene betrachtet werden.

Wie auch die hier vorliegenden Ergebnisse zur Erfüllung von Arbeitsqualitäten in digitalen und nicht-digitalen Kontexten unterstreichen, haben beide Kontexte ihre Berechtigung. Je nach Aufgabenstellung und Konstellation, können beide Settings, digitale Strukturen als auch direkte Kommunikation und vor-Ort-Arbeit, vorteilhaft sein. Wichtig ist allerdings, die Frage des geeigneten Settings bewusst zu stellen und nicht zu Standardformaten überzugehen, welche nicht mehr hinterfragt werden. Genauso können auch innerhalb der technikmediierten Kommunikation je nach Anlass verschiedene Kanäle hilfreich sein (▶ Kap. 1 zur Betrachtung der psychologischen Effekte verschiedener Kommunikationsmedien). So ist in vielen Umfeldern der textbasierte Austausch via E-Mail oder Chat zum Standard der Kommunikation geworden (Newport, 2014) und Arbeitgeber beklagen eine zunehmende Inkompetenz junger Arbeitskräfte in der telefonischen Kommunikation (Howe, 2015) und der Tendenz bei der textbasierten Kommunikation zu bleiben, auch wenn ein Anruf wichtig wäre, um Missverständnisse auszuräumen und eine gute Kundenbeziehung zu erhalten. Die Tatsache, dass »schlechte Kommunikation« in Analysen zu den Hauptursachen für Projektscheitern – und damit auch finanzielle Einbußen – identifiziert wird (Cetacea Communications, 2013; Rietiker et al., 2013), unterstreicht auch aus der Unternehmerperspektive, die Notwendigkeit, Erfordernisse im Kontext digitaler Arbeit nicht nur aus technischer Sicht, sondern auch auf der Beziehungsebene zu betrachten. Für Führungskräfte bedeutet dies, das Thema bewusst zu besprechen und die genutzten Informationskanäle und Meetingstrukturen möglicherweise sogar zu steuern. Was für Mitarbeiter naheliegend scheint, muss nicht immer die sinnvollste Entscheidung im Sinne der Qualität von Arbeit und Beziehung zu Kollegen und/oder Kunden sein. Ein Ansatzpunkt innerhalb von Teams und Abteilungen kann es sein, Fragen der digitalen Etikette bewusst zu thematisieren, wobei die hier vorliegenden Ergebnisse und diskutierten Fallbeispiele als Basis für den Einstieg in die Diskussion dienen können.

2.4 Fokus mobile Etikette

Unter den vielen digitalen Werkzeugen, die unseren Alltag erleichtern, spielt das Smartphone eine prominente Rolle. Als multifunktionales Tool ist es zum ständigen Begleiter geworden – und gleichzeitig auch häufiger Auslöser für Konflikte zwischen Menschen. Dies zeigen u. a. auch viele der Konfliktberichte aus der zu Anfang des Kapitels geschilderten Fallstudie zu Konflikttypen und Entstehungsgeschichten.

Die Fallstudie in diesem Kapitelabschnitt nimmt den Spezialfall Smartphone-Nutzung genauer in den Blick und untersucht Ansichten zur Smartphone-Nutzung und den angemessenen Umgang mit dem Smartphone in verschiedenen Situationen.

Grundlage für unseren Fragenkatalog war eine Erhebung des Pew Research Centers in den USA zur mobilen Etikette von 2014 (Rainie & Zickuhr, 2015). Ebenfalls haben wir den Fragenkatalog bereits im Jahr 2016 eingesetzt (Diefenbach et al., 2017a), was auch Analysen von Veränderungen über die Zeit ermöglicht. Zentrale Bestandteile der Befragung zur Smartphone-Nutzung waren hierbei

- Grundlegende Nutzungsgewohnheiten: z. B. Häufigkeit der Nutzung von Apps, Ausschalten des Smartphones;
- Nutzung in der Öffentlichkeit: eigene Nutzung, Nutzung anderer und Empfindungen dazu, z. B. sich gestört fühlen, private Details aus den Gesprächen anderer erfahren;
- situationsspezifische Normen: Beurteilung der Angemessenheit der Smartphone-Nutzung in verschiedenen Situationen des Alltags;
- Nutzung im sozialen Kontext: Erlebnisbericht zur Nutzung des Smartphones beim letzten sozialen Event, z. B. Treffen mit Freunden oder Kollegen; Einschätzung von Aufmerksamkeitsverlusten durch die parallele Smartphone-Nutzung bei anderen und sich selbst.

Die in einer Online-Befragung im Juli 2021 gewonne Stichprobe von 379 Personen bestand aus 67 % Frauen und 32 % Männern, 1 % machte keine Angabe zum Geschlecht. Der Altersbereich der Befragten lag zwischen 18 und 87 Jahren, der Mittelwert bei 32,4 Jahren (SD = 14,2).

2.4.1 Grundlegende Nutzungsgewohnheiten

Die Angaben zu eigenen Nutzungsgewohnheiten unterstreichen die zentrale Rolle des Smartphones im Alltag: 94 % der Befragten nutzen ihr Smartphone mindestens ein Mal pro Tag um im Internet zu surfen; 13 % gaben an, dies »andauernd« zu tun. Ebenso nutzen 97 % mindestens ein Mal pro Tag Apps auf ihrem Smartphone, 22 % tun dies »ständig«. Komplett ausgeschaltet wird das Smartphone nur selten: 40 % schalten ihr Smartphone laut eigenen Angaben tatsächlich *niemals* aus, dies sind nochmals 11 % mehr als in der Erhebung von 2016. 47 % gaben an, dies nur selten zu tun. 29 % sogar niemals. So verwundert es auch nicht, dass das Smartphone für den Großteil der Befragten ein permanenter Begleiter ist: 92 % haben ihr Smartphone »häufig« dabei, 6 % »manchmal« und nur 2 % »selten«.

2.4.2 Nutzung in der Öffentlichkeit

Wenn die Befragten ihr Smartphone an öffentlichen Orten nutzen, wie beispielsweise im Zug, im Park, in der Stadt, im Café oder an der Bushaltestelle, dann dient dies häufig der Kommunikation mit Freunden und Familie, Navigationsaufgaben, gefolgt von der Koordination von Treffen mit Freunden und Bekannten sowie dem

Abrufen von Informationen zum Zielort. Auch geben einige der Befragten an, dass sie ihnen die Smartphone-Nutzung an öffentlichen Plätzen hilft, um sich von der Außenwelt abzugrenzen oder »um irgendetwas zu tun«.

Die Smartphone-Nutzung in der Öffentlichkeit hat auch Konsequenzen für andere anwesende Menschen: Rund zwei Drittel der Befragten (68 %) fühlen sich von der Smartphone-Nutzung anderer an öffentlichen Plätzen häufig oder manchmal gestört. 32 % geben an, dies sei nur selten der Fall, 1 % nie. Wer der Smartphone-Nutzung anderer in der Öffentlichkeit beiwohnt erhält dabei auch Einblicke in private Details aus deren Leben: 48 % berichten, dass dies häufig oder manchmal passiere, 43 % selten und 9 % nie. Bemerkenswert ist hierbei, dass der Anteil von Personen, die berichteten häufig oder manchmal ungewollte Einblicke in das Leben anderer zu erlangen mit 48 % gegenüber der Erhebung von 2016 bereits gesunken ist – damals waren es noch 62 %. Die Gründe hierfür können vielfältig sein – möglicherweise sind die Menschen rücksichtsvoller oder diskreter geworden. Auch die immer stärker fortschreitende Ablösung des Telefonierens durch das asynchrone Versenden von Text- und Sprachnachrichten könnte eine Rolle spielen.

2.4.3 Situationsspezifische Normen

Die folgende Abbildung (▶ 2.4) zeigt die Zustimmungswerte für die Smartphone-Nutzung in verschiedenen abgefragten Situationen in der Erhebung von 2016 und 2021. Wie ersichtlich ergaben sich bezüglich der Frage, in welchen Situationen es generell in Ordnung ist, das Smartphone zu nutzen, kaum Veränderungen gegenüber der Erhebung von 2016. Weiterhin kritisch gesehen, wird die Nutzung des Smartphones beim Abendessen mit der Familie, in der Kirche oder während eines Gottesdienstes, im Kino, Theater oder an anderen Orten, an denen es normalerweise ruhig ist, sowie in Meetings und Besprechungen. Von der großen Mehrheit akzeptiert ist hingegen die Smartphone-Nutzung in öffentlichen Verkehrsmitteln, beim Schlangestehen und beim die Straße entlanggehen. Unklare soziale Normen bestehen hinsichtlich der Nutzung des Smartphones im Restaurant – 45 % sagen dies sei in Ordnung und 55 % widersprechen. In der Erhebung von 2016 war das ebenfalls der Fall, für den Restaurantbesuch hat sich demnach im Verlauf der letzten fünf Jahre keine eindeutigere Norm etabliert.

2.4.4 Nutzung im sozialen Kontext

94 % der Befragten haben beim letzten sozialen Event (z. B. Treffen mit Freunden, Arbeitskollegen) ihr Smartphone benutzt. Tabelle 2.5 zeigt die relativen Häufigkeiten für die berichteten Aktivitäten der Smartphone-Nutzung beim letzten sozialen Event von 2021 sowie die Vergleichszahlen von 2016 (▶ Tab. 2.5). Die mit am häufigsten ausgeführte Smartphone-Aktivität ist in 2021 mit 61 % das Aufnehmen von Bildern oder Videos. Dies entspricht einer deutlichen Zunahme gegenüber der Befragung von 2016, damals waren es nur 38 % die beim letzten Treffen mit anderen ihr Smartphone zum Fotografieren oder Filmen genutzt haben. Möglicherweise ist diese Steigerung auch ein Hinweis auf die zunehmende Bedeutsamkeit sozialer

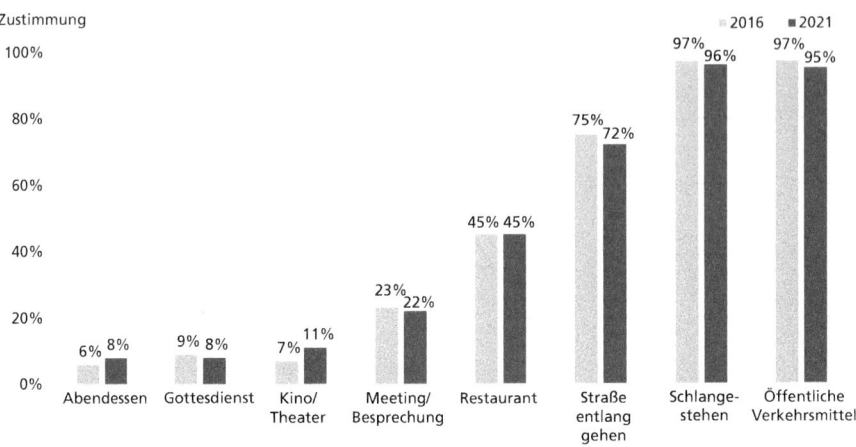

Abb. 2.4: Soziale Normen der Smartphone-Nutzung in der Öffentlichkeit von 2016 [N=234] und 2021 [N=382]

Medien wie zum Beispiel Instagram, in denen das Teilen von Fotos ein zentraler Bestandteil ist. Auch das Versenden von Nachrichten in Gegenwart anderer hat gegenüber 2016 nochmals zugenommen, wohingegen das Empfangen und Tätigen von Anrufen leicht zurückgegangen ist. Das Smartphone-Verhalten in sozialen Situationen entspricht somit auch dem allgemeinen Trend der Verschiebung von sprach- zu textbasierter Kommunikation.

Tab. 2.5: Berichtete Aktivitäten der Smartphone-Nutzung beim letzten sozialen Event von 2016 [N=234] und 2021 [N=382]

Aktivität	2016	2021
Fotos oder Videos aufnehmen	38 %	61 %
Nachricht lesen (z. B. SMS, E-Mail, WhatsApp)	69 %	63 %
Nachricht versenden	39 %	48 %
Internet (surfen, recherchieren)	35 %	44 %
Anruf empfangen	33 %	25 %
Anruf tätigen	12 %	9 %
Erinnerungen/Alerts/wichtige Meldungen checken	14 %	15 %

Dabei sind die Gründe für die Smartphone-Nutzung in Anwesenheit anderer (zumindest aus der Perspektive des Nutzers) auch zu deren Gunsten: 64 % geben an, das Smartphone genutzt zu haben, um Informationen abzurufen, die auch für die anderen interessant sein könnten. Die Erweiterung des sozialen Geschehens über den Kreis der Anwesenden hinaus spielt ebenfalls eine Rolle. 19 % berichten das Smartphone genutzt zu haben um etwas, das gerade beim Treffen passiert ist, mit nicht anwesenden Personen zu teilen, z. B. über Kurznachrichten oder soziale Netzwerke. Vergleichsweise seltener genannt wird die Nutzung des Smartphones zum Zwecke des Rückzugs in sozialen Situationen: Nur 10 % geben als Grund für die Nutzung Langeweile an, und 3 % um nicht an der aktuellen Diskussion teilnehmen zu müssen.

Bei der Frage, ob die Smartphone-Nutzung in sozialen Situationen die Qualität des Zusammenseins beeinträchtigt oder eher bereichert, gehen die Angaben für Selbst- und Fremdwahrnehmung auseinander. Die eigene Nutzung des Smartphones wird eher unproblematisch gesehen – nur 20 % sagen, dass viel Aufmerksamkeit verloren geht. 36 % geben an, dies sei manchmal der Fall, 44 % sagen gar nicht oder wenig. Die Smartphone-Nutzung anderer wird hingegen kritischer gesehen. 85 % empfinden diese manchmal oder häufig als störend. Sehr selten wird die Smartphone-Nutzung anderer als bereichernd erlebt: nur 2 % sagen, dies sei häufig der Fall, 29 % sagen manchmal – insgesamt 69 % sagen jedoch selten (54 %) oder nie (15 %). Erinnert man sich nun nochmals an die Aussage, dass 64 % das Smartphone in sozialen Situationen vermeintlich »zum Wohle anderer« nutzen, wie etwa, um für die Anwesenden interessante Informationen abzurufen, diese »Wohltat« aber nur in seltenen Fällen tatsächlich als bereichernd erlebt wird, ergibt das ein eher ernüchterndes Gesamtbild. Überspitzt könnte man sagen: Die große Mehrheit fühlt sich durch die Smartphone-Nutzung anderer in sozialen Situationen gestört. Dem Nutzer selbst scheint jedoch das Ausmaß der Zerstörung gar nicht bewusst. Die durch die eigene Smartphone-Nutzung entstehenden Aufmerksamkeitsverluste werden (wahrscheinlich) unterschätzt und die Nutzung mit Diensten an der Gruppe gerechtfertigt, obwohl dieser Service von der Gruppe gar nicht gewünscht ist.

Denkanstoß und Perspektivwechsel: Was ist meine Digitalkultur?

Das Wissen über die häufigen Diskrepanzen zwischen Selbst- und Fremdwahrnehmung kann auch helfen, dem anderen mehr Verständnis entgegenzubringen und das eigene Verhalten kritisch zu hinterfragen. Wenn Sie das nächste Mal wieder über Ihre Mitmenschen und deren rücksichtsloses Verhalten im Kontext der Smartphone-Nutzung den Kopf schütteln – betrachten Sie es einmal aus der Perspektive sozialer Normen: Der Mensch stammt vielleicht aus einer ganz anderen Digitalkultur als Sie selbst.

Und beobachten Sie auch sich selbst: Was ist Ihre Digitalkultur? Wie kommunizieren Sie Ihre Normen und Erwartungen – auch unbewusst – an Ihre Mitmenschen? Macht es Sie nervös, länger als fünf Minuten auf eine Antwort warten zu müssen? Erwarten Sie, dass andere ihre Tätigkeiten unterbrechen, um Ihnen zu antworten (kurz antworten kann man ja wohl)? Und wie geht es Ihnen, wenn jemand das Gespräch mit Ihnen unterbricht, um jemand anders zu antworten (das wird ja wohl kurz warten können…)?

Häufig verändern sich die Maßstäbe je nachdem, in welcher Rolle man gerade steckt. In jedem Fall lohnt es sich, über die bislang unausgesprochenen Normen der Smartphone-Nutzung einmal zu sprechen: Wie siehst du das, wenn…? Wie fühlst du dich, wenn…? Findest du es in Ordnung, wenn…? Ein erster Schritt der

Verständigung auf dem Weg zu einem harmonischeren Miteinander im digitalen Zeitalter.

2.4.5 Ursachen für Uneinigkeit, Doppelstandards und Wandel sozialer Normen der Smartphone-Nutzung

Im Gesamtbild lassen sich anhand der Studienergebnisse zur mobilen Etikette und den Erhebungen über die Jahre hinweg grob zweierlei Ursachen für soziale Konflikte im Kontext der Smartphone-Nutzung unterscheiden: Normverletzungen, die auf eine Uneinigkeit bezüglich sozialer Normen zurückzuführen sind, und Normverletzungen, durch Unaufmerksamkeit oder Desinteresse für die Auswirkungen des eigenen Verhaltens für andere. Ein Beispiel für Uneinigkeit bezüglich sozialer Normen im Kontext der Smartphone-Nutzung bildet auch 2021 noch die Nutzung des Smartphones im Restaurant – etwa die Hälfte der Studienteilnehmer sieht dies als in Ordnung an, die andere Hälfte hingegen sieht hierin ein unangemessenes Verhalten. Das gleiche Bild fand sich auch in der Erhebung von 2016, hier hat sich demnach auch im Wandel über die Zeit bislang kein Konsens herausgebildet. Ein Grund für die Uneinigkeit im Meinungsbild könnte natürlich auch sein, dass die abgefragten Situationen nicht näher beschrieben sind und die Befragten bei ihren Urteilen ein leicht unterschiedliches Bild im Kopf haben: Geht es beim Restaurantbesuch um die Nutzung des Smartphones als direkte Konfrontation des Gegenübers, womöglich sogar während des Essens? Oder geht es darum, dass man kurz prüft ob neue Nachrichten eingegangen sind, während die Begleitung die Toilette aufsucht? Auch bei der Nutzung des Smartphones in öffentlichen Verkehrsmitteln könnten nähere Situationsbeschreibungen zu unterschiedlichen Urteilen führen. Mehr als 90 % der Befragten stimmen zu, dass die Nutzung des Smartphones in öffentlichen Verkehrsmitteln grundsätzlich in Ordnung ist. Anders könnten die Urteile jedoch ausfallen, wenn die Nutzung in besonders störender Art und Weise stattfindet, z.B. Tasten- und Nachrichtentöne eingeschaltet sind, so dass eine Chatunterhaltung für die Mitreisenden zur enormen Geräuschsbelästigung wird. So kann die vorliegende Erhebung nur einen groben Eindruck wiedergeben, in welchen Feldern besondere Konfliktherde lauern, ohne dass sich hieraus eine Anleitung für garantiert positives, akzeptiertes Smartphoneverhalten ableiten ließe.

Oftmals ändern sich soziale Normen und Gewohnheiten auch mit den technischen Möglichkeiten. In einer Zeit, als der Telefonanruf quasi das alleinige Mittel war, um mit nicht anwesenden Personen kommunizieren zu können, gab es weniger Hemmungen dieses auch zu nutzen und andere (unangekündigt) anzurufen. Mit dem Aufkommen von zahlreichen alternativen Kanälen wie Text- und Sprachnachrichten hat sich dies gewandelt. Wir erleben eine Verschiebung von asynchroner, oft textbasierter Kommunikation, gerade unter jüngeren Personen. Der Gedanke an einen Telefonkontakt, bei dem spontane, schlagfertige Reaktionen verlangt werden, macht viele nervös. Und mit den Gewohnheiten ändern sich dann auch die impliziten Erwartungen. Wenn spontanes anrufen nicht mehr »normal« ist, wirkt es irgendwann unhöflich. Unerwartete Anrufe lösen Stress aus, und telefonieren macht manchen Personen sogar Angst – was gerade im beruflichen Kontext zum Problem werden kann (Colbert et al., 2016).

Neben Uneinigkeit und Unklarheit bezüglich sozialer Normen können auch verschiedene psychologische Effekte den Unmut über das Smartphoneverhalten anderer steigern. Der fundamentale Attributionsfehler etwa bezieht sich auf die Tendenz bei der Erklärung des Verhaltens anderer situative Faktoren zu vernachlässigen und die Ursache des (Fehl-)Verhaltens vorrangig in der Person selbst zu sehen (z. B. Jones & Harris, 1967). Während man beim eigenen Verhalten umfassenden Einblick hat, warum es in einer bestimmten Situation zu einer bestimmten Verhaltensweise kam, und diese Faktoren auch für die Entschuldigung unhöflichen Verhaltens heranzieht, fehlen diese Einblicke für die Erklärung des Verhaltens anderer Personen. Das unhöfliche Telefonieren in der Warteschlange und beim Bezahlen im Supermarkt, das den Kassierer als Gegenüber und Gesprächspartner in einer kurzen Alltagssequenz komplett ignoriert, wird bei anderen mit einem Kopfschütteln quittiert – man selbst verzeiht es sich vielleicht trotzdem, weil eben gerade in diesem Moment ein überaus wichtiger Anruf reinkam, der nicht bis nach dem Supermarktbesuch warten kann. Vielleicht die Arztpraxis, die endlich die Untersuchungsergebnisse überbringt, auf die man schon seit Tagen wartet oder Tante Frieda, die gerade wirklich harte Zeit hat und nicht schon wieder warten soll. Natürlich gibt es Gründe, warum wir ein per se inakzeptables Verhalten in Ausnahmefällen doch für akzeptabel halten. Für Außenstehende ist jedoch kaum abzuschätzen, inwieweit es sich um eben diese »begründeten Ausnahmefälle« oder schiere Rücksichtslosigkeit handelt. Es kommt damit zu Doppelstandards für die moralische Bewertung des eigenen Verhaltens und des Verhaltens anderer, und damit oftmals unnötigem Ärger und anderen negativen Gefühlen.

Doppelstandards

Doppelstandards bezüglich der Bewertung und Interpretation eigenen Verhaltens und des Verhaltens anderer haben eine Reihe psychologischer Gründe. Neben einer generellen Tendenz der selbstwertdienlichen Interpretation, d. h. unser eigenes Verhalten so auszulegen, dass es unseren Wertmaßstäben entspricht und damit unseren Selbstwert zu schützen (Miller & Ross, 1975), haben wir auch besseren Einblick in die Gründe für unser eigenes Verhalten als in die Gründe für das Verhalten anderer. Oftmals sind es Bündel von situativen und individuellen Faktoren, die zusammenwirken, dies betrifft gerade auch das Kommunikationsverhalten.

Im Falle der eigenen Antwort auf eine Textnachricht weiß man, dass die kurze rein sachliche Nachricht ohne Smiley und ohne Abschiedsgruß einfach nur durch Zeitdruck so ausgefallen ist. Wenn man aber selbst auf eine freundliche Nachricht (»Guten Morgen liebe Petra, ich freue mich schon so auf unser Treffen heute Abend ☺ Ich koche uns die beste Lasagne der Welt. Ist Rotwein dazu ok für dich? Kuss«) nur eine kurze Antwort erhält (»ok! Bis später«), fällt es oft schwer genauso wohlwollend darüber zu denken. Stattdessen kommt man ins Grübeln: Ist Petra sauer? Hat sie keine Lust auf das Treffen? Heißt »ok« Rotwein ist ok, aber

Weißwein wäre ihr vielleicht doch lieber? Petra nochmal anrufen und das klären? Aber vielleicht ist sie im Stress und dann erst recht genervt? Fragen über Fragen und viele unnötige negative Gedanken, die Petra sicherlich so nicht vorhergesehen und beabsichtigt hat.

Es ist aber auch gar nicht so leicht zu sagen, wie Petra es hätte besser machen können, wenn sie nun mal gerade keine Zeit für eine ausführliche Antwort hat. Sie will die andere Seite nicht warten lassen, kann aber nicht so antworten, wie die andere Seite es sich wünscht. Dazu kommt oft das Gefühl des ständigen Gestresstseins von immer mehr parallelen Anfragen und Events, die eine Reaktion erfordern, und der Wunsch die Dinge schnell abhaken zu wollen. Implizite Erwartungen und der Antwortdruck führen dazu, dass man schneller antwortet als gut ist bzw. in einer Art und Weise antwortet, die den anderen enttäuscht. Gerade wenn es um komplexere Fragen als Rot- oder Weißwein geht, kann dies fatale Folgen für die Beziehung zwischen den Kommunikationspartnern haben. Wie es ein Teilnehmer in einer unserer früheren Studien zur Smartphonekommunikation (Diefenbach & Ullrich, 2016) einmal formulierte: Der Antwortdruck zerstört den Raum für »Kopfkissenfragen« – Fragen, über die man besser erstmal eine Nacht schlafen sollte.

Ansichten und Normen der angemessenen Nutzung des Smartphones verändern sich somit also auch je nach eigener Position und Rolle und den entsprechenden Bewertungsmaßstäben. Dies zeigen auch die Urteile der Befragten zur Smartphone-Nutzung in sozialen Situationen: Während die eigene Smartphone-Nutzung und entsprechende Aufmerksamkeitsverluste für das aktuelle soziale Geschehen als eher unproblematisch erlebt werden, erlebt man das gleiche Verhalten bei anderen als störend. Man selbst glaubt, dass man parallel zur Smartphone-Nutzung dem Gespräch folgen kann. Daher, so könnte man argumentieren, sollte die eigene Smartphone-Nutzung für die anderen keine Rolle spielen, denn »es geht ja niemand etwas verloren«. Dass vielleicht doch etwas verloren geht, erlebt man meist deutlicher, wenn man in der Position des Smartphone-losen Gegenübers ist: Typischerweise ist das Smartphone-nutzende Gegenüber doch nicht so multitaskingfähig, wie er oder sie selbst es glaubt. Die Beteiligung am Gespräch wird weniger, Feinheiten des Gesprächsverlaufs werden nicht mitbekommen, es kommt zu unpassenden Kommentaren zu Themen, die schon nicht mehr aktuell sind. Noch störender als ein Telefonat, das ein direktes Gespräch zeitweilig unterbricht, wird oftmals das Chatten parallel zum direkten Gespräch erlebt: Dies suggeriert, dass beides gemacht wird – im Gespräch sein und Chatten. Tatsächlich ist das aber nicht der Fall, die Gesprächsqualität leidet immens. Wie auch von einer Studienteilnehmerin bildhaft beschrieben: »Gedankenstränge werden nicht wirklich weiterentwickelt und durch Impulse von außen unterbrochen. Es ist wie ein roter Faden, der immer wieder reißt.« (vertiefend Diefenbach & Ullrich, 2016). Und selbst wenn es dem Smartphone-Nutzer gelingen sollte, sich weiterhin am Gespräch zu beteiligen – zumindest in den Augen der meisten Studienteilnehmer, bleibt die die Smartphone-Nutzung in sozialen Situationen, wie etwa einer Besprechung oder einem Meeting, ein Signal der Respektlosigkeit. Es macht für die anderen einen Unterschied, ob man parallel etwas Anderes tut, selbst wenn man auf rein instrumenteller Ebene beide Aufgaben verfolgen kann (▶ Kap. 2.2.6, Phubbing). Ein Gespräch von Angesicht zu Angesicht ist aber eben mehr als ein Informationsaustausch und lässt sich im Erleben von Menschen nicht auf die instrumentelle Ebene reduzieren. Menschen sind keine Roboter und wollen auch nicht als solche behandelt werden (und andersherum genauso).

2.5 Resümee

Die Betrachtung von Konflikten im digitalen Kontext aus dem Blickwinkel sozialer Normen bietet eine interessante Perspektive, die Konfliktursachen besser verstehbar macht und gleichzeitig Ansatzpunkte für mögliche Interventionen eröffnet. Wie die vorliegenden Fallstudien beispielhaft demonstrieren, finden sich Normkonflikte in digitalen Kontexten aller Art, im Arbeits- und Privatbereich, in spezifischen Online-Kontexten wie sozialen Medien oder im Kontext der Nutzung spezifischer Technologien wie dem Smartphone. Sowohl die Erhebungen im Privatkontext als auch die Erhebungen im Arbeitskontext zeigen wie häufig in unserem Alltag fehlende, unklare oder nicht einheitlich geteilte soziale Normen zu Konflikten führen und wie wichtig es ist, diese als möglichen Konfliktherd zu berücksichtigen. Die Betrachtung aus dem Blickwinkel sozialer Normen ermöglicht ein neues Verständnis, wo die Probleme liegen, und was getan werden muss, um harmonischere Interaktion zwischen Menschen zu ermöglichen. Gleichzeitig unterstreichen diese Einblicke auch soziale Normen als Ressource und Basis für ein Gefühl von Sicherheit, Zusammengehörigkeit, Gemeinschaft, Teamgeist und geteilter Identität.

Oftmals werden einem die Besonderheiten und Merkmale der eigenen Kultur erst »in der Fremde«, wie etwa in einem anderen Unternehmen oder im Ausland, richtig bewusst. Vorstellungen, »wie man etwas tut«, werden plötzlich hinterfragt – von informellen Konventionen zu Begrüßung und Smalltalk, Benimmregeln am Essenstisch oder dem Begehen von Ereignissen wie Hochzeiten und Beerdigungen. Die neuen Normen, mit denen man konfrontiert wird, können als bereichernd aber auch herausfordernd erlebt werden. Das, was bislang als eben nur so wie in der eigenen Kultur bislang erlebt als vorstellbar galt, ist plötzlich gar nicht mehr sicher. Trifft man dann im Ausland auf eine Person der eigenen Kultur, die im fremden, neuartigen Kontext mit der gleichen Irritation zu kämpfen hat, schafft dies ein Gefühl besonderer Verbundenheit. Die gleichen Vorstellungen davon zu haben, wie man etwas tut – und sei es die Einigkeit darüber, dass man etwas auf verschiedene, gleichermaßen akzeptierte Art und Weise tun kann, schafft Vertrauen und Verbindung zwischen Menschen.

Glücklicherweise können sich Vorstellungen und soziale Normen wandeln und neue Verbindungen zwischen Menschen können entstehen. Hierfür ist es aber immer wichtig, dass ein Verständnis für die Existenz der Unterschiedlichkeit von Sichtweisen überhaupt vorhanden ist. Auch dies wird nochmals deutlicher, wenn man Normkonflikte im digitalen Kontext in Parallele zu interkulturellen Normkonflikten betrachtet. In vielen Situationen des Alltags ist unser Verhalten geprägt von impliziten Regeln des tagtäglichen Miteinanders. Wenn man mit ihnen aufgewachsen ist, scheinen diese so selbstverständlich, dass man gar nicht auf die Idee kommt, es könnte anders sein. Ein Beispiel: In Deutschland (und einigen anderen Ländern) verhält man sich im Kino und Theater in der Regel ruhig. Wer seine Mitmenschen nicht verärgern möchte, wartet mit Klatschen und lautstarken Kommentaren bis zum Ende der Vorstellung. Anders in einigen afrikanischen Ländern, in denen Applaus und Kommentare auch vorstellungsbegleitend willkommen sind (Sparknotes) Auch in Hinblick auf Pünktlichkeit und Verbindlichkeit gibt es sehr verschiedene Umgangsformen. Wenn jemand beispielsweise sagt, »ich komme um 16 Uhr vorbei« – ist dann genau 16 Uhr gemeint? Oder kann es auch 16:30 Uhr werden? Oder 17 Uhr? Oder vielleicht auch doch erst morgen?

Die oben genannten Beispiele zeigen: Hinsichtlich vieler sozialer Normen des Alltags bestehen große Unterschiede zwischen den Kulturen – und mit diesem Wissen lässt sich besser miteinander umgehen. Man kann verstehen, dass das vermeintlich unhöfliche Verhalten eines Menschen, der aus einer anderen Kultur stammt als man selbst, gar nicht unhöflich gemeint ist. Im digitalen Kontext ist dies weniger offensichtlich. Es entwickeln sich Subkulturen mit eigenen Normen, ohne dass diese sich ihrer Subkultur bewusst sein müssen. Was sie in ihrem Kontext (er) leben, ist für sie die Norm, für andere jedoch inakzetabel. Ein Beispiel hierfür ist »Fraping«: das Ausnutzen eines Moments, in dem eine Person ihr Smartphone ungesperrt liegen lässt, um Änderungen an dem Social Media Profil einer Person vorzunehmen (z. B. das Ersetzen des Profilbilds durch ein peinliches Bild). Eine Praktik, die von den meisten Personen wahrscheinlich als inakzeptables Verhalten und Vertrauensbruch gewertet wird, in einigen Personenkreisen jugendlicher Nutzer jedoch als lustiger Streich gesehen wird, auch vom Fraping-Opfer selbst (Moncur et al., 2016). Wie es rund um den Erdball verschiedene Kulturen und Ansichten zu angemessenem und unangenemessenem Verhalten gibt, existieren auch innerhalb eines Landes, einer Familie oder eines Unternehmens verschiedene soziale Normen und Digitalkulturen. Nochmals deutlicher wurde dies im Kontext der Corona-Pandemie, und der Verlagerung sämtlicher Meetings und dem Austausch mit Freunden auf digitale Kanäle. Umso wichtiger scheint es, die Betrachtungen im vorliegenden Kapitel zu nutzen, auch im digitalen Kontakt achtsam miteinander umzugehen und echte Kommunikationsqualität zu wahren.

Literatur

Cetacea Communications (2013). *Ergebnisse der empirischen Studie 2013 – Kommunikation in Projekten.* https://www.atreus.de/fileadmin/user_upload/downloads/publikationen/studien/Atreus_Studie_Kommunikation_in_Projekten_2013.pdf [24.10.2021]

Çikrikci, Ö., Griffiths, M. D., & Erzen, E. (2019). Testing the mediating role of phubbing in the relationship between the big five personality traits and satisfaction with life. *International Journal of Mental Health and Addiction*, 1–13.

Colbert, A., Yee, N., & George, G. (2016). The digital workforce and the workplace of the future. *Academy of Management Journal*, 59(3), 731–739

Diefenbach, S. (2020). *Digitale Etiquette – Technologievermittelte soziale Normkonflikte im Alltag.* ARD alpha campus talks. https://www.br.de/fernsehen/ard-alpha/sendungen/campus/campus-talks-sarah-diefenbach-wirtschaftspsychologie-digitale-etiquette-100.html [24.10.2021]

Diefenbach, S. (2021). Social norms in digital spaces: Conflict reports and implications for technology design in the teleworking context. Vortrag am Leibniz-Institut für Arbeitsforschung an der TU Dortmund im Rahmen der Vortragsreihe Vortragsreihe »Angewandte Perspektiven auf die Zukunft der Arbeit«, https://www.youtube.com/watch?v=XbjtO00d-Pk&list=PL9qGjyvCDTwQ0sdMA_4TPhXyf0rq9kQBG&index=1 [01.11.2021]

Diefenbach, S., & Ullrich, D. (2016). Digitale Depression: Wie neuen Medien unser Glücksempfinden verändern. München: mvg Verlag.

Diefenbach, S. & Ullrich, D. (2018). Disrespectful technologies. Social norm conflicts in digital worlds. Proceedings of the AHFE 2018 international conferences on usability & user experience and human factors and assistive technology, pp. 44–56. Springer International Publishing.

Diefenbach, S., Christoforakos, L., & Ullrich, D. (2017). Digitale Disbalance – Herausforderungen der Smartphone-Ära. *Wirtschaftspsychologie aktuell*, 17(3), 36–42.

Diefenbach, S. Ullrich, S., Kronseder, M., Stockkamp, M., & Weber, M. (2017). (Dis)Respectful Technologies: Wie Technik soziale Normen aushebelt – und was sich dagegen tun lässt. In: Hess, S. & Fischer, H. (Hrsg.), *Mensch und Computer 2017 – Usability Professionals 2017* (S 39–50). Regensburg: Gesellschaft für Informatik e.V.

Ehrhart, M. G., & Naumann, S. E. (2004). Organizational citizenship behavior in work groups: A group norms approach. *Journal of Applied Psychology*, 89(6), 960–974.

Ellemers, N., De Gilder, D., & Haslam, S. A. (2004). Motivating individuals and groups at work: A social identity perspective on leadership and group performance. *Academy of Management review*, 29(3), 459–478.

Fogg, B. J. (2003). *Persuasive technologies. Using computers to change what we think and do.* San Francisco, CA, USA: Elsevier Science & Technology.

Hall, J. A., & Knapp, M. L. (2013). *Nonverbal communication* (Vol. 2). Berlin: Walter de Gruyter.

Hechter, M., & Opp, K.-D. (2001). *Social Norms*. New York City, NY: Russel Sage Foundation.

Horne, C. (2001). Sociological perspectives on the emergence of social norms. In M. Hechter & K.-D. Opp (Eds.), *Social norms* (pp. 3–33). New York City, NY: Russel Sage Foundation.

Howe, N. (2015). Why millennials are texting more and talking less. *Forbes*, www.forbes.com/sites/neilhowe/2015/07/15/why-millennials-are-texting-more-and-talking-less/. [24.10.2021]

Iometrics & Global Workplace Analytics (2020). *Global work-fromhome experience survey.* https://globalworkplaceanalytics.com/whitepapers [24.10.2021]

IWG International Workplace Group (2018). *The workspace revolution: reaching the tipping point. Global insights on flexible working from 18,000 professionals in 96 countries.* http://bpcc.org.pl/uploads/ckeditor/attachments/14371/IWG_report.pdf [24.10.2021]

Jones, E. E., and Harris, V. A. (1967). The attribution of attitudes. *Journal of experimental social psychology* 3(1), 1–24.

Kim, A. J. (2000). *Community Building on the Web*. Berkeley: Peachpit Press.

Laschke, M., Hassenzahl, M., & Diefenbach, S. (2011). *Things with attitude: Transformational products.* Proceedings of Create11 conference (pp. 1–2).

Lee, M. K., & Takayama, L. (2011). *Now, I have a body: Uses and social norms for mobile remote presence in the workplace.* Proceedings of the SIGCHI Conference on Human Factors in Computing Systems, 33–42. New York: ACM Press.

Martey, R. M., & Stromer-Galley, J. (2007). The digital dollhouse: Context and social norms in the sims online. *Games and Culture*, 2(4), 314–334.

Messenger, J. C. (2019). *Telework in the 21st Century: An Evolutionary Perspective.* Cheltenham: Edward Elgar Publishing.

Moncur, W., Orzech, K. M., & Neville, F. G. (2016). Fraping, social norms and online representations of self. *Computers in Human Behavior, 63*, 125—131.

Mooseder, A. (2018). *Einfluss der Gestaltung von Kommunikationsmedien auf die Aktivierung sozialer Normen.* Unveröffentlichte Bachelor-Thesis, Department Psychologie, Ludwig-Maximilians-Universität München.

Milasi, S., González-Vázquez, & Fernández-Macías, E. (2020). *Telework in the EU before and after the COVID-10: where we were, where we head to.* Report by the European Commissions's science and knowledge service Joint Research Centre. https://ec.europa.eu/jrc/sites/jrcsh/files/jrc120945_policy_brief_-_covid_and_telework_final.pdf, [24.10.2021]

Miller, D. T., & Ross, M. (1975). Self-serving biases in the attribution of causality: Fact or fiction?. *Psychological bulletin, 82*(2), 213.

Moncur, W., Orzech, K. M., & Neville, F. G. (2016). Fraping, social norms and online representations of self. *Computers in Human Behavior, 63*, 125–131.

Nazir, T. (2020). Impact of classroom phubbing on teachers who face phubbing during lectures. *Psychology Research on Education and Social Sciences, 1*(1), 41–47.

Nazir, T., & Pişkin, M. (2016). Phubbing: A technological invasion which connected the world but disconnected humans. *International Journal of Indian Psychology, 3*(4), 68–76.

Newport, F. (2014). *The new era of communication among Americans* [Survey report]. https://news.gallup.com/poll/179288/new-era-communication-americans.aspx [24.10.2021]

Noor, M., Shnabel, N., Halabi, S., & Nadler, A. (2012). When suffering begets suffering: The psychology of competitive victimhood between adversarial groups in violent conflicts. *Personality and Social Psychology Review, 16*(4), 351–374.

Not just bikes (2019). *The Dutch solution for safer sidewalks – continuous sidewalks.* https://www.youtube.com/watch?v=9OfBpQgLXUc [25.10.2021]

Nuñez, T. R., Radtke, T., & Eimler, S. C. (2020). A third-person perspective on phubbing: Observing smartphone-induced social exclusion generates negative affect, stress, and derogatory attitudes. *Cyberpsychology: Journal of Psychosocial Research on Cyberspace, 14*(3).

Popa, M., Phillips, B. J., & Robertson, C. (2014). Positive outcomes of social norm transgressions. *Journal of Consumer Behaviour, 13*(5), 351–363.

Preece, J. (2004). Etiquette online: From nice to necessary. *Communications of the ACM, 47*(4), 56–61.

Przybylski, A. K., & Weinstein, N. (2013). Can you connect with me now? How the presence of mobile communication technology influences face-to-face conversation quality. *Journal of Social and Personal Relationships, 30*(3), 237–246

Radford, M. L. (2006). Encountering virtual users: A qualitative investigation of interpersonal communication in chat reference. *Journal of the American Society for Information Science and Technology, 57*(8), 1046–1059.

Rainie, L., & Zickuhr, K. (2015). *Americans' views on mobile etiquette.* Washington, D. C.: Pew Research Center.

Rietiker, S., Scheurer, S., & Wald, A. (2013). Mal andersrum gefragt: Ergebnisse einer Studie zu Miss-erfolgsfaktoren in der Projektarbeit. *Projektmanagement aktuell, 4*, 33–39.

Sabra, J. B. (2017). »I hate when they do that!« Netiquette in mourning and memorialization among Danish Facebook users. *Journal of Broadcasting & Electronic Media, 61*(1), 24–40.

Schulz von Thun, F. (1981). *Miteinander reden 1. Störungen und Klärungen. Allgemeine Psychologie der Kommunikation.* Reinbek: Rowohlt.

Shnabel, N., Nadler, A., Ullrich, J., Dovidio, J. F., & Carmi, D. (2009). Promoting reconciliation through the satisfaction of the emotional needs of victimised and perpetrating group members: The needs-based model of reconciliation. *Personality and Social Psychology Bulletin, 35*, 1021–1030.

Sparknotes, https://www.sparknotes.com/sociology/society-and-culture/section3/ [24.10.2021]

Tromp, N., Hekkert, P., & Verbeek, P.-P. (2011). Design for socially responsible behavior: A classification of influence based on intended user experience. *Design Issues, 27*(3), 3–19.

Turner, J. C. (1991). *Social influence* (Vol. xvi). Belmont, CA, US: Thomson Brooks.

Voggeser, B. J., Singh, R. K., & Göritz, A. S. (2018). Self-control in online discussions: Disinhibited online behavior as a failure to recognize social cues. *Frontiers in Psychology, 8*, 2372.

Walter, T., Hourizi, R., Moncur, W., & Pitsillides, S. (2011). Does the internet change how we die and mourn? *Overview and analysis. Omega, 64,* 275–302.

Watzlawick, P., Bavelas, J. B., & Jackson, D. D. (2011). *Pragmatics of human communication: A study of interactional patterns, pathologies and paradoxes.* New York City, NY: WW Norton & Company.

Yam, F. C., & Ilhan, T. (2020). Holistic technological addiction of modern age: Phubbing. *Psikiyatride Guncel Yaklasimlar-Current Approaches in Psychiatry 12*(1), 1–15.

Yee, N., Bailenson, J. N., Urbanek, M., Chang, F., & Merget, D. (2007). The unbearable likeness of being digital: The persistence of nonverbal social norms in online virtual environments. *CyberPsychology & Behavior, 10*(1), 115–121.

3 Technisierte Öffentlichkeit: Einflüsse der Digitalisierung auf den öffentlichen Raum als Ort der Begegnung

Pia von Terzi

Stellen Sie sich vor …

Sie befinden sich in einem Supermarkt und laufen Richtung Ausgang, um Ihren Einkauf zu bezahlen. Dort angekommen stellen Sie fest, dass in diesem Supermarkt kein Mitarbeiter Ihren Einkauf abkassiert, sondern der Bezahlvorgang über mehrere Selbstbedienungskassen abgewickelt wird. Sie stellen sich in die Warteschlage vor einem der Geräte. Als Sie an der Reihe sind und die ersten Produkte einscannen, sind Sie von der intuitiven Bedienbarkeit des Systems überrascht. Als Sie dann aber eine exotische Frucht wiegen und bezahlen wollen, können Sie diese im Menü nicht finden. Sie blicken sich hilfesuchend um, können aber keinen Supermarktmitarbeiter entdecken. Um die anderen Kunden in der Reihe hinter Ihnen nicht noch länger warten zu lassen, verzichten Sie auf den Kauf der Frucht und lassen diese im Kassenbereich zurück. Hastig schließen Sie den Bezahlvorgang ab.

Ein paar Stunden später folgende Situation:

Sie sind auf dem Weg nach Hause und warten auf Ihren Bus. Als dieser ankommt, steigen Sie bei der vorderen Tür ein. In einer der ersten Reihen erblicken Sie einen ehemaligen Mitschüler, den Sie schon seit Jahren nicht mehr gesehen oder gesprochen haben. Allerdings wirkt Ihr Bekannter auf Sie nicht gerade so, als würde er aktuell gerne in Kontakt mit anderen Menschen treten: er hat den Kopf gegen die Fensterscheibe gelehnt, sieht aus dem Fenster und trägt Kopfhörer. Auch wenn Sie sich gerne mit ihm unterhalten würden, entscheiden Sie sich dagegen, ihn anzusprechen und nehmen ein paar Reihen weiter hinten Platz. An einer der nächsten Haltestellen steigt Ihr Bekannter dann auch schon aus. Als der Bus weiterfährt und er aus Ihrem Blickfeld verschwindet, bereuen Sie, dass Sie sich diese Chance auf ein Gespräch nach all den Jahren entgehen lassen haben. Ebenso hätte sich vielleicht auch Ihr ehemaliger Mitschüler über den Kontakt gefreut – das werden Sie nun nicht erfahren.

Ein Großteil unseres Alltags findet im öffentlichen Raum statt. So verbringen wir in der Regel viele Stunden des Tages an öffentlichen Orten wie der Straße, Parks, Bushaltestellen, Zügen, Großraumbüros, Supermärkte, Restaurants oder Ausstellungshallen. Öffentliche Räume als physische Orte sozialer Begegnung haben gesellschaftliche und individuelle Relevanz; sind entscheidend für Teilhabe und Inklusion, Wohlbefinden und Lebensqualität. Ein wesentliches Merkmal öffentlicher Räume ist die Interaktion mit anderen, fremden oder bekannten Menschen.

Immer häufiger spielt Technik auch in der Interaktion in öffentlichen Räumen eine Rolle und vermittelt Kontakt zwischen Menschen – oder verringert diesen. In den Eingangsbeispielen ist eher letzteres der Fall. Der zwischenmenschliche Kontakt und Austausch wird durch Technik ersetzt, etwa durch die Selbstbedienungskasse im Supermarkt, oder verhindert durch den Kopfhörer im Bus. Die anderen Anwesenden sind bestenfalls nur noch Zuschauer der Technikinteraktionen. Kann unter diesen Bedingungen noch vom öffentlichen Raum als Begegnungsstätte gesprochen werden? Welchen Einfluss hat eine Reduktion von Mensch-Mensch-Interaktionen oder das Ersetzen durch Mensch-Technik-Interaktionen im öffentlichen Raum für unser Verhalten und Erleben? Wie können wir sicherstellen, dass uns (vermehrte) Technikinteraktion im öffentlichen Raum wirklich smarter und nicht nur einsamer macht?

3.1 Kapitelausblick

Zur Klärung dieser Fragen verfolgt dieses Kapitel einen sozio-technischen Ansatz und fokussiert sich auf die Wechselbeziehung von Mensch und Technik. Einerseits beeinflusst neue und omnipräsente Technik unser Verhalten und Erleben in der Öffentlichkeit. Andererseits wird unser Handeln durch die Öffentlichkeit geprägt. In beiden Fällen spielen psychologische Prozesse und Mechanismen eine zentrale Rolle. Das folgende Unterkapitel (▶ Kap. 3.2) beschreibt daher nicht nur die zentralen Begrifflichkeiten, sondern auch eine psychologische Perspektive auf das Thema Öffentlichkeit. Diese hilft Veränderungen bzw. Chancen und Risiken, welche die Digitalisierung für die physische Welt und die Begegnung zwischen Menschen im öffentlichen Raum mit sich bringt, zu spezifizieren und die Relevanz des öffentlichen Raums für unser Zusammenleben hervorzuheben.

Die Eingangsbeispiele verdeutlichen, dass die Digitalisierung nicht nur unsere Art zu kommunizieren und interagieren in der virtuellen Welt (z. B. auf digitalen Plattformen, ▶ Kap. 1) beeinflusst, sondern auch unmittelbare Konsequenzen für die physische Welt hat. Um die Konsequenzen der Digitalisierung für den öffentlichen Raum – stellvertretend für die physische Welt – beschreibbar und begreifbar zu machen, stellt Unterkapitel 3.3 (▶ Kap. 3.3) das Konzept der »technisierten Öffentlichkeit« vor. Dabei werden zwei Formen der technisierten Öffentlichkeit, die beide die Allgegenwärtigkeit von Technik betonen, unterschieden: die gemeinschaftliche, technisierte Öffentlichkeit (siehe Eingangsbeispiel 1) und die private, technisierte Öffentlichkeit (siehe Eingangsbeispiel 2). Neben der Klärung von konzeptionellen Fragen wird dabei auch der Einfluss dieser Entwicklung auf unser alltägliches Leben erläutert.

Die im darauffolgenden Unterkapitel (▶ Kap. 3.4) identifizierten Herausforderungen auf individueller und gesellschaftlicher Ebene verdeutlichen, dass eine technisierte Öffentlichkeit neben Vorteilen auch einige Risiken birgt. Unterkapitel 3.5 (▶ Kap. 3.5) greift diese dann auf und nennt einige Ansatzpunkte, um die

Herausforderungen zu überwinden. Neben der Klärung der Frage »Wie verändert die Nutzung von privater und öffentlicher Technik unser Zusammenleben im öffentlichen Raum?« beschäftigt sich das Kapitel damit auch mit Fragen der Gestaltung von Technik für den öffentlichen Raum und Empfehlungen für die Produktentwicklung. Es zeigt konkrete Gestaltungsimplikationen und Handlungsempfehlungen auf, um den Status-Quo zu überwinden und den Weg zu einer »besseren« technisierten Öffentlichkeit zu ebnen. Ein Resümee (▶ Kap. 3.6) schließt das Kapitel ab.

3.2 Öffentlichkeit aus psychologischer Perspektive

3.2.1 Definitionen

Unser alltägliches Leben findet zum Großteil im öffentlichen Raum statt: wir kaufen ein, fahren Bahn, essen zu Mittag in einem Café, treffen uns für einen Spaziergang im Park, etc. Die vielfältigen und unzähligen Möglichkeiten für Aktivitäten im öffentlichen Raum offenbaren eine wesentliche Eigenschaft des öffentlichen Raumes: seine Multifunktionalität (vgl. Reicher & Kemme, 2009). So kann er u. a. Konsum-, Erholungs- oder Kommunikationsraum sein.

Laut dem Soziologen Richard Sennett ist der öffentliche Raum ein Ort, wo man als Akteur den prüfenden Blicken anderer ausgesetzt, aber gleichzeitig auch selbst Zuschauer ist – man beobachtet und wird beobachtet (Sennett, 1983). Der Austausch mit bzw. das Aufeinandertreffen von meist fremden Personen ist somit ein weiteres Prinzip des öffentlichen Raums (Simmel, 1903). Oder um es mit den Worten von Martin Wetz zu sagen:

> »Der öffentliche Raum ist der soziale Raum der Kommunikation und der Begegnung; er ist der Ort der Verbindung des gesellschaftlichen, sozialen, wirtschaftlichen und kulturellen Lebens. Er ist damit die Bühne für das öffentliche Verhalten, für die Rolle der Individuen und sozialen Gruppen.« (Wentz, 2002, S. 192).

Der öffentliche Raum kann als ein Prozess gegenseitiger Einflussnahme der beiden Komponenten Mensch und Ort verstanden werden (Carmona, Tim, Oc & Tiesdell, 2003, 2010; Sendi & Goličnik Marušić, 2012). Veränderungen der Umgebungsbedingungen haben Auswirkungen auf die Menschen, die sich in diesen Umgebungen bewegen, und umgekehrt kann der Mensch auch die Umgebung verändern. Damit ist Funktion, Wahrnehmung und Nutzung des öffentlichen Raums an gesellschaftliche Transformationen, wie die Digitalisierung, gekoppelt (Wildner & Berger, 2018). Digitalisierung bezeichnet in diesem Zusammenhang die Automatisierung von Prozessen und die Entwicklung innovativer Produkte bzw. Technologien.

Der Begriff öffentlicher Raum (engl. public space) ist eng – ja sogar untrennbar – mit dem Begriff Öffentlichkeit (engl. publicness) verknüpft: im öffentlichen Raum entsteht Öffentlichkeit und ohne Öffentlichkeit kein öffentlicher Raum. Für jedes der Konzepte existiert keine eindeutige, allgemeingültige Definition. Beide Begrifflichkeiten werden nicht einheitlich in der Literatur und manchmal sogar synonym verwendet. Neben der Tatsache, dass es zahlreiche Übersetzungsmöglichkeiten für Öffentlichkeit im Englischen gibt (z. B. public, public sphere, publicness, publicity, etc.), muss auch die Mehrdeutigkeit des Begriffs im Deutschen als problematisch bewertet werden. So verbinden verschiedene Disziplinen mit dem Begriff Öffentlichkeit unterschiedliche Inhalte: je nach Zusammenhang wird damit z. B. der Staat, die Gesellschaft oder der Dialog bezeichnet. In Hinsicht auf den öffentlichen Raum ergibt sich ein ähnliches Bild. Auch für diesen Begriff herrschen Chaos und Uneinigkeit was die »richtige« Definition betrifft (Zhang & He, 2020). Dieses Kapitel versteht Öffentlichkeit als ein Zustand oder Gefühl des Sichtbar-Seins, also eine Art »subjektbezogener Kontext« (Wimmer, 2007, S. 41). Öffentlicher Raum meint hier den physisch-dreidimensionale Raum, der für die Allgemeinheit zugänglich ist. Somit konzentriert sich der nachfolgende Text auf die sozio-räumlichen Aspekte des öffentlichen Raums und die rechtlich-ökonomische und politische Perspektiven (Neal, 2010a) werden ausgeklammert.

> **Literaturempfehlung zur Vertiefung**
>
> Dieses Kapitel verzichtet darauf, die verschiedenen Facetten von Öffentlichkeit zu diskutieren, oder gar einen Versuch anzustellen die daraus resultierende Definitions-Problematik zu lösen. Falls jedoch Interesse besteht sich tiefer in die Thematik des Öffentlichkeitsbegriffs bzw. -verständnisses einzuarbeiten, sind die nachfolgenden Literaturempfehlungen ein guter Anfang.
>
> - Jürgen Habermas (1990): »Strukturwandel der Öffentlichkeit«
> - Hannah Arendt (1960): »Vita activa oder Vom tätigen Leben«
> - Jeffrey Wimmer (2007): »(Gegen-)Öffentlichkeit in der Mediengesellschaft – Analyse eines medialen Spannungsverhältnisses«

3.2.2 Psychologische Mechanismen und die Relevanz öffentlicher Räume

Eine psychologische Perspektive auf Öffentlichkeit hilft dabei, die Voraussetzungen bzw. Entstehung von Öffentlichkeit und die Auswirkungen auf das Individuum sowie die Gesellschaft besser zu verstehen.

Wimmer (2007) trifft vier Annahmen für das sozialpsychologische Öffentlichkeitskonzept:

1. Der Begriff Öffentlichkeit repräsentiert die Anderen, die das »Selbst« umgeben.
2. Das Selbst ist differenzierbar in beobachtbare und nicht beobachtbare Bereiche.
3. Das Selbst ist von Anderen und von sich selbst beobachtbar (Selbst- und Fremdbeobachtung).

4. Das Selbst wird durch Interaktion, also mit Bezug auf andere entwickelt. Im Kontext Öffentlichkeit spielt das Selbst und die »Anderen« also eine wichtige Rolle.

Um das menschliche Verhalten und Erleben im öffentlichen Raum, also wenn andere Personen anwesend sind, zu beschreiben, kann der dramaturgische Ansatz von Goffman (1959) herangezogen werden. Dieser hat nicht nur in der Soziologie und Psychologie Tradition, sondern findet inzwischen auch im Bereich Human-Computer-Interaction (HCI) Anwendung. So werden Goffmans Prinzipien gerne herangezogen, wenn es um die Beschreibung und Erklärung von öffentlicher Techniknutzung geht. Goffman vergleicht unser Handeln in der Öffentlichkeit mit der Performance eines Schauspielers auf einer Bühne. Die anderen Anwesenden finden sich in der Rolle der Zuschauer wieder und beobachten und bewerten unsere Aktionen. Als Akteur ist man bestrebt sich in einem möglichst positiven Licht zu präsentieren. Der Zweck dieser Selbst-Präsentationen ist aber nicht nur Zuschauern zu gefallen bzw. das Bild, das sie von einem haben, zu kontrollieren und zu beeinflussen. Sondern sie tragen auch dazu bei, ein eigenes Selbstverständnis zu entwickeln. Die Art und Weise, wie sich Menschen präsentieren, hängt vom Publikum, dem Bezugsrahmen, in dem sie sich bewegen, und ihren Erwartungen an die Reaktionen des Publikums ab. Neben den Informationen über ihre aktuelle Umgebung nutzen Menschen ihr vorhandenes Wissen, um zu bewerten, ob ihre Handlungen zum sozialen Kontext passen.

Goffman lieferte mit seiner Analyse des Alltagslebens die Grundlagen für Theorien und systematische Untersuchungen des sogenannten *Impression Management* (dt. Selbstdarstellung). Impression Management bezeichnet »Inszenierungsstrategien zur Herstellung eines bestimmten Ansehens in der öffentlichen Meinung (positives Image, guter Ruf, Beachtung). Es geht um die Inszenierung eines gewollten Selbst.« (Ebert & Piwinger, 2007, S. 205). Besteht Interesse sich tiefer in die Thematik einzulesen, sind die Arbeiten von Hans Dieter Mummendey (1995, 2006) empfehlenswert. Dort fasst der Autor zahlreiche Forschungsarbeiten zum Thema Selbst und Selbstdarstellung zusammen. Bei der Erforschung und Analyse von Zusammenhängen und psychologischen Prozessen bei Technikinteraktionen in der Öffentlichkeit, spielen neben dem Impression Management häufig soziale Normen eine wichtige Rolle (z. B. Chotpitayasunondh & Douglas, 2018; Diefenbach & Ullrich, 2019, ▶ Kap. 2).

Exkurs: Soziale Normen im öffentlichen Raum

Soziale Normen dienen uns als Orientierung und erleichtern unser Leben. Obwohl das dichotome Verständnis von Öffentlichkeit, d. h. die Unterscheidung von öffentlich und privat, inzwischen als überholt gilt (Splichal, 2006), ist diese vereinfachte Unterscheidung hilfreich für die Ableitung sozialer Normen bzw. Regeln und findet daher in unserem alltäglichen Leben Anwendung. Jeff Weintraub (1997) bringt es gut auf den Punkt: »The distinction between ›public‹ and ›private‹ has been a central and characteristic preoccupation of Western thought since classical antiquity, and has long served as a point of entry into many of the key issues of social and political analysis, of moral and political debate, and of the ordering of everyday life.« (S. 1). Ein allgemein gültiger theoretischer Rahmen, der die Forschung über die Ursachen und Folgen von Normverstößen leiten kann, fehlt aktuell noch. Erste Schritte in diese Richtung wurden aber bereits z. B. von Van Kleef, Wanders, Stamkou und Homan (2015) unternommen, die ein Framework entwickelten, das die sozialen Dynamiken bei Normverletzungen berücksichtigt.

Der öffentliche Raum impliziert die Anwesenheit anderer Menschen. Neben Ortsbedingungen haben die anderen Anwesenden, d. h. der soziale Kontext, einen unmittelbaren Einfluss auf unser Verhalten und Erleben in der Öffentlichkeit. Zum Beispiel fanden Sergeeva und Kollegen (2013, 2017) heraus, dass Zuschauer die Art und Weise beeinflussen, wie ein technisches Produkt genutzt wird. Die Autoren nannten dies den »Onlooker-Effekt«.

Generell kann festgehalten werden, dass das Nutzererleben (engl. user experience) mit einem interaktiven Produkt in hohem Maße kontextabhängig ist. Es ist ein sich ständig veränderndes Ergebnis des Zusammenspiels zwischen dem Benutzer, dem technischen Gerät, anderen Personen und der Umgebung als Ganzes (Forlizzi & Ford, 2000). Es wird angenommen, dass sich das Nutzererleben einer interaktiven Technik je nach sozialem Kontext unterscheiden kann. So hat nicht nur die Beziehung zwischen Nutzer und Zuschauer einen Einfluss (siehe z. B. Ahlström, Hasan & Irani, 2014; Rico & Brewster, 2010), sondern auch wie stark der Zuschauer involviert ist, d. h. seiner Rolle (siehe z. B. Dix & Sas, 2010; Wouters et al., 2016). Außerdem sollte erwähnt werden, dass das Zuschauererleben während einer öffentlichen Technikinteraktion von dem des Nutzers mitunter stark abweichen kann (siehe z. B. Alallah et al., 2018; Koelle, Kranz & Möller, 2015). Wenn es um Technikinteraktionen in der Öffentlichkeit bzw. öffentlichen Raum geht, sollte neben der Nutzerperspektive auch die der anderen Anwesenden, also der potenziellen Zuschauer, berücksichtigt werden.

Es ist einer der wichtigsten Aspekte von öffentlichen Räumen Möglichkeiten für soziale Interaktionen zu schaffen (Rad & Ngah, 2013). Öffentliche Räume als gemeinschaftlich genutzte Orte der Begegnung fördern auch den Kontakt und Austausch zwischen Mitgliedern unterschiedlicher gesellschaftlicher Gruppen (Sennett 1983, 1991, 1997). Die Interaktion mit fremden Personen ist eine positive Konsequenz öffentlicher Räume auf gesellschaftlicher Ebene, die auch individuelle Vorteile mit sich bringt. So fördern sogar einmalige Interaktionen mit Fremden, wie dem Barista in einem Café (Sandstrom & Dunn, 2014a) oder Shuttle-Fahrer (Gunaydin, Oztekin, Karabulut & Salman-Engin, 2021), das subjektive Wohlbefinden. Nach derartigen Interaktionen berichteten Teilnehmende in verschiedenen Studien davon, sich danach besser zu fühlen (siehe z. B. Sandstrom & Dunn, 2014b; van Lange & Columbus, 2021) und auch besser als sie vorhergesagt hätten (Epley & Schroeder, 2014; Sandstrom & Boothby, 2021). Durch soziale Interaktion – auch die mit Fremden – können wir unser Bedürfnis nach Verbundenheit, eines der psychologischen Grundbedürfnisse von Menschen (Ryan & Deci, 2000), befriedigen (Cwir, Carr, Walton & Spencer, 2011).

Das generelle Potenzial öffentlicher Räume ist erwähnenswert. Als Art »open-air living room« und »outdoor leisure centre« (Lipton, 2002, S.3) gelten sie als sehr wichtig für die Lebensqualität und das Wohlbefinden (Duivenvoorden, Hartmann, Brinkhuijsen & Hesselmans, 2021). Soziale Interaktion im öffentlichen Raum kann eine Entlastung von der täglichen Routine bieten, das Gemeinschaftsgefühl der Menschen stärken, Gelegenheiten für Verbindung schaffen, die Toleranz beeinflussen und die Stimmung heben (Cattell, Dines, Gesler & Curtis, 2008).

3.3 Technisierte Öffentlichkeit

Die Digitalisierung erobert den öffentlichen Raum. Tabelle 3.1 (▶ Tab. 3.1) listet eine Auswahl an Trends bzw. Innovationen auf, die den technischen Fortschritt der letzten Jahre und die Allgegenwart von Technik verdeutlichen. Sie sind Vorboten einer smarten Zukunft – intelligenten Systemen und Menschen mit digitaler bzw. technischer Kompetenz. Diese Entwicklung führt dazu, dass der öffentliche Raum nun als »augmented and digital in itself« (Klappentext zu Aurigi & De Cindio, 2008) und »not shared, but divided individually or collectively between different users« (Menezes & Smaniotto Costa, 2017, S. 172) beschrieben wird. Doch was bedeutet das genau bzw. welche konkreten Veränderungen lassen sich identifizieren?

In diesem Kapitel werden die Veränderungen des öffentlichen Raums, d. h. die physische Welt betreffend, unter dem Begriff »technisierte Öffentlichkeit« zusammengefasst. Dabei wird zwischen gemeinschaftlicher und privater technisierter Öffentlichkeit unterschieden:

- Gemeinschaftliche, technisierte Öffentlichkeit: Die Technisierung des öffentlichen Raums erfolgt durch eine Automatisierung von Dienstleistungen und Entwicklung neuer, innovativer Produkte, die unsere Umgebung »intelligent« machen sollen und gemeinschaftlich genutzt werden. Die Technik ist dabei Teil des öffentlichen Raums. Geschaffen wird diese Form der technisierten Öffentlichkeit z. B. durch Bestellterminals oder Serviceroboter.
- Private, technisierte Öffentlichkeit: Hier erfolgt die Technisierung des öffentlichen Raums dadurch, dass private Technik in der Öffentlichkeit bzw. für andere sichtbar genutzt wird. Dank mobiler Endgeräte, wie z. B. Smartphones oder Tablets, kann »Privates« problemlos in den öffentlichen Raum getragen werden.

Im Nachfolgenden werden beide Konzepte genauer beschrieben und so auch die Manifestierung der durch die Digitalisierung entstandenen Veränderungen bzw. Entwicklungen veranschaulicht (▶ Kap. 3.3.1 und ▶ Kap. 3.3.2). Zugunsten der Digitalisierungsziele (siehe Bundesministerium für Wirtschaft und Klimaschutz, o.D.), wie z. B. Innovation, Automatisierung und Effizienz, werden aktuell mögliche psychosoziale Kosten, wie »gesellschaftliche[n] Beschleunigung und soziale[n] Entfremdung«, noch zu wenig beachtet (Vorwort zu Schurz, 2019). Der Ist-Zustand der technisierten Öffentlichkeit, also wie sie aktuell gelebt wird, ist daher noch weit entfernt vom Optimum. Um den Status-Quo zu überwinden, müssen einige Herausforderungen und Schwierigkeiten gemeistert werden (▶ Kap. 3.4).

Tab. 3.1: Begriffsklärung für innovative Technik

Produkt	Beschreibung
Public Display	Public Displays stellen eine Art von allgegenwärtigen Bildschirmen dar, die in allen öffentlichen Bereichen der Stadt rasch Einzug hält, von Fernsehbildschirmen in Kneipen bis zu großen LED-Bildschirmen auf öffentlichen Plätzen (Tomitsch, Ackad, Dawson, Hespanhol & Kay 2014).
Self-Service Technology, SST	SSTs sind technologische Benutzeroberflächen, die es den Kunden ermöglichen, eine Dienstleistung unabhängig von der direkten Mitwirkung der Servicemitarbeiter zu nutzen (Meuter, Ostrom, Roundtree & Bitner, 2000).
Human-Enhancement Technology, HET	HETs sind Hilfsmittel, die proaktiv menschliche Fähigkeiten verbessern (Coeckelbergh, 2011) – über das hinaus, was für das Leben oder Wohlbefinden notwendig ist (Hogle, 2005).
Head-Mounted Display, HMD	HMDs sind Bildwiedergabegeräte, die auf dem Kopf getragen werden. Ein Gerät besteht aus einem Helm und kleinen Elektronenstrahlröhre oder Flüssigkristallbildschirmen (LCDs) in einer Brille. Das Sichtfeld auf den Bildschirmen wird durch das optische System so erweitert, dass ein imaginärer Bildschirm entsteht, der sich mehrere Meter vor dem Betrachter zu befinden scheint (Shibata, 2002).
Smartglasses	Smartglasses sind tragbare Computer mit mobiler Internetverbindung, die wie eine Brille getragen werden oder auf eine normale Brille montiert werden, um Informationen im Sichtfeld des Benutzers anzuzeigen (Rauschnabel, Brem & Ivens, 2015).
(Customer) Self-Service Device, SSD	SSDs ermöglichen es den Kunden, sich mit Hilfe der gekauften, geliehenen oder gemieteten Technologie selbst zu bedienen (Gummerus, Lipkin, Dube & Heinonen, 2019).
Wearable	Wearables sind leichte, sensorbasierte Geräte, die nahe und/oder auf der Oberfläche der Haut getragen werden, wo sie Informationen über verschiedene interne und/oder externe Variablen erfassen, analysieren und an ein externes Gerät übermitteln (Düking, Hotho, Holmberg, Fuss & Sperlich, 2016).

3.3.1 Gemeinschaftliche, technisierte Öffentlichkeit

Wie bereits erwähnt wird die gemeinschaftliche, technisierte Öffentlichkeit durch die Nutzung öffentlicher Technik im öffentlichen Raum geschaffen (▶ Abb. 3.1). Die technischen Produkte sind dabei Bestandteil des öffentlichen Raums und/oder in diesem als System eines sogenannte *Pervasive Computing Environments* integriert. Sie sind für jedermann benutzbar. So können ältere Technologien, wie ein Fahrkartenautomat, aber auch innovative Produkte, wie ein Serviceroboter, die gemeinschaftliche, technisierte Öffentlichkeit hervorbringen. Auf diese Weise kommt es zu Technik-Interaktionen in der Öffentlichkeit bzw. im öffentlichen Raum, die man sich bis vor ein paar Jahren in dieser Form noch gar nicht vorstellen konnte. Zumal diese vorwiegend mit einem menschlichen Gegenüber stattgefunden hätte. Konkrete Beispiel-Szenarien sind die Steuerung interaktive Feedback-Stelen über Handzeichen an Ein- und Ausgängen öffentlicher Gebäude, die biometrische Gesichtserkennung bei Sicherheitskontrolle und Boarding am Flughafen, das VR-Erlebnis im Museum, oder das Aufgeben der Essensbestellung im Schnellrestaurant über einen Touch-Display.

Weitere typische interaktive Produkte einer gemeinschaftlichen, technisierten Öffentlichkeit sind Public Displays (z. B. als Touristeninformation, Performance Art, etc.), Self-Service-Terminals (z. B. für Check-In bzw. -Out, Bestellungen, etc.), Head-mounted Displays (z. B. aus Entertainment-Gründen, zu Marketing-Zwecken, etc.) und Roboter (z. B. als Berater, für Reinigungsarbeiten, etc.). »Erzeuger« der gemeinschaftlichen, technisierten Öffentlichkeit kommen aus verschiedenen Bereichen: dem Einzelhandel (z. B. Putzroboter Franziska im Münchner Krankenhaus oder Pepper in Kaufhäusern), Tourismus (z. B. VR-Stadtführungen in Köln oder Segway-Touren), Gastgewerbe (z. B. Self-Service Terminal bei McDonalds), Transportwesen (autonomer Bus in Salzburg), oder der Unterhaltungsbranche (z. B. Museumsbesuch mit VR-Brille im Naturkundemuseum Berlin).

An dieser Stelle werden zwei Technologien hervorgehoben, da sie eine besonders prägende Rolle bei der Entwicklung einer allgemeinen, technisierten Öffentlichkeit im Rahmen des digitalen Wandels einnehmen: Public Displays und Selbstbedienungstechnologien (engl. self-service technologies, SSTs).

Public Displays sind inzwischen ein allgegenwärtiger Teil unserer Umwelt. Sie informieren über Orte oder Ereignisse von Interesse und helfen die Aktivitäten anderer zu reflektieren (Ludwig, Kotthaus, Reuter, Van Dongen & Pipek, 2017). Laut Kostakos und Ojala (2013) transformieren sie unsere Umgebung. In Public Display-Studien zählen das Publikumsverhalten, die Nutzererfahrung, die Nutzerakzeptanz, die Nutzer-Performance, die Display-Effektivität, der Datenschutz und soziale Auswirkungen zu den beliebtesten Forschungsfragen (Alt, Schneegaß, Schmidt, Müller & Memarovic, 2012). Außerdem kann am Beispiel Public Displays gut gezeigt werden, wie wichtig psychologische Mechanismen sind, wenn es um öffentliche Technik-Interaktion geht. So müssen verschiedene psychologische Effekte bei der Entwicklung und der Evaluierung von solcher Technik berücksichtigt werden (Camurtay & Koch, 2019; ▶ Tab. 3.2)

3.3 Technisierte Öffentlichkeit

Abb. 3.1: Feedback-Stele »fabulous feedback« der Firma TNG Technology Consulting GmbH als Möglichkeit kontaktlose Feedback, z. B. zum Kundenerlebnis, im öffentlichen Raum zu geben (mit freundlicher Genehmigung von TNG Technology Consulting GmbH)

Tab. 3.2: Relevante, psychologische Effekte

Effekt	Erklärung
Honeypot Effect (Brignull & Rogers, 2003)	Ein einzelner oder mehrere Nutzer, die mit einem Display interagieren, motivieren das passive Publikum zur Teilnahme.
Novelty Effect (Koch, von Luck, Schwarzer & Draheim, 2018)	Neue Systeme oder Systemänderungen können die Neugierde der Menschen wecken und Passanten dazu motivieren, mit den Displays zu interagieren, ohne sich unbedingt für deren Inhalt oder Funktionalität zu interessieren.
Spotlight Effect (Gilovich, Medvec & Savitsky, 2000)	Menschen sehen sich selbst stärker im Mittelpunkt der Aufmerksamkeit, als sie es tatsächlich sind.
Display Blindness (Müller et al., 2009)	Passanten nehmen die Bildschirm-Installationen in ihrer Umgebung nicht wahr aus Gründen, die noch nicht empirisch belegt sind. Eine verbreitete Annahme lautet, dass Nutzer den Inhalt als uninteressant einstufen.
Interaction Blindness (Ojala, Kostakos & Kukka, 2011)	Das Publikum nimmt zwar öffentliche Anzeigen wahr, aber nicht deren Interaktivität.

Tab. 3.2: Relevante, psychologische Effekte – Fortsetzung

Effekt	Erklärung
Display Avoidance (Kukka, Oja, Kostakos, Gonçalves & Ojala, 2013)	Menschen bemerken Bildschirme, wenden sich aber zunächst ab. Erst wenn sie die Bildschirme passiert haben, wird sich den Geräten zugewandt. Dieses Verhalten könnte auf eine Informationsüberlastung zurückzuführen sein.
Landing Effect (Müller, Walter, Bailly, Nischt & Alt, 2012)	Passanten benötigen eine bestimmte Zeit, um die Interaktivität eines Displays zu verstehen. In der Regel kehren interessierte Passanten nach dem Vorbeigehen zurück, um den Inhalt und Funktionalität des Geräts zu erkunden.
Hawthorne Effect (Hart, 1943)	Menschen verhalten sich auf eine bestimmte Weise, weil sie wissen, dass sie an einer Studie teilnehmen und unter Beobachtung stehen.

SSTs werden ebenfalls zu einem immer wichtigeren Faktor bei der Gestaltung der Umgebung, in der wir leben (Kaptelinin, Rizzo, Robertson & Rosenbaum, 2014). Das Phänomen der Selbstbedienung revolutionierte die Servicelandschaft im öffentlichen Bereich und SST hat inzwischen eine bereichsübergreifende Priorität für die Dienstleistungsforschung und -praxis (Ostrom, Parasuraman, Bowen, Patrício & Voss, 2015). Trotz der vermeintlichen Vorteile sind wir als Konsumenten SST gegenüber nicht immer positiv eingestellt und/oder erleben die Nutzung nicht immer positiv (siehe z. B. Fuentes-Moraleda, Díaz-Pérez, Orea-Giner, Muñoz-Mazón & Villacé-Molinero, 2020; Kelly & Lawlor, 2019). Wir fürchten und fühlen einen Verlust an sozialer Interaktion durch Technisierung (siehe z. B. Bitner, Ostrom & Meuter, 2002; de Groot, 2015). Zwischenmenschlicher Kontakt ist wichtig – auch wenn es um Serviceleistungen geht (siehe z. B. Lian, 2018; Zemke, Tang, Raab & Kim, 2020). Einige von uns bevorzugen nach wie vor den Umgang mit einer menschlichen Kontaktperson, wenn sie eine Dienstleistung in Anspruch nehmen (Bulmer, Elms & Moore, 2018). Das hängt neben situativen Faktoren auch von individuellen ab (siehe z. B. Dabholkar & Bagozzi, 2002; Lee & Lyu, 2016). So haben Individuen beispielsweise unterschiedliche Wünsche nach zwischenmenschlichem Kontakt bei der Inanspruchnahme von Dienstleistungen (Lee, 2017). Auch spielen Technologie-Ängstlichkeit und das Alter eine wichtige Rolle (Larson, 2019).

3.3.2 Private, technisierte Öffentlichkeit

Anders als bei der gemeinschaftlichen, ist die Technik bei der privaten, technisierten Öffentlichkeit nicht fester Bestandteil des öffentlichen Raums, sondern ein privates, mobiles Gerät des Nutzers (▶ Abb. 3.2). Die private, technisierte Öffentlichkeit wird also dadurch erzeugt, dass Individuen eigene, persönliche Technik in den öffentlichen Raum tragen. Bei diesen technischen Produkten kann es sich, ähnlich zu denen der gemeinschaftlichen, technisierten Öffentlichkeit, um etablierte wie auch neuartige Technik handeln. Das heißt, Individuen können den öffentlichen Raum z. B.

durch die Nutzung eines Smartphones (etabliert) oder von Smartglasses (neuartig) technisieren. Eine private, technisierte Öffentlichkeit wird somit unabhängig vom Innovationsgrad des genutzten, persönlichen Geräts erzeugt. Typische Beispiele für private Technik, die auch häufig im öffentlichen Raum genutzt wird, sind Smartphones, Fitnesstracker und Tablets. Das Steuern einer Drohne über einer Sehenswürdigkeit und das Tragen von sogenannten »human-enhancement technologies« (HETs) bei Restaurantbesuchen sind hingegen schon exotische, d. h. nicht-alltägliche, Beispiel-Szenarien einer privaten, technisierten Öffentlichkeit.

Im Unterschied zur gemeinschaftlichen, technisierten Öffentlichkeit, wo die Technik als Teil des öffentlichen Raums verstanden wird, also mit ihm verschmolzen ist, sind in der privaten, technisierten Öffentlichkeit Technik und Mensch eng miteinander verbunden. Betritt der Mensch den öffentlichen Raum, wird die eigene Technik als Erweiterung oder Teil des Selbst (Harkin & Kuss, 2021) mitgebracht, sie ist also eine Art alltäglicher Begleiter. Menschen können zahlreiche Gründe für das Bringen bzw. die Nutzung von privater Technik im öffentlichen Raum haben. So können wir zum Beispiel mithilfe der Smartwatch unsere Einkäufe bezahlen, mit dem Smartphone das Menü beim Abendessen aufrufen, auf dem IPod der Lieblingsplaylist im Park lauschen, oder mithilfe von Smartglasses durch die Stadt navigieren.

Abb. 3.2: Smartphone-Nutzung in öffentlichen Verkehrsmitteln

Die private, technisierte Öffentlichkeit wird also geprägt durch die Einheit von Mensch und Technik. Ein Verständnis von Technik als Unterstützung des Menschen und zur Steigerung dessen Fähigkeiten (engl. human enhancement) wurde mit dem

Konzept des Cyborgs auf die Spitze getrieben. Es bezeichnet die meiste negativkonnotierte Idee einer optimierten Mensch-Technik-Interaktion (Schwenke, 2016).

Exkurs: Cyborg – Mensch oder Technik?

Eine populäre Definition des Begriffs Cyborg lautet wie folgt: »Ein Cyborg (von engl. »cybernetic organism«) ist ein Lebewesen, das technisch ergänzt oder erweitert ist. Damit ist er (wenn man zunächst tierische Cyborgs ausspart) eine Ausprägung des Human-Enhancement. Dieses dient der Vermehrung menschlicher Möglichkeiten und der Steigerung menschlicher Leistungsfähigkeit und damit – aus Sicht der Betroffenen und Anhänger – der Verbesserung und Optimierung des Menschen.« (Bendel, o.D., Abs. 1).

In den letzten Jahren wurde viel zu den Einsatzmöglichkeiten von HETs geforscht. So kann solche Technik darauf abzielen, individuelle biologische oder psychologische Eigenschaften zu verändern, um z. B. die Produktivität und Kreativität zu verbessern, die Lebensdauer zu verlängern, mehr Gelassenheit zu erreichen, Körper und Geist zu stärken, die Fruchtbarkeit zu erhöhen und die Möglichkeit zu geben, die genetischen Eigenschaften der Nachkommen zu wählen. Das übergeordnete Ziel dabei ist ein möglichst glückliches Leben zu führen (Menuz, Hurlimann & Godard, 2011). Manche Forscher sehen Human-Enhancement aber auch kritisch. So wird es beispielsweise als unnatürliches Eingreifen oder Gefahr für unsere Autonomie, Freiheit und Menschenwürde verurteilt, oder der Verlust an Authentizität bemängelt (Cabrera, 2015).

Neben dem Human-Enhancement bzw. Cyborg-Konzept, spielte ein anderer gesellschaftlicher Trend für die private, technisierte Öffentlichkeit eine wichtige Rolle, indem er das Tragen von Technik unverzichtbar machte: die *Quantified Self*-Bewegung. Ziel dieser Bewegung ist die Selbsterkenntnis durch Zahlen (Lupton, 2016), was durch eine permanente digitale Selbstvermessung (engl. self-tracking) mithilfe technischer Produkte, sogenannten *Wearables*, erreicht werden soll. Bei der Quantified Self-Bewegung wird Technik weniger als Teil des Menschen (vergl. Cyborg-Konzept), sondern deren ständiger Begleiter gesehen.

Menschen haben diverse Gründe für Self-Tracking laut Gimpel, Nißen und Görlitz (2013): Unterhaltung, Selbstassoziation, Selbstoptimierung, Disziplinierung und Selbstheilung. Außerdem zeigt ein aktuelles Literaturreview (Feng, Mäntymäki, Dhir & Salmela, 2021), dass die Verwendungszwecke von Self-Tracking ebenfalls vielfältig sind – z. B. Erfassen körperlicher Aktivitäten, Schlaf, Ernährung, Überwachung der Fruchtbarkeit, Kalorienzufuhr und Reduzierung von Alkoholschäden. Jedoch weisen Forschungsstudien auch auf Datenschutz-, Performance- und körperliche Risiken hin, die mit der Selbstquantifizierung einhergehen (de Moya & Pallud, 2017). Darüber hinaus stellen gesellschaftliche Folgen, wie die Konstruktion von gefiltertem und geformtem Wissen, soziale Kontrolle, Medikalisierung des Wohlbefindens und Erosion der Wahlfreiheit, eine Gefahr dar (Baker, 2020).

Wie bereits im Absatz zur allgemeinen, technisierten Öffentlichkeit erwähnt, ist die Digitalisierung von Serviceleistungen bzw. der Fortschritt bei den Dienstleistungstechnologien besonders bedeutsam für die Technisierung des öffentlichen Raums. Eine Selbstbedienung wird dabei nicht nur durch öffentliche Technik ermöglicht, sie kann inzwischen auch über private Geräte erfolgen. Das heißt Selbstbedienungstechnologien sind sowohl für die allgemeine als auch die private, technisierte Öffentlichkeit bedeutsam. Dabei müssen traditionelle SSTs, wie oben (▶ Kap. 3.3.1) beschrieben, von sogenannten Kunden-Selbstbedienungsgeräten (engl. customer self-service devices, SSDs) unterschieden werden. Bei SSDs handelt es sich um eine besondere Art der SSTs. Während bei traditionellen SSTs der Besitz oder das Eigentum beim Unternehmen, das für die Wartung und Entwicklung des technischen Produkts verantwortlich ist, liegt, sind SSDs im Besitz des Kunden. Somit wird die Kontrolle über die Geräte vom Unternehmen auf den Kunden verlagert, die dann weitgehend kontrollieren, steuern und überwachen können, wie sie sich selbst mit dem Gerät durch verschiedene Aktivitäten bedienen (Gummerus, et al., 2019). Die beiden Beispiele weiter oben zum Bezahlen per Smartwatch oder Aufruf des Restaurantmenüs auf dem Smartphone, sind Situationen, wie sie vermutlich jeder von uns bereits erlebt hat.

Durch die Corona-Pandemie hat unser Smartphone nochmal enorm an Bedeutung als SSD gewonnen. Spätestens seit Mitte 2020 kann man ohne das eigene Smartphone kaum mehr Zutritt zu Orten und Veranstaltungen im öffentlichen Raum erhalten. Es gilt den digitalen Impfpass auf dem Smartphone vorzuzeigen und meist noch einen QR-Code für die Registrierung (z. B. über die luca-App; Kreis, 2021) zu scannen, um Restaurants, Museen, Clubs, etc. betreten zu dürfen. Smartphone-freie Alternativen werden häufig nicht mehr unterstützt. Das Beispiel macht deutlich, wie hoch die Gefahr ist, dass Personen, die unwillig oder unfähig zur Nutzung von bestimmter Technologie sind, aus dem öffentlichen Raum »ausgeschlossen« werden. Neben einer möglichen Exklusion bestimmter Personengruppen gibt es noch weitere Herausforderungen, die sich durch eine private, aber auch allgemeine, technisierte Öffentlichkeit ergeben. Diese werden im folgenden Unterkapitel behandelt.

3.4 Kritik am Status-Quo der technisierten Öffentlichkeit

Durch die vom digitalen Wandel angestoßene Technisierung des öffentlichen Raums ergeben sich aktuell einige Probleme. Der momentane Entwicklungsstand der allgemeinen und privaten, technisierten Öffentlichkeit ist bei weitem noch nicht ideal. Im Nachfolgenden werden Herausforderungen auf gesellschaftlicher und individueller Ebene definiert. Mit diesen gilt es sich auseinanderzusetzten, um das Potenzial der technisierten Öffentlichkeit ausschöpfen und den Status-Quo überwinden zu können.

3.4.1 Risiken auf individueller Ebene

Eine erste Herausforderung betrifft die Privatisierung des öffentlichen Raums: durch Technologie können private »Räume« in der Öffentlichkeit erzeugt werden (siehe z. B. Campbell & Park, 2008; Ames, 2013). Mithilfe von Public Displays und mobilen Endgeräten wird Privates, z. B. das Gespräch mit der besten Freundin oder persönliche Informationen, in die Öffentlichkeit getragen und somit auch für andere Anwesende sichtbar. Das Mobiltelefon ist ein intuitives Beispiel für Technologie, durch die eine solche Privatisierung erreicht werden kann. Das Phänomen des privaten öffentlichen Raums (syn. technologisch-vermittelten Privatbereich) ist jedoch nicht auf Kommunikationsmedien beschränkt. Schon der Walkman und später der IPod gestatten ihren Nutzern ein Stück Rückzug und Privatheit im öffentlichen Raum zu errichten (Alex de Freitas, 2010). Doch gleichzeitig führen mobile Technologien dazu, dass öffentliche Orte, wie Restaurants und Züge, durch das Privatleben von Nutzern kolonisiert werden (Geser, 2004). Denken Sie daran, was passiert, wenn jemand ein Ruheabteil im Zug (öffentlicher Raum) betritt, während er mit dem Smartphone telefoniert (Technikinteraktion). Wie werden die anderen anwesenden Personen (soziales Umfeld/Kontext) wohl darauf reagieren? Derartige Situationen sind erst durch den technischen Fortschritt bzw. Digitalisierung ermöglicht worden. Oder, um es mit den Worten von Ran Wei und Louis Leung zu sagen: »it is no longer the case that ›home is where-ever there is a telephone.‹« (1999, S. 12).

Die Tatsache, dass Technikinteraktion, die früher hauptsächlich zu Hause, also in einem klar definierten Rahmen stattgefunden hat, heutzutage zunehmend im öffentlichen Raum erfolgt, birgt individuelle Risiken und Nachteile für Nutzer. Die Themen Datenschutz und Privatsphäre rücken hierbei in den Vordergrund (siehe z. B. Hoyle et al., 2014; Motti & Caine, 2015). Denn der sichtbare Umgang mit mobilen Geräten ermöglicht es anderen Bildschirminhalt zu beobachten, was neben einer Verletzung der Privatsphäre (Eiband, Khamis, von Zezschwitz, Hussmann & Alt, 2017) zu Beschämung (Min et al., 2014) führen kann. Vor allem das Betrachten persönlicher Informationen in der Öffentlichkeit löst bei Menschen Stress aus (Little & Briggs, 2009).

Zweitens kann eine Art Desozialisation als Risiko oder Nachteil einer technisierten Öffentlichkeit identifiziert werden. Desozialisation meint in diesem Kontext die Loslösung aus sozialen Interaktionen mit Fremden und Bekannten. Es kommt also zum einen zu weniger sozialen Kontakten im öffentlichen Raum, weil sie durch Technikinteraktionen ersetzt (Stichwort SST) oder durch Technik behindert werden (Stichwort IPod). So zeigen beispielsweise Zeeb und Joffe (2021) in einer aktuellen Studie, dass Technik als Mittel gesehen wird, sich von anderen Menschen bzw. Fremden und der aktuellen physischen Umgebung zu distanzieren. Wenn Technologien persönliche, soziale Interaktionen verdrängen, besteht, selbst wenn diese trivial sind, jedoch die Gefahr, dass Menschen Gelegenheiten verpassen, ihr grundlegendes Bedürfnis nach Verbindung zu befriedigen (Kushlev, Proulx & Dunn, 2017). In einer anderen Studie fanden Forscher sogar Belege für ihre Annahme, dass Menschen Fremde weniger häufig anlächeln, wenn Smartphones anwesend sind (Kushlev, Hunter, Proulx, Pressman & Dunn, 2019). Für die Untersuchung hatte man zwei fremde Personen gebeten gemeinsam in einem Wartzimmer Platz zu nehmen, wobei ein Teil der Probanden das eigene Smartphone mitnehmen durfte und der andere Teil es vor dem Betreten des Raumes abgeben sollte. Schon in der Vergangenheit kamen vergleichbare Studien zu ähnlichen Erkenntnissen. Etwa die Arbeit von Sherry Turkle (2015), die insbesondere das Mobiltelefon als Hindernis für die Verbindung mit Menschen ansieht, da es die Interaktion mit Personen in der unmittelbaren Umgebung stört.

Zum anderen wird der soziale Austausch durch Technik qualitativ schlechter oder komplizierter, da Technik(-Interaktion) in bestimmten Situationen von anderen Anwesenden als intrusiv oder sogar als Normverletzung erlebt werden. Beschäftigt man sich während eines Gesprächs mit dem Smartphone, besteht beispielsweise die Gefahr dem Gegenüber zu signalisieren, dass man uninteressiert oder die Person einem gleichgültig ist (Cahir & Lloyd, 2015; Nazir & Pişkin, 2016). In der Vergangenheit kamen verschiedene Studien zu der Erkenntnis, dass Smartphones bzw. die Interaktion mit ihnen Nachteile für parallel stattfindende, zwischenmenschliche Interaktionen im physischen Raum haben. So konnte gezeigt werden, dass die Qualität eines Face-to-Face-Gesprächs nicht nur leidet, wenn einer der Beteiligten währenddessen mit dem Smartphone interagiert (Vanden Abeele, Antheunis & Schouten, 2016), sondern allein die Anwesenheit eines Smartphones ausreicht (Misra, Cheng, Genevie & Yuan, 2014). Die bloße Präsenz eines Smartphones kann sich neben der Gesprächsqualität auch negativ auf die Verbundenheit und die wahrgenommene Empathie des Gegenübers auswirken (Przybylski & Weinstein, 2013).

Inzwischen existiert eine Reihe an Begriffen, die Eindringen von Technik(-Interaktionen) in eine Face-to-Face-Interaktion beschreiben, darunter: *Phubbing* (▶ Kap. 2.2.6). Konkret wird Phubbing definiert als Akt, andere in sozialen Interaktionen zu brüskieren: Anstatt sich mit der Person zu unterhalten, die einem im physischen Raum Gesellschaft leistet (Phubbee), wird die Aufmerksamkeit auf das Smartphone gelenkt. Phubbing führt zu relativ starken negativen Reaktionen des Phubbees (Courtright & Caplan, 2020) und kann in verschiedenen Settings – romantische Beziehung, Arbeitskontext oder öffentlicher Raum – auftreten (Thabassum, 2021). Phubbing kann als Normverletzung verstanden werden, die nicht nur die unmittelbar beteiligten Personen, also Phubber und Phubbee, betrifft. Eine aktuelle Studie hat gezeigt, dass sogar Dritte, also unbeteiligte Beobachter der Situation, negativen Affekt und Stress erleben (Nuñez, Radtke & Eimler, 2020).

Die moderne Technik erschwert nicht nur die zwischenmenschliche Interaktion im physischen, öffentlichen Raum durch die Gefahr der Normverletzung. Soziale Interaktionen in der technisierten Öffentlichkeit gewinnen auch durch die Notwendigkeit zwei soziale Umgebungen und Kontexte zu managen, also »mobile multi-tasking« (Srivastava, 2006, S. 10) zu betreiben, an Komplexität. Das heißt, soziale Interaktionen im öffentlichen Raum werden durch Technik nicht nur weniger, sondern auch komplizierter und schwieriger.

Ein drittes Risiko einer technisierten Öffentlichkeit betrifft die Allgegenwärtigkeit der Technik im öffentlichen Raum. In den komplexen, sozio-technischen Ökosystemen, in denen wir leben, ist die Konfrontation bzw. Begegnung mit Technik unvermeidlich, denn für einen Großteil unserer alltäglichen Handlungen ist eine Interaktion mit Technik erforderlich. Denkt man nur an den Kauf eines Bustickets am Fahrkartenautomaten, um von A nach B zu kommen, oder die Bedienung der Firmen-Kaffeemaschine für den dringend benötigten Koffeinkick im Büro. Die Beispiele sollen deutlich machen, dass uns häufig gar keine Wahl bleibt, wir müssen mit einer Technik interagieren, um unsere Alltagsziele zu erreichen. »Non-use«, d. h. die Weigerung oder das Unvermögen etwas zu benutzen (Lexico, o. D.), wird daher oft als etwas Unerwünschtes und Abnormales angesehen (Selwyn, 2003).

In der technisierten Öffentlichkeit kann der gefühlte Technikzwang nicht nur aus Nutzerperspektive erlebt werden. Auch als Unbeteiligter, d. h. jemand, der selbst keine Technik benutzt, wird man heutzutage an öffentlichen Orten häufig mit Technikinteraktionen anderer Personen konfrontiert, oder gar Teil der Interaktion. Oft kommt es mehrmals am Tag zu solchen Situationen, in denen man die Zuschauerrolle einnimmt – freiwillig oder unfreiwillig. Wie »involviert« man als Zuschauer ist, kann variieren. So ist man beispielsweise im Zug in das Handyspiel des Sitznachbars weniger eingebunden, als wenn dieser eine Instagram-Story von seiner Zugfahrt dreht, in der man zu sehen ist. Dieses Beispiel zeigt ein weiteres Risiko einer technisierten Öffentlichkeit auf: die Zuschauerprivatsphäre. In der Vergangenheit untersuchten diverse Forschungsstudien Fragen und Bedenken hinsichtlich des Schutzes der Privatsphäre von anwesenden Anderen bzw. Zuschauern (siehe z. B. Perez, Zeadally & Griffith, 2017; Singhal et al., 2016). Es wird davon ausgegangen, dass ein gewisses Maß an Privatsphäre in der Öffentlichkeit für ein gesundes psychologisches und gesellschaftliches Funktionieren notwendig ist (Friedman, Kahn, Hagman, Severson & Gill, 2006).

Ein gutes Alltagsbeispiel, anhand dessen sich weitere negative Auswirkungen für Zuschauer von Technikinteraktionen konkretisieren lassen, ist die Smartphone-Nutzung in der Öffentlichkeit. Sicherlich kann sich jeder Leser an eine Situation in der Vergangenheit erinnern, in der man – freiwillig oder unfreiwillig – ein privates Telefonat einer fremden Person mithören musste bzw. konnte, oder sich durch das laute Klingeln eines Handys belästigt fühlte. Ein erzwungenes Mithören, und so beispielsweise private Details aus dem Leben eines anderen zu erfahren, kann Unbehagen auslösen (Srivastava, 2006; Ling, 2002). Inzwischen gibt es sogar Fachtermini für das Beobachten und Belauschen anderer Personen während diese in der Öffentlichkeit z. B. Telefonieren oder am Laptop arbeiten: *shoulder-surfing* (dt. über die Schulter schauen) und *eavesdropping* (dt. Lauschangriff). Die Risiken aus Nutzersicht sind offensichtlich: wenn andere Menschen Zugang zu persönlichen Informationen haben, dann ist die Privatsphäre und Datensicherheit in Gefahr. Studien haben aber auch gezeigt, dass das Spionieren für den Zuschauer öffentlicher Technikinteraktionen Nachteile haben kann, und sich manche »Täter« beim über die Schulter schauen und lauschen schlecht bzw. unwohl fühlen (siehe z. B. Eiband et al., 2017; Ling, 2004). Während einer Technikinteraktion in der Öffentlichkeit können Zuschauer also nicht nur stören (siehe z. B. Easwara Moorthy & Vu, 2015; Gentile, Khamis, Sorce & Alt, 2017), sondern auch gestört werden (siehe z. B. Campbell 2007; Perez, Zeadally, Griffith, Garcia & Mouloud, 2020).

Eine mögliche Überstimulation gilt als weitere Herausforderung einer technisierten Öffentlichkeit aus Zuschauerperspektive. Wenn zu viel Technik auf uns einwirkt, kann das zu Überforderung und Stress führen (siehe z. B. Batista & Marques, 2017; Wagenknecht, 2018). Zum Beispiel kann eine Technikinteraktion Zuschauer ablenken und deren Aufmerksamkeit binden, wie in Studien zur Smartwatch-Nutzung gezeigt wurde (Cecchinato, Cox & Bird, 2017; Mäkelä, Kleine, Hood, Alt & Schmidt, 2021).

Abschließend lässt sich festhalten, dass uns in der technisierten Öffentlichkeit Technik(-Interaktionen) auf zwei Weisen aufgezwungen wird: als Nutzer die Bedienung einer bestimmten Technik und in der Rolle des Zuschauers die Beobachtung. Für beide Seiten kann das zu negativen Konsequenzen führen, wie die Ausführungen oben verdeutlichen. Doch neben diesen individuellen birgt eine technisierte Öffentlichkeit auch diverse gesellschaftliche Risiken.

3.4.2 Risiken auf gesellschaftlicher Ebene

Aus einer gesellschaftlichen Perspektive sind öffentliche Räume als Begegnungs- und Erfahrungsräume wichtige Lernfelder für gegenseitiges Verständnis und Toleranz (Shaftoe, 2008, S. 5). Jedoch werden in einer technisierten Öffentlichkeit z. B. durch mobile Technologie private »Blasen« oder »Kokons« geschaffen (Turkle, 2011). Anstatt sich mit ihrer unmittelbaren Umgebung zu beschäftigen, vertiefen sich Menschen in technische Produkte. Andere Personen werden dabei aus den persönlichen Ton- und Bilderlebnissen ausgeschlossen und eine mögliche Interaktion im öffentlichen Raum wird verhindert (Kleinman, 2007). Die Nutzer befinden sich in solchen Situationen in einem Zustand der u. a. als »present but absent« (Geser, 2005; Su & Wang, 2015) oder »absent presence« (Gergen, 2002) beschrieben wird. Auch in den Medien wurde die Problematik in den letzten Jahren unter Verwendung von Schlagworten, wie »Generation Head-Down« oder »Smombies« (Kofferwort aus den Begriffen Smartphone und Zombies), immer wieder aufgegriffen und ausführlich diskutiert. In einer technisierten Öffentlichkeit werden Menschen aber nicht nur durch die omnipräsente Nutzung persönlicher Geräte von anderen ausgeschlossen. Indem sie bestimmte Technik nicht nutzen, können sie sich auch selbst ausschließen (siehe luca-App-Beispiel in ▶ Kap. 3.3.2). Kommen Personen, die eine Technik nicht nutzen können oder wollen, im Gegensatz zu Nutzern nicht in den Genuss von bestimmten Vorteilen wie Zeitersparnis und niedrigeren Preisen, kann das sogar zu einem Diskriminierungserlebnis führen (Kelly & Lawlor, 2019). Die potenzielle oder tatsächliche Exklusion bestimmter Nutzergruppen, z. B. Personen mit einer geringen Technik-Affinität, stellt also ein großes Risiko einer technisierten Öffentlichkeit auf gesellschaftlicher Ebene dar. Generell widerspricht eine Exklusivität, die durch Technik im öffentlichen Raum geschaffen wird, der Idee des öffentlichen Raums. Dieser kann »als ein allgemein zugänglicher Bereich [verstanden werden], in dem Menschen ohne Beschränkungen ein und aus gehen. Die Menschen bewegen sich in diesem Bereich frei.« (Brendgens, 2005, S. 1089).

Das Bayerische Forschungsinstitut für Digitale Transformation hat vor kurzem eine Befragung in Auftrag gegeben. Die Teilnehmenden wurden dort u. a. nach wahrgenommenen Veränderungen aufgrund der digitalen Transformation in Deutschland befragt. Die Umfrage zeigt, dass vor allem die Auswirkungen auf gesellschaftlicher Ebene kritisch gesehen werden und die Menschen eine »digitale Spaltung« befürchten sowie, dass Teile der Gesellschaft abgehängt werden könnten (Lühr, Ziegler, Vogl & Boes, 2020, S.50).

Es besteht also die Gefahr durch Technikinteraktionen das Gespür für Vorgänge und Ereignisse in der unmittelbaren Umgebung und den sozialen Zusammenhalt bzw. das Gemeinschaftsgefühl zu verlieren (Hein, Jodoin, Rauschnabel & Ivens, 2017; Ling, 2004). Damit stellt die technisierte Öffentlichkeit nicht nur für das Individuum, sondern auch für die Gesellschaft ein Risiko dar. Doch wie können wir diese Herausforderungen auf individueller und gesellschaftlicher Ebene bewältigen und den Status-Quo überwinden? Der nächste Abschnitt diskutiert mögliche Ansatzpunkte und Strategien.

3.5 Ansatzpunkte

Im Nachfolgenden werden Implikationen aus Forschungsarbeiten diskutiert, deren Umsetzung dabei unterstützen können, Herausforderungen einer technisierten Öffentlichkeit zu meistern. Hierfür werden vier Problemfelder unterschieden, an denen Maßnahmen und Strategien ansetzen können: Sichtbarkeit privater Interaktionen und Informationen, Begrenzter Untersuchungsfokus in Forschung und Entwicklung, Exklusionsgefahr aufgrund von Non-use und Desozialisation im öffentlichen Raum durch psychologische Distanz und Abschottung.

> **Exkurs: Gestaltung des physischen bzw. städtischen Raums**
>
> Die Auswirkungen der Digitalisierung auf den physischen Raum standen bisher wenig im Fokus von Forschung und Entwicklung. So beschreibt das Deutsche Institut für Urbanistik den Status-Quo in einem Thesenpapier wie folgt: »Derzeit fehlt es noch an echten Impulsen aus Wissenschaft und Praxis. Der Forschungsstand ist defizitär und das Thema durch ein hohes Maß an Komplexität gekennzeichnet. Bislang werden vor allem Fragen gestellt, statt dass Antworten vorhanden wären, von denen ein strategisches Handeln abgeleitet werden könnte.« (Soike, Libbe, Konieczek-Woger & Plate, 2019, S.8).
>
> Durch die zunehmenden Technikinteraktionen verwischen die Grenzen zwischen dem Öffentlichen und Privatem (De Souza e Silva & Frith, 2012). Den öffentlichen Raum der Zukunft gilt es als ein hybrides Konstrukt, das das Virtuelle und Physische integriert, neu zu denken (Argin, Pak & Turkoglu, 2020). Außerdem müssen städtische Räume so gestaltet werden, dass sie mehr sind als nur funktionale Bereiche, in denen Dienstleistungen in Anspruch genommen werden können. Sie müssen den Menschen in ihrem alltäglichen Leben flüchtige positive Interaktionen miteinander ermöglichen (Zeeb & Joffe, 2021).

3.5.1 Sichtbarkeit privater Interaktionen und Informationen

Wie die Privatisierung des öffentlichen Raums zu Problemen führen kann hat das vorherige Unterkapitel (▶ Kap. 3.4) verdeutlicht. In einer technisierten Öffentlichkeit private Interaktionen oder Informationen zu schützen, stellte eine große Herausforderung dar. Wie Nutzern auch während öffentlicher Technikinteraktionen ein gewisses Maß an Privatsphäre ermöglicht werden kann, wird nun am Beispiel Shoulder-Surfing (▶ Kap. 3.4.1) gezeigt.

Heutzutage sind auf unseren Smartphones große Mengen persönlicher und sensibler Daten gespeichert. Einerseits ist das sehr bequem, andererseits kann das aber auch zu Problemen führen, wenn wir unser Telefon verlieren oder es gestohlen wird. Den Zugriff auf diese Daten gilt es also bestmöglich zu schützen. Zu den gängigsten Authentifizierungsmechanismen für Smartphones zählen Passwörter und PINs. Durch Shoulder-Surfing können solche Sicherheitsmaßnahmen jedoch ausgehebelt werden, da auch andere Personen unsere mobilen Geräte entsperren können, wenn sie die Zugangsdaten kennen. Somit sind Maßnahmen zum Schutz solcher Authentifizierungsmechanismen ein wichtiger und präsenter Forschungsschwerpunkt. Eine Studie untersuchte, wie der PIN in Form eines Entsperrmusters als Authentifizierungsmechanismus sicherer gestaltet werden kann (De Luca, Harbach, von Zezschwitz, Maurer, Slawik, Hussmann & Smith, 2014). Die Autoren entwickelten einen Prototyp, »XSide«, bei dem die Vorder- und Rückseite des Smartphones für die Eingabe des Entsperrungsmusters genutzt werden kann. Die Studienergebnisse zeigen, dass der Seitenwechsel das Risiko des Shoulder-Surfings minimiert bzw. die Sicherheit erhöht, während die Authentifizierungsgeschwindigkeit jedoch mit weniger als vier Sekunden relativ schnell bleibt.

Um die Privatsphäre bei öffentlicher Smartphone-Nutzung sicherzustellen, sollten Maßnahmen das breite Spektrum an Informationen abdecken. So sind beispielsweise Text- und Bild-Informationen aufgrund der Popularität von Instant Messaging und sozialen Netzwerken besonders anfällig für Shoulder-Surfing in der Öffentlichkeit (Eiband et al., 2017). Eiband, von Zezschwitz, Buschek und Hussmann (2016) hatten die Idee Textnachrichten auf mobilen Geräten vor Shoulder-Surfern durch das Anzeigen des Textes in der Handschrift des Nutzers zu schützen, da sie davon ausgingen, dass Menschen ihre eigene Handschrift leichter und schneller lesen können als Fremde. In ihrer Laborstudie konnten sie zeigen, dass die Teilnehmenden für das Lesen fremder Handschrift mehr Zeit benötigten und auch mehr Fehler machten als bei der eigenen. Daher schlussfolgerten die Autoren, dass das Ersetzen der Standardschriftart durch die Handschrift des Nutzers ein wirksamer Schutz für sensible Textdaten auf mobilen Geräten bieten könnte. Das Konzept gilt es nun aber noch unter realen Bedingungen, also in Form von Feldexperimenten, zu testen. Um Bildinformationen vor Shoulder-Surfing-Attacken zu schützen, überlegten sich von Zezschwitz, Ebbinghaus, Hussmann und De Luca (2016) ein Konzept, bei dem sie Fotos auf Smartphones so verzerren, dass ihr Inhalt für einen Betrachter, der die Fotos nicht kennt, schwer oder gar nicht zu erkennen ist. Die Ergebnisse ihrer Studie zeigen, dass Fotos auf diese Weise vor unerwünschten Blicken geschützt werden können. Gleichzeitig haben Gerätebesitzer, die die Originalbilder kennen, aufgrund der gewählten Art der Verzerrung keine Probleme die

Fotos zu erkennen. Jedoch muss auch hier noch der Nutzen des Konzepts unter realen Bedingungen untersucht werden.

Shoulder-Surfing betrifft aber nicht nur mobile Geräte. Auch bei Public Displays, wie z. B. dem Geldautomaten in der Fußgängerzone oder dem Self-Service-Terminal im Bürgerbüro, ist die Gefahr hoch, dass andere Personen einen Blick auf private Informationen erhaschen. Da bei Public Displays die Bildschirme meist größer sind als bei mobiler Technologie wie Smartphones, bedarf es andere Strategien zum Schutz vor Shoulder-Surfern. Brudy, Ledo, Greenberg und Butz (2014) beschreiben drei verschiedene Methoden, durch die Informationen auf Public Displays geschützt werden können:

- Inhalte bewegen oder verstecken,
- sensible Inhalte schwärzen,
- für den Passanten sichtbaren Bereiche des Bildschirms schwärzen, während der Bereich, den der Nutzer abschirmt, für diesen sichtbar bleibt.

Abschließend sollte betont werden, dass die soziale Akzeptanz ein wichtiger Punkt ist, den es bei der Entwicklung von Maßnahmen und Strategien gegen Shoulder-Surfing zu berücksichtigen gilt (Eiband et al., 2017). Denn eine Feature, das sowohl benutzerfreundlich als auch sicher ist, wird von den Nutzern möglicherweise trotzdem nicht genutzt, wenn es ihnen zu peinlich ist oder ihre Beziehungen zu anderen beeinträchtigt (Farzand, Bhardwaj, Marky & Khamis, 2021).

3.5.2 Begrenzter Untersuchungsfokus in Forschung und Entwicklung

In der Vergangenheit hat sich die Forschung und Entwicklung stark auf den Nutzer konzentriert. Die Wahrnehmung und das Erleben der anderen anwesenden Personen bei öffentlichen Technikinteraktionen wurden oft vernachlässigt oder gar ausgeklammert. Verschiedene Studien haben aber gezeigt, dass die Perspektive der anderen Anwesenden ebenfalls einen zu berücksichtigenden Mehrwert liefert. So weist zum Beispiel eine aktuelle Studie auf das große Potenzial für die Flughäfen von morgen hin. Das liegt in einer tiefergehenden und ganzheitlicheren Untersuchung der Erfahrungen mit den Flughafensystemen von verschiedenen Personengruppen – also auch von solchen, die nicht unmittelbar mit dem jeweiligen System interagieren (Tuchen, Arora & Blessing, 2020). Sergeeva, Huysman, Soekijad und van den Hooff (2017) zeigten, dass die Nutzung einer Technik nicht in einem Vakuum stattfindet, sondern von anderen Akteuren strukturiert wird, die selbst nicht unbedingt mit der Technik interagieren. Beide Beispiele verdeutlichen, dass es sinnvoll und notwendig ist, den Untersuchungsfokus in Forschungsarbeiten und Produktentwicklung auf andere »Stakeholder«, wie z. B. Zuschauer, auszuweiten.

Wie bereits erklärt wurde, kann sich das Technik-Erleben von Zuschauern von dem der Nutzer unterscheiden (siehe z. B. Alallah et al., 2018; Koelle et al., 2015). Außerdem hängt es stark vom Nutzungskontext ab, welche Interaktionsform bzw. Nutzergesten und -bewegungen der Zuschauer als geeignet empfindet (Reeves,

Benford, O'Malley & Fraser, 2005). Eine allgemeingültige Aussage darüber zu treffen, ob Zuschauer generell mehr oder weniger offensichtliche Technik oder Interaktionsformen bevorzugen, ist also nicht möglich. Es kann aber festgehalten werden, dass für eine erfolgreiche Entwicklung von technischen Produkten für den öffentlichen Raum, wie z. B. Wearables, die Perspektive der Zuschauer berücksichtigt werden muss (Flammer, 2016).

Als Zuschauer in einer technisierten Öffentlichkeit haben wir in der Regel keinen direkten Einfluss auf die Technikinteraktionen der Nutzer. Mit anderen Worten: wir werden mit der Technik-Nutzung anderer – häufig ungewollt und unvorhersehbar – konfrontiert und haben dabei meist wenig Handlungsspielraum. Denn im Gegensatz zum Nutzer, der die Technikinteraktion ggfs. beenden kann, hat der Zuschauer, stört er sich an der Interaktion, meist kaum Reaktions- oder gar Kontrollmöglichkeiten. Werden also bei der Gestaltung von Technik, die auch in der Öffentlichkeit genutzt werden kann oder soll, ausschließlich die Nutzerbedürfnissen berücksichtigt, wie das aktuell größtenteils der Fall ist, ist das äußerst problematisch, da der Zuschauer selbst selten fähig ist seine Bedürfnisse durchzusetzen.

Im Nachfolgenden wird eine Auswahl an Gestaltungsmaßnahmen aus Forschungsstudien beschrieben, wie Zuschauer ihre Handlungsfähigkeit zumindest zu einem gewissen Teil zurückerobern können. Der Fokus liegt dabei auf einer bestimmten Nutzungssituation: das Filmen oder Aufzeichnen von Erlebnissen mithilfe persönlicher, mobiler Endgeräte – auch Lifelogging genannt. In der technisierten Öffentlichkeit ist dies ein Alltagsphänomen. Das Ausmaß des Zuschauer-Involvements und damit von Datenschutzproblemen variiert je nach Kontext. So werden manchmal nur die Hinterköpfe gefilmt oder Wortfetzen aufgezeichnet und andere Male blickt ein Zuschauer direkt in die Kamera. Die Bedenken der Zuschauer hinsichtlich des Schutzes ihrer Privatsphäre sind stärker in Aufnahme- als in Streaming-Situationen (Singhal et al., 2016). Außerdem können verschiedene Arten von Zuschauerbedenken identifiziert werden, z. B. Standort und Aktivität (Singhal et al., 2016) oder Gesichtserkennung, Überwachung, etc. (Perez et al., 2017). Generell haben Forschungsstudien gezeigt, dass sich Zuschauer mehr bzw. bessere Informationen und Kontrolle wünschen würden (siehe z. B. Denning, Dehlawi & Kohno, 2014; Faklaris, Cafaro, Blevins, O'Haver & Singhal, 2020;). Erreicht werden kann dies über Notifikationen, Einverständniserklärungen und Abwehrmechanismen. Die folgende Auswahl, soll einen groben Überblick und ersten Eindruck von möglichen Designstrategien vermitteln:

- Akustische oder visuelle Hinweise, um die Kameraaktivität erkennbar zu machen (Denning et al., 2014; Faklaris et al., 2020; Singhal et al., 2016), z. B. Farbige LED-Leuchte neben der Kameralinse, die aufleuchtet und blinkt, während ein Video aufgenommen oder live über das Internet gestreamt wird (Faklaris et al., 2020).
- Gerät sendet Benachrichtigungen an Handys in der Nähe, dass eine Aufzeichnung stattfindet und wenn Bilder oder Videos gepostet wurden (Denning et al., 2014).
- Personen können ein Bild ihres Gesichts in einer »Do Not Record«-Datenbank registrieren und Gesichter im Sichtfeld der Kamera müssen dann mit der Datenbank abgleichen (Faklaris et al., 2020).

- Zuschauer aktivieren/deaktivieren einen »Ich möchte nicht live gestreamt werden«-Button auf dem Smartphone. Wenn sie dann im Sichtfeld einer Kamera auftauchen, stimmen sich Zuschauer-Smartphone und das aufzeichnende Gerät ab, ob diese Funktion aktiviert ist (Faklaris et al., 2020).
- Zuschauer tragen eine Markierung oder einen Marker, die oder der verdeutlicht, ob sie aufgenommen werden wollen oder nicht (Denning et al., 2014; Shrestha & Saxena, 2017).
- Zuschauer verfügen über ein persönliches Datenschutz-Dashboard, über das sie auf ihr Privatsphäre-Profil zugreifen und dessen Parameter bearbeiten können. Die Zuschauer tragen ihr Profil immer bei sich. Die Wearable-Funktionalität würde nur dann aktiviert, wenn alle Datenschutzprofileinstellungen der Zuschauer mit dem für eine bestimmte Aktion erforderlichen Privatsphäre-Bedarf übereinstimmen. Die Zuschauerkonsultation wird neu gestartet, bevor eine neue Wearable-Funktionalität aktiviert wird und wenn ein neuer Zuschauer in die Nähe des Wearables kommt (Flammer, 2016).
- Zuschauer können mithilfe von Gesten ihre Privatsphäre-Präferenzen bzw. Zustimmung und Ablehnung gegenüber dem aufzeichnenden Gerät signalisieren (Koelle, Ananthanarayan, Czupalla, Heuten & Boll, 2018; Shrestha & Saxena, 2018).
- Ferndeaktivierung von Streaming und/oder Kamera (Denning et al., 2014; Faklaris et al., 2020), z. B. Infrarot-System von Apple, das die iPhone-Kameras bei öffentlichen Veranstaltungen deaktivieren könnte.
- Aufzeichnende Geräte identifizieren per Gesichtserkennung alle Personen in einem Bild und diejenigen Personen, die zuvor geäußert oder registriert haben, dass sie nicht aufgenommen werden möchten, werden dann unscharf gemacht, verschleiert oder verdeckt (Denning et al., 2014; Shrestha & Saxena, 2017).
- Privatsphäre-Präferenzen der Zuschauer können durch bestimmte Räume oder Orte vermittelt werden, d. h. wenn ein bestimmter Ort (über GPS) festgestellt wurde, dann wird die Aufzeichnung geblockt (Shrestha & Saxena, 2017).
- Zuschauer tragen einen QR-Code, der ihre Datenschutzpräferenzen festlegt. Die Bild-/Videoaufzeichnungsanwendung auf dem tragbaren Gerät entschlüsselt den QR-Code und führt die entsprechende Datenschutzrichtlinien aus (Shrestha & Saxena, 2017).

Die beschriebenen Gestaltungsempfehlungen sind in unseren Augen gute erste Umgestaltungen mobiler Geräte mit dem Ziel die Zuschauerperspektive stärker einzubeziehen. Jedoch sollte festgehalten werden, dass es sich bei dem Großteil der Maßnahmen um Prototypen oder theoretische Überlegungen handelt und sich noch keine technologische Methode zum Schutz der Zuschauerprivatsphäre durchgesetzt hat (Perez et al., 2017).

Beim Thema Zuschauerprivatsphäre geht es hauptsächlich um die Vermeidung oder Reduzierung negativer Erlebnisse. Zukünftige Forschung sollte sich jedoch auch mit der Frage beschäftigen, wie positive Erlebnisse in der Öffentlichkeit für Zuschauer von Technikinteraktionen ermöglicht werden können. So zeigt eine aktuelle Studie, dass aus Nutzerperspektive die Bedürfnisse Verbundenheit und Popularität eine wichtige Rolle für positive Technikerlebnisse spielen (von Terzi,

Tretter, Uhde, Hassenzahl & Diefenbach, 2021). Eine solche Studie aus Zuschauerperspektive wäre ein wichtiger erster Schritt.

3.5.3 Exklusionsgefahr aufgrund von Non-use

> »HCI might learn a good deal about technology use by placing it in the context of non-use, because when we do so, we see it not as simply an inevitable response to some inexorable march of technological progress, but rather as a creative, complex, and contingent act of its own.«
>
> Satchell & Dourish (2009, S. 15)

In dem vorherigen Unterkapitel (▶ Kap. 3.4.2) wurde die Problematik Exklusion aufgrund von Non-use angeschnitten. Der intuitivste Lösungsansatz eine Exklusion oder Isolation bestimmter Nutzergruppen zu vermeiden, ist Non-user zu überzeugen oder befähigen. Non-user stellen aber keine homogene Gruppe dar (Kellner, Massou & Morelli, 2010). Zunächst müssen daher die Gründe des Non-use bewusst gemacht werden, um dann zu entscheiden, ob und wie man Non-user zu Usern machen kann.

Laut Satchell und Dourish (2009) sollte Non-use nicht als Abwesenheit oder Lücke verstanden werden, denn »Non-use is, often, active, meaningful, motivated, considered, structured, specific, nuanced, directed, and productive.« (S. 15). Sie benannten eine zögerliche Annahme, den aktiven Widerstand, die Desillusionierung, Entmündigung, Verdrängung und das Desinteresse als mögliche Formen von Non-use. In einer späteren Studie identifizierte Oostveen (2014) verschiedene Typen von Non-usern: *Resisters*, *Rejecters*, *Excluded*, *Expelled* und *Unawares* (▶ Tab. 3.3). Die geeignete Strategie im Umgang mit Non-user hängt von den entsprechenden Gründen für eine Nicht-Nutzung ab (Oostveen, 2014). Wie diese konkret aussehen können, hat Oostveen (2014) am Beispiel Automatisierte Grenzkontrollsysteme gezeigt und wird in Tabelle 3.3 (▶ Tab. 3.3) beschrieben.

Tab. 3.3: Beschreibung und Handlungsstrategien für die fünf Non-user-Typen aus Oostveen (2014)

Typ	Beschreibung	Strategie
Resister	sind nicht von den potenziellen Vorteilen der Technik überzeugt	Beim Design auf die folgenden, für die Akzeptanz ausschlaggebenden Merkmale achten: Benutzerfreundlichkeit (ob eine Person glaubt, dass die Nutzung eines bestimmten Systems ohne körperliche und geistige Anstrengung möglich ist); relativer Vorteil (ob eine Innovation als besser wahrgenommen wird als die Idee, die sie ablöst); und Kompatibilität (ob eine Innovation als mit bestehenden Werten, Bedürfnissen und früheren Erfahrungen vereinbar wahrgenommen wird).

Tab. 3.3: Beschreibung und Handlungsstrategien für die fünf Non-user-Typen aus Oostveen (2014) – Fortsetzung

Typ	Beschreibung	Strategie
Rejecter	haben die Technik bisher genutzt, sich dann aber freiwillig entschieden sie nicht mehr zu nutzen	Produktoptimierung mithilfe intuitiver Benutzeroberfläche, um die Benutzerfreundlichkeit zu verbessern und die Attraktivität von E-Gates für die Reisenden insgesamt zu erhöhen. Hier könnte es außerdem hilfreich sein, die Mitglieder dieser Gruppe über Datenpolitik und -praktiken aufzuklären.
Excluded	kann oder darf die Technik nicht nutzen	Benutzung erleichtern oder ermöglichen durch, z. B. die Ausweitung der Altersgrenze für die Benutzung von E-Gates, ein Dokumentenscanner, der auch Personalausweise akzeptiert, Kameras, die unter die 1,10-Meter-Grenze reichen (Zugang für Menschen mit eingeschränkter Körpergröße), breitere E-Gates (Zugang für Rollstuhlfahrer).
Expelled	haben die Technik zwar bisher genutzt, sind nun aber nicht mehr in der Lage dies zu tun	Verbesserung der biometrischen Erkennung. Sowohl die Kameras, welche die Live-Bilder aufnehmen, als auch die biometrische Software werden derzeit noch weiterentwickelt und verbessert.
Unawares	wurden noch nicht mit der neuen Technologie konfrontiert	Informationen sind hier der Schlüssel. Die Informationsdarbietung kann z. B. in Form von Videos an Bord, Faltblättern, oder durch Reisebüros erfolgen. Ein weiteres Mittel zur Steigerung des Bewusstseins ist die Verbesserung der Sichtbarkeit der E-Gates.

Wenn Unvermögen der Grund für die Nicht-Nutzung von Technik ist, dann sollte auf jeden Fall nach Möglichkeiten gesucht werden, die betroffenen Personen, z. B. Ältere (Peine & Neven, 2019), zu unterstützen. Eine Nicht-Nutzung von Technik, kann aber auch eine bewusste Entscheidung sein. Zum Beispiel wollen manche Menschen im Urlaub eine Technikpause einlegen und daher keine SSTs im Hotel nutzen (Rosenbaum & Wong, 2015). Folglich sind Möglichkeiten zur Unterstützung von Non-use wichtige Überlegungen für die Gestaltung von öffentlichen Interaktionen (Baumer, Ames, Brubaker, Burrell & Dourish, 2014). Um negative Erfahrungen für Nutzer, die sich gegen eine Technik-Nutzung entscheiden, abzumildern, sollte es effektive Möglichkeiten geben, die Interaktion zu vermeiden (Williamson & Sundén, 2015).

3.5.4 Desozialisation im öffentlichen Raum durch psychologische Distanz und Abschottung

Private und öffentliche Technik reduziert und verkompliziert die soziale Interaktion in der physischen Welt. Doch die Desozialisation aufgrund der zunehmenden Technikinteraktionen im öffentlichen Raum ist keine unausweichliche Konsequenz einer technisierten Öffentlichkeit. Im Nachfolgenden werden zwei Lösungswege genauer beschrieben: neue Interaktionsmöglichkeiten mithilfe von technischen Produkten schaffen und Produkte, die ursprünglich zu einer Desozialisation beitragen, so umgestalten, dass sie sozialen Begegnungen im öffentlichen Raum nicht schaden.

In der Vergangenheit haben Forscher verschiedene Ideen gehabt, wie soziale Interaktionen im öffentlichen Raum durch Technik gefördert werden könnten, und diese als Prototypen getestet. Eine Möglichkeit sind Art Anzeigetafeln, z. B. in Form von Displays auf der Rückseite privater Laptops, durch welche die Nutzer anderen Anwesenden Texte und grafische Nachrichten präsentieren können (Kleinman, Hirsch & Yurdana, 2015), oder e-textile Displays auf der Rückseite von T-Shirts, welche die Geschwindigkeit, Dauer und Distanz von Läufern anzeigen (Mauriello, Gubbels & Froehlich, 2014). In einer anderen Studie sollte der soziale Austausch im Büro mithilfe kleine Roboterfliegen gesteigert werden (Dagan et al., 2020). Das Wearable wurde auf den Schuhen von Mitarbeitern befestigt und signalisiert dem Träger, wenn es Bewegung und soziale Interaktion mit anderen Lebewesen seiner Art brauchte. Dann mussten sich der Träger auf die Suche nach Kontaktmöglichkeiten mit anderen Trägern machen. Tatsächlich förderten und erleichterten die Prototypen auf diese Weise soziale Interaktionen zwischen den Teilnehmenden im Bürokontext. Ein Prototyp, der speziell auf soziale Interaktionen im öffentlichen Raum zwischen Unbekannten abzielt, ist der sogenannter »BubbleBot« (Lee, Hou, Zaga & Jung, 2019). Der Roboter soll Seifenblasen an Passanten zerplatzen lassen, um zu zufälligen Interaktionen einzuladen. Vor-Ort-Beobachtungen zeigten, dass der BubbleBot seinen Zweck erfüllte: er brachte Menschen zusammen, die sich um ihn versammelten, um mit den Seifenblasen zu spielen und miteinander zu interagieren (Lee & Jung, 2020).

> **Denkanstoß: Smartphone-Verbot**
>
> Yamato ist die erste Gemeinde in Japan, die versuchte, die Benutzung von Smartphones während man sich draußen auf öffentlichen Plätzen bewegt, zu unterbinden (Kyodo, 2020). Begründet wurde diese Maßnahme mit dem hohen Unfallrisiko: statt auf ihre Umgebung zu achten, schauen Menschen beim Laufen auf ihr Handy (Dayman, 2020). Die Hoffnung der Verantwortlichen ist, dass das Verbot im Lauf der nächsten Jahre zu einer neuen sozialen Norm wird, die das Verhalten als sogenannter Smartphone-Zombie ablehnt.
>
> Wie dieses Kapitel ausführlich diskutiert, birgt die Smartphone-Nutzung in der Öffentlichkeit (in bestimmten Situationen) auch soziale Risiken. Wäre eine Verbannung des Smartphones an bestimmten Orten oder Situationen im öf-

fentlichen Raum aus sozialen Beweggründen für Sie denkbar und wie könnte ein solches Zukunftsszenario umgesetzt werden?

Mobile Technik, wie z. B. Smartphones, können eine Barriere für soziale Begegnungen im öffentlichen, physischen Raum sein oder sie mindern die Qualität solcher Begegnungen (Stichwort Phubbing). Wenn es um die Wahrnehmung und Bewertung von öffentlichen Technikinteraktionen geht, spielen soziale Normen eine wichtige Rolle (siehe z. B. Humphreys, 2005; Toch, Chassidim & Hatuka, 2020). Um qualitativ hochwertige soziale Interaktionen im öffentlichen Raum trotz der Allgegenwärtigkeit von Technik zu ermöglichen, muss deren Intrusivität reduziert und soziale Normen berücksichtigt werden.

Der Kontext der öffentlichen Smartphone-Nutzung bietet sich als Beispiel mit großer Alltagsrelevanz an. In den letzten Jahren haben Forscher in verschiedenen Studien analysiert, wie in solchen Situationen Normverletzungen bzw. Phubbing vorgebeugt oder gegengesteuert werden kann. Zum Beispiel brachten Jarusriboonchai, Malapaschas, Olsson und Väänänen (2016) ein Display auf der Rückseite eines Smartphones an, um die Aufmerksamkeit der Menschen in der Umgebung auf die Aktivitäten der Nutzer zu lenken. Der Prototyp erhöhte nicht nur das Aktivitätsbewusstsein der Nutzer, sondern förderte auch zufällige soziale Interaktionen. Zwei andere Forscher hatte die Idee durch die Ergänzung folgender Funktionen auf dem Smartphone einer exzessive Smartphone-Nutzung in Öffentlichkeit entgegenzuwirken (Genç & Coskun, 2020):

- *Enlighteners:* Bewusstsein für die Qualität der sozialen Interaktion wird durch Information der Nutzer geschaffen.
- *Preservers:* Trigger für das Überprüfen des Telefons in sozialen Settings werden kontrolliert.
- *Supporters:* Qualität der Konversation wird erhöht.
- *Compliers:* Selbst-Isolation der Nutzer wird reibungsloser und erträglicher gestaltet.

Abschließend sollte festgehalten werden, dass Produktdesigner und Forscher einen sozialen Austausch generell jedoch nicht erzwingen können oder sollten, sondern nur Möglichkeiten schaffen. Ob wir diese Angebote wahrnehmen, ist letztendlich uns überlassen. Reflexionsprozesse sind somit ein wichtiger Bestandteil bei der Entwicklung und Umsetzung von Maßnahmen zur Sicherstellung qualitativ hochwertiger, sozialer Interaktionen in der technisierten Öffentlichkeit (siehe z. B. Nuñez et al., 2020; Su & Wang, 2015).

3.6 Resümee

»Much has been written about losing our public space. But is this really the case? […] So perhaps public space is not vanishing at all, but actually growing. In any case, what is clear is that public space is being relocated. We must start to look for and think about public space in new ways, because it is starting to appear in places it once did not […].«

Neal, 2010b, S.207

Das vorliegende Kapitel betrachtet die technisierte Öffentlichkeit als Konsequenz der Digitalisierung für die physische Welt (im Gegensatz zur virtuellen Welt). Dabei stehen Interaktionen mit privaten und öffentlichen Geräten im Zentrum, denn durch die Technikinteraktionen wird der öffentliche Raum entscheidend geprägt, d. h. privatisiert, desozialisiert und exklusiviert. Angesichts dieser Entwicklungen, könnte man fragen, ob es sich bei der neuen, technisierten Öffentlichkeit überhaupt noch um Öffentlichkeit handelt, da sich Menschen durch die Technik immer mehr abschotten, sich nicht mehr so direkt begegnen und einander weniger »ausgeliefert« sind, als dies früher der Fall war. Wir sehen dies als Anlass Öffentlichkeit neu zu interpretieren. In der Vergangenheit haben verschiedene Autoren bereits die Notwendigkeit betont, das traditionelle, dichotome Verständnis von Öffentlichkeit (Öffentlichkeit vs. Privatheit) zu überdenken oder gar zu verwerfen (siehe z.B. Splichal, 2018; Baym & Boyd, 2012). Es braucht ein Konzept des öffentlichen Raums, das »fluid, less dualistic, more abstract« ist (Alex de Freitas, 2010, S. 630). Die Allgegenwärtigkeit von Technik und der vermehrte Einsatz von Technik stellen nicht nur die Grenze zwischen Öffentlichkeit und Privatheit in Frage, sondern auch die etablierten sozialen Normen für das korrekte Verhalten im öffentlichen Raum. Die Technik-Gestaltung kann dabei unterstützen, negative Erlebnisse und Normverletzungen im sozialen Miteinander zu reduzieren oder zu vermeiden. Das Kapitel erklärte am Beispiel Privatsphäre, wie neue und bestehende Funktionen das Nutzer- und Zuschauererleben von (mobilen) Geräten im öffentlichen Raum verbessern können. Durch die Berücksichtigung der Bedürfnisse aller beteiligter Personen, also Nutzer und Zuschauer, im Design- und Forschungsprozess, wird ein globales, positives Technikerleben im öffentlichen Raum ermöglicht.

Wie in diesem Kapitel beschrieben, ersetzt oder erschwert die Interaktion mit technischen Produkten zum Großteil den zwischenmenschlichen Kontakt in der physischen Welt. Diese Entwicklung erscheint besonders besorgniserregend, wenn man sich die ursprüngliche Funktion des öffentlichen Raums in Erinnerung ruft: ein Ort der Begegnung und des Austauschs. Daher gilt es Technik und Technikinteraktionen so zu gestalten, dass die Qualität sozialer Begegnungen im öffentlichen Raum sichergestellt und gefördert werden. So kann zum Beispiel Phubbing durch bestimmte Funktionen im Smartphone vorgebeugt werden. Außerdem können mithilfe von Technik neue Austauschmöglichkeiten im öffentlichen Raum geschaffen werden. Das Kapitel erläuterte verschiedene Versuche, u. a. für Wearables, durch Technik die Interaktion zwischen fremden Personen im öffentlichen Raum zu fördern, indem sie z. B. Konversationen initiieren oder als »Icebreaker« fungieren.

Insgesamt liefert die Wissenschaft zahlreiche Ansatzpunkte, die Risiken der digitalen Transformation aufzudecken und zu minimieren, ist dabei jedoch gerade in

Hinblick auf die technisierte Öffentlichkeit stark auf die Unterstützung des Einzelnen angewiesen. Es bedarf ein gewisses Maß an Selbstreflexion und Flexibilität, um die Herausforderungen einer technisierten Öffentlichkeit zu bewältigen. Außerdem wird mehr Forschung insbesondere zu negativen psychosozialen Konsequenzen der technisierten Öffentlichkeit – vor allem für Zuschauer – benötigt. Nur so kann das Potenzial der technisierten Öffentlichkeit ausgeschöpft und der Status-Quo mit seinen Problemen überwunden werden.

Literatur

Ahlström, D., Hasan, K. & Irani, P. (2014). Are you comfortable doing that?: Acceptance studies of around-device gestures in and for public settings. *Proceedings of the 16th International Conference on Human-Computer Interaction with Mobile Devices & Services – MobileHCI ›14*, 193–202.

Alallah, F., Neshati, A., Sakamoto, Y., Hasan, K., Lank, E., Bunt, A. & Irani, P. (2018). Performer vs. observer: Whose comfort level should we consider when examining the social acceptability of input modalities for head-worn display? *Proceedings of the 24th ACM Symposium on Virtual Reality Software and Technology*, 1–9.

Alex de Freitas, C. (2010). Changing spaces: Locating public space at the intersection of the physical and digital: Locating public space at the intersection of the physical and digital. *Geography Compass, 4*(6), 630–643.

Alt, F., Schneegaß, S., Schmidt, A., Müller, J. & Memarovic, N. (2012). How to evaluate public displays. *Proceedings of the 2012 International Symposium on Pervasive Displays – PerDis ›12*, 1–6.

Ames, M. G. (2013). Managing mobile multitasking: The culture of iPhones on stanford campus. *Proceedings of the 2013 Conference on Computer Supported Cooperative Work – CSCW ›13*, 1487–1498.

Arendt, H. (1960). *Vita activa oder Vom tätigen Leben*. Stuttgart: Kohlhammer.

Argin, G., Pak, B. & Turkoglu, H. (2020). Between post-flâneur and smartphone zombie: smartphone users' altering visual attention and walking behavior in public space. *ISPRS International Journal of Geo-Information, 9*(12), 700.

Aurigi, A. & De Cindio, F. (2008). *Augmented urban spaces: Articulating the physical and electronic city*. Hampshire: Ashgate.

Baker, D. A. (2020). Four ironies of self-quantification: Wearable technologies and the quantified self. *Science and Engineering Ethics, 26*(3), 1477–1498.

Batista, J. & Marques, R. P. (2017). Considerations on information and communication overload issue in smart cities. *Conference on Smart Learning Ecosystems and Regional Development*, 129–136.

Baumer, E. P. S., Ames, M. G., Brubaker, J. R., Burrell, J. & Dourish, P. (2014). Refusing, limiting, departing: Why we should study technology non-use. *CHI ›14 Extended Abstracts on Human Factors in Computing Systems*, 65–68.

Baym, N. K. & Boyd, D. (2012). Socially mediated publicness: An introduction. *Journal of Broadcasting & Electronic Media, 56*(3), 320–329.

Bendel, O. (o. D.). Cyborg. Zugriff am 05.01.2022 unter: https://wirtschaftslexikon.gabler.de/definition/cyborg-54197.

Bitner, M. J., Ostrom, A. L. & Meuter, M. L. (2002). Implementing successful self-service technologies. *Academy of management perspectives, 16*(4), 96–108.

Brendgens, G. (2005). Vom Verlust des öffentlichen Raums. *UTOPIE kreativ, 182*, 1088–1097.

Brignull, H. & Rogers, Y. (2003). Enticing people to interact with large public displays in public spaces. *Proceedings of INTERACT*, 3, 17–24.

Brudy, F., Ledo, D., Greenberg, S. & Butz, A. (2014, June). Is anyone looking? Mitigating shoulder surfing on public displays through awareness and protection. *Proceedings of The International Symposium on Pervasive Displays*, 1–6.

Bulmer, S., Elms, J. & Moore, S. (2018). Exploring the adoption of self-service checkouts and the associated social obligations of shopping practices. *Journal of Retailing and Consumer Services*, 42, 107–116.

Bundesministerium für Wirtschaft und Klimaschutz (o. D.). *Den digitalen Wandel gestalten*. Zugriff am 05.01.2022 unter: https://www.bmwi.de/Redaktion/DE/Dossier/digitalisierung.html.

Cabrera, L. Y. (2015). *Rethinking human enhancement: Social enhancement and emergent technologies*. New York, NY: Palgrave Macmillan.

Cahir, J. & Lloyd, J. (2015). ›People just don't care‹: Practices of text messaging in the presence of others. *Media, Culture & Society*, 37(5), 703–719.

Campbell, S. W. (2007). A cross-cultural comparison of perceptions and uses of mobile telephony. *New Media & Society*, 9(2), 343–363.

Campbell, S. W. & Park, Y. J. (2008). Social implications of mobile telephony: The rise of personal communication society. *Sociology Compass*, 2(2), 371–387.

Camurtay, B. & Koch, M. (2019). Effects to be taken into account in the research of (semi-) public displays. *Mensch und Computer 2019-Workshopband*, 87–91.

Carmona, M., Tim, H., Oc, O. & Tiesdell, S. (2003). *Public places – Urban spaces: The dimensions of urban design*. Oxford: Architectural Press.

Carmona, M., Tim, H., Oc, O. & Tiesdell, S. (2010). *Public places – Urban spaces: The dimensions of urban design* (2. Aufl.). Oxford: Architectural Press.

Cattell, V., Dines, N., Gesler, W. & Curtis, S. (2008). Mingling, observing, and lingering: Everyday public spaces and their implications for well-being and social relations. *Health & Place*, 14(3), 544–561.

Cecchinato, M.E., Cox, A. L. & Bird, J. (2017). Always on(line)?: User experience of smartwatches and their role within multi-device ecologies. *Proceedings of the 2017 CHI Conference on Human Factors in Computing Systems*, 3557–3568.

Chotpitayasunondh, V. & Douglas, K. M. (2018). The effects of »phubbing« on social interaction. *Journal of Applied Social Psychology*, 48(6), 304–316.

Coeckelbergh, M. (2011). Human development or human enhancement? A methodological reflection on capabilities and the evaluation of information technologies. *Ethics and Information Technology*, 13(2), 81–92.

Courtright, J. & Caplan, S. (2020). A meta-analysis of mobile phone use and presence. *Human Communication & Technology*, 1(2), 20–35.

Cwir, D., Carr, P. B., Walton, G. M. & Spencer, S. J. (2011). Your heart makes my heart move: Cues of social connectedness cause shared emotions and physiological states among strangers. *Journal of Experimental Social Psychology*, 47(3), 661–664.

Dabholkar, P.A. & Bagozzi, R.P. (2002). An attitudinal model of technology-based self-service: moderating effects of consumer traits and situational factors. *Journal of the Academy of Marketing Science*, 30(3), 184–201.

Dagan, E., Fey, J., Kikkeri, S., Hoang, C., Hsiao, R. & Isbister, K. (2020). Flippo the robo-shoefly: A foot dwelling social wearable companion. *Extended Abstracts of the 2020 CHI Conference on Human Factors in Computing Systems*, 1–10.

Dayman, L. (2020, August 2020). *Can a ban on ›smartphone-walking‹ work if no penalties are attached? Officials in Japan's Yamato City are optimistic*. Zugriff am 05.01.2022 unter: https://www.bbc.com/worklife/article/20200810-yamato-japan-smartphone-ban-while-walking.

De Groot, R. (2015). The impact of technology-based self-service on airline passengers. *Aeronautica*, 3(1), 1–78.

De Luca, A., Harbach, M., von Zezschwitz, E., Maurer, M.E., Slawik, B. E., Hussmann, H. & Smith, M. (2014, April). Now you see me, now you don't: protecting smartphone authentication from shoulder surfers. *Proceedings of the SIGCHI Conference on Human Factors in Computing Systems*, 2937–2946.

De Moya, J.-F. & Pallud, J. (2017). Quantified self: A literature review based on the funnel paradigm. *Proceedings of the 25th European Conference on Information Systems (ECIS)*, 1678–1694.

Denning, T., Dehlawi, Z. & Kohno, T. (2014). In situ with bystanders of augmented reality glasses: Perspectives on recording and privacy-mediating technologies. *Proceedings of the SIGCHI Conference on Human Factors in Computing Systems*, 2377–2386.

De Souza e Silva, A. & Frith, J. (2012). *Mobile interfaces in public spaces: Locational privacy, control, and urban sociability.* New York, NY: Routledge.

Diefenbach, S. & Ullrich, D. (2019). Disrespectful technologies: Social norm conflicts in digital worlds. In T. Z. Ahram & C. Falcão (Hrsg.), *Advances in Usability, User Experience and Assistive Technology* (Vol. 794, S. 44–56). Cham: Springer International Publishing.

Dix, A. & Sas, C. (2010). Mobile personal devices meet situated public displays: synergies and opportunities. *International Journal of Ubiquitous Computing, 1*(1), 11–28.

Duivenvoorden, E., Hartmann, T., Brinkhuijsen, M. & Hesselmans, T. (2021). Managing public space–A blind spot of urban planning and design. *Cities, 109*, 103032.

Düking, P., Hotho, A., Holmberg, H.-C., Fuss, F. K. & Sperlich, B. (2016). Comparison of non-invasive individual monitoring of the training and health of athletes with commercially available wearable technologies. *Frontiers in Physiology, 7*, 71.

Easwara Moorthy, A. & Vu, K.-P. L. (2015). Privacy concerns for use of voice activated personal assistant in the public space. *International Journal of Human-Computer Interaction, 31*(4), 307–335.

Ebert, H. & Piwinger, M. (2007). Impression Management: Die Notwendigkeit der Selbstdarstellung. In M. Piwinger & A. Zerfaß (Hrsg.), *Handbuch Unternehmenskommunikation* (S. 205–225). Wiesbaden: Gabler Verlag.

Eiband, M., Khamis, M., von Zezschwitz, E., Hussmann, H. & Alt, F. (2017). Understanding shoulder surfing in the wild: Stories from users and observers. *Proceedings of the 2017 CHI Conference on Human Factors in Computing Systems*, 4254–4265.

Eiband, M., von Zezschwitz, E., Buschek, D. & Hussmann, H. (2016, May). My scrawl hides it all: protecting text messages against shoulder surfing with handwritten fonts. *Proceedings of the 2016 CHI Conference Extended Abstracts on Human Factors in Computing Systems*, 2041–2048.

Epley, N. & Schroeder, J. (2014). Mistakenly seeking solitude. *Journal of Experimental Psychology, 143*, 1980–1999.

Faklaris, C., Cafaro, F., Blevins, A., O'Haver, M. A. & Singhal, N. (2020). A snapshot of bystander attitudes about mobile live-streaming video in public settings. *Informatics, 7*(2), 10.

Farzand, H., Bhardwaj, K., Marky, K. & Khamis, M. (2021). The Interplay between Personal Relationships & Shoulder Surfing Mitigation. *Mensch und Computer 2021*, 338–343.

Feng, S., Mäntymäki, M., Dhir, A. & Salmela, H. (2021). How self-tracking and the quantified self promote health and well-being: systematic review. *Journal of Medical Internet Research, 23*(9), e25171.

Flammer, I. (2016). Genteel wearables: Bystander-centered design. *IEEE Security & Privacy, 14*(5), 73–79.

Forlizzi, J. & Ford, S. (2000). The building blocks of experience: An early framework for interaction designers. *Proceedings of the Conference on Designing Interactive Systems Processes, Practices, Methods, and Techniques*, 419–423.

Friedman, B., Kahn, P., Hagman, J., Severson, R. & Gill, B. (2006). The watcher and the watched: social judgments about privacy in a public place. *Human-Computer Interaction, 21*(2), 235–272.

Fuentes-Moraleda, L., Díaz-Pérez, P., Orea-Giner, A., Muñoz-Mazón, A. & Villacé-Molinero, T. (2020). Interaction between hotel service robots and humans: A hotel-specific Service Robot Acceptance Model (sRAM). *Tourism Management Perspectives, 36*, 100751.

Genç, H. U. & Coskun, A. (2020). Designing for social interaction in the age of excessive smartphone use. *Proceedings of the 2020 CHI Conference on Human Factors in Computing Systems*, 1–13.

Gentile, V., Khamis, M., Sorce, S. & Alt, F. (2017). They are looking at me!: Understanding how audience presence impacts on public display users. *Proceedings of the 6th ACM International Symposium on Pervasive Displays*, 1–7.

Gergen, K. J. (2002). The challenge of absent presence. In J. E. Katz & M. Aakhus (Hrsg.), *Perpetual Contact* (S. 227–241). Cambridge: Cambridge University Press.

Geser, H. (2004). *Towards a sociological theory of the mobile phone*. Zürich: Universität Zürich.

Geser, H. (2005). Towards a sociological theory of the mobile phone. In A. Zerdick, A. Picot, K. Schrape, J.-C. Burgelman & R. Silverstone (Hrsg.), *E-Merging Media: Communication and the Media Economy of the Future* (S. 235–260). Berlin: Springer.

Gilovich, T., Medvec, V. H. & Savitsky, K. (2000). The spotlight effect in social judgment: An egocentric bias in estimates of the salience of one's own actions and appearance. *Journal of Personality and Social Psychology*, 78(2), 211–222.

Gimpel, H., Nißen, M. & Görlitz, R. (2013, Dezember 15–18). *Quantifying the quantified self: A study on the motivations of patients to track their own health* [Konferenzbeitrag]. Thirty Fourth International Conference on Information Systems 2013, Mailand, Italien.

Goffman, E. (1959). *The presentation of self in everyday life*. New York: Doubleday Anchor.

Gummerus, J., Lipkin, M., Dube, A. & Heinonen, K. (2019). Technology in use – characterizing customer self-service devices (SSDS). *Journal of Services Marketing*, 33(1), 44–56.

Gunaydin, G., Oztekin, H., Karabulut, D. H. & Salman-Engin, S. (2021). Minimal social interactions with strangers predict greater subjective well-being. *Journal of Happiness Studies*, 22(4), 1839–1853.

Habermas, J. (1990). *Strukturwandel der Öffentlichkeit: Untersuchungen zu einer Kategorie der bürgerlichen Gesellschaft*. Frankfurt am Main: Suhrkamp.

Harkin, L. J. & Kuss, D. (2021). »My smartphone is an extension of myself«: A holistic qualitative exploration of the impact of using a smartphone. *Psychology of Popular Media*, 10(1), 28–38.

Hart, C. W. M. (1943). The Hawthorne Experiments. *The Canadian Journal of Economics and Political Science*, 9(2), 150–163.

Hein, D. W., Jodoin, J. L., Rauschnabel, P. A. & Ivens, B. S. (2017). Are wearables good or bad for society?: An exploration of societal benefits, risks, and consequences of augmented reality smart glasses. In G. Kurubacak & H. Altinpulluk (Hrsg.), *Mobile technologies and augmented reality in open education* (S. 1–25). Hershey, PA: IGI Global.

Hogle, L. F. (2005). Enhancement technologies and the body. *Annual Review of Anthropology*, 34, 695–716.

Hoyle, R., Templeman, R., Armes, S., Anthony, D., Crandall, D. & Kapadia, A. (2014). Privacy behaviors of lifeloggers using wearable cameras. *Proceedings of the 2014 ACM International Joint Conference on Pervasive and Ubiquitous Computing*, 571–582.

Humphreys, L. (2005). Cellphones in public: Social interactions in a wireless era. *New Media & Society*, 7(6), 810–833.

International Organization for Standardization. (2019). *Ergonomie der Mensch-System-Interaktion – Teil 220: Prozesse zur Ermöglichung, Durchführung und Bewertung menschzentrierter Gestaltung für interaktive Systeme in Hersteller- und Betreiberorganisationen* (ISO Standard No. 9241-220:2019).

Jarusriboonchai, P., Malapaschas, A., Olsson, T. & Väänänen, K. (2016). Increasing collocated people's awareness of the mobile user's activities: A field trial of social displays. *Proceedings of the 19th ACM Conference on Computer-Supported Cooperative Work & Social Computing*, 1691–1702.

Kaptelinin, V., Rizzo, A., Robertson, P. & Rosenbaum, S. (2014). Crafting user experience of self-service technologies: Key challenges and potential solutions. *Proceedings of the 2014 Companion Publication on Designing Interactive Systems – DIS Companion ›14*, 199–202.

Kellner, C., Massou, L. & Morelli, P. (2010). (Re)Examining the Non-Use of ICT. *Questions de Communication*, 18.

Kelly, P. & Lawlor, J. (2021). Adding or destroying value? User experiences of tourism self-service technologies. *Journal of Hospitality and Tourism Insights*, 4(3), 300–317.

Kleinman, S. (2007). *Displacing place: Mobile communication in the twenty-first century*. New York, NJ: Peter Lang.

Kleinman, L., Hirsch, T. & Yurdana, M. (2015). Exploring mobile devices as personal public displays. *Proceedings of the 17th International Conference on Human-Computer Interaction with Mobile Devices and Services*, 233–243.

Koch, M., von Luck, K., Schwarzer, J. & Draheim, S. (2018). The novelty effect in large display deployments – Experiences and lessons-learned for evaluating prototypes. *Proceedings of the 16th European Conference on Computer-Supported Cooperative Work*, 1–19.

Koelle, M., Ananthanarayan, S., Czupalla, S., Heuten, W. & Boll, S. (2018). Your smart glasses' camera bothers me!: Exploring opt-in and opt-out gestures for privacy mediation. *Proceedings of the 10th Nordic Conference on Human-Computer Interaction*, 473–481.

Koelle, M., Kranz, M. & Möller, A. (2015). Don't look at me that way!: Understanding user attitudes towards data glasses usage. *Proceedings of the 17th International Conference on Human-Computer Interaction with Mobile Devices and Services*, 362–372.

Kostakos, V. & Ojala, T. (2013). Public displays invade urban spaces. *IEEE Pervasive Computing*, 12(1), 8–13.

Kreis, O. (2021). *Check-in System »luca«*.

Kukka, H., Oja, H., Kostakos, V., Gonçalves, J. & Ojala, T. (2013). What makes you click: Exploring visual signals to entice interaction on public displays. *Proceedings of the SIGCHI Conference on Human Factors in Computing Systems*, 1699–1708.

Kushlev, K., Hunter, J. F., Proulx, J., Pressman, S. D. & Dunn, E. (2019). Smartphones reduce smiles between strangers. *Computers in Human Behavior*, 91, 12–16.

Kushlev, K., Proulx, J. D. E. & Dunn, E. W. (2017). Digitally connected, socially disconnected: The effects of relying on technology rather than other people. *Computers in Human Behavior*, 76, 68–74.

Kyodo (2020, Juni 25). *Yamato becomes Japan's first city to ›ban‹ use of phones while walking*. Zugriff am 05.01.2022 unter: https://www.japantimes.co.jp/news/2020/06/25/national/yamato-japan-ban-phones-walking/.

Larson, R. B. (2019). Supermarket self-checkout usage in the United States. *Services Marketing Quarterly*, 40(2), 141–156.

Lee, H.-J. (2017). Personality determinants of need for interaction with a retail employee and its impact on self-service technology (SST) usage intentions. *Journal of Research in Interactive Marketing*, 11(3), 214–231.

Lee, W.-Y., Hou, Y. T.-Y., Zaga, C. & Jung, M. (2019). Design for serendipitous interaction: BubbleBot – Bringing people together with bubbles. *14th ACM/IEEE International Conference on Human-Robot Interaction (HRI)*, 759–760.

Lee, W.-Y. & Jung, M. (2020). Ludic-HRI: Designing playful experiences with robots. *Companion of the 2020 ACM/IEEE International Conference on Human-Robot Interaction*, 582–584.

Lee, H. J. & Lyu, J. (2016). Personal values as determinants of intentions to use self-service technology in retailing. *Computers in Human Behavior*, 60, 322–332.

Lexico (o. D.). *Non-use*. Zugriff am 04.01.2022 unter: https://www.lexico.com/definition/non-use.

Lian, J. W. (2018). Why is self-service technology (SST) unpopular? Extending the IS success model. *Library Hi Tech*, 39(4), 1154–1173.

Ling, R. (2002, Juli). *The social juxtaposition of mobile telephone conversations and public spaces* [Konferenzbeitrag]. Conference on the Social Consequence on Mobile Telephone, Chunchon, Korea.

Ling, R. S. (2004). *The mobile connection: The cell phone's impact on society*. San Francisco, CA: Morgan Kaufmann.

Lipton, S. (2002). *The Value of Public Space*. London: CABE Space.

Little, L. & Briggs, P. (2009). Private whispers/public eyes: Is receiving highly personal information in a public place stressful? *Interacting with Computers*, 21(4), 316–322.

Ludwig, T., Kotthaus, C., Reuter, C., Van Dongen, S. & Pipek, V. (2017). Situated crowdsourcing during disasters: Managing the tasks of spontaneous volunteers through public displays. *International Journal of Human-Computer Studies*, 102, 103–121.

Lühr, T., Ziegler, A., Vogl, E. & Boes, A. (2020). *#UmbruchErleben: Wie erleben die Menschen die digitale Transformation?*. München: bidt – Bayerisches Forschungsinstitut für Digitale Transformation.

Lupton, D. (2016). *The quantified self: A sociology of self-tracking.* Cambridge: Polity Press.

Mäkelä, V., Kleine, J., Hood, M., Alt, F. & Schmidt, A. (2021). Hidden interaction techniques: Concealed information acquisition and texting on smartphones and wearables. *Proceedings of the 2021 CHI Conference on Human Factors in Computing Systems*, 1–14.

Mauriello, M., Gubbels, M. & Froehlich, J. E. (2014). Social fabric fitness: The design and evaluation of wearable E-textile displays to support group running. *Proceedings of the SIGCHI Conference on Human Factors in Computing Systems*, 2833–2842.

Menuz, V., Hurlimann, T. & Godard, B. (2011). Is human enhancement also a personal matter? *Science and Engineering Ethics*, 19(1), 161–177.

Meuter, M. L., Ostrom, A. L., Roundtree, R. I. & Bitner, M. J. (2000). Self-service technologies: Understanding customer satisfaction with technology-based service encounters. *Journal of Marketing*, 64(3), 50–64.

Menezes, M. & Smaniotto Costa, C. (2017). People, public space, digital technology and social practice: an ethnographic approach. In A. Zammit & T. Kenna (Hrsg.), *Enhancing Places Through Technology* (S. 167–180). Lissabon: Edições Universitárias Lusófonas.

Min, C., Pushp, S., Lee, S., Hwang, I., Lee, Y., Kang, S. & Song, J. (2014). Uncovering embarrassing moments in in-situ exposure of incoming mobile messages. *Proceedings of the 2014 ACM International Joint Conference on Pervasive and Ubiquitous Computing: Adjunct Publication*, 1045–1054.

Misra, S., Cheng, L., Genevie, J. & Yuan, M. (2016). The iPhone effect: The quality of in-person social interactions in the presence of mobile devices. *Environment and Behavior*, 48(2), 275–298.

Motti, V. G. & Caine, K. (2015). Users' privacy concerns about wearables. In M. Brenner, N. Christin, B. Johnson & K. Rohloff (Hrsg.), *Financial Cryptography and Data Security* (Vol. 8976, S. 231–244). Berlin: Springer.

Müller, J., Walter, R., Bailly, G., Nischt, M. & Alt, F. (2012). Looking glass: A field study on noticing interactivity of a shop window. *CHI '12 Extended Abstracts on Human Factors in Computing Systems*, 1465–1466.

Müller, J., Wilmsmann, D., Exeler, J., Buzeck, M., Schmidt, A., Jay, T. & Krüger, A. (2009). Display blindness: The effect of expectations on attention towards digital signage. In H. Tokuda, M. Beigl, A. Friday, A. J. B. Brush & Y. Tobe (Hrsg.), *Pervasive Computing* (Vol. 5538, S. 1–8). Berlin: Springer.

Mummendey, H. D., Eifler, S. & Melcher, W. (1995). *Psychologie der Selbstdarstellung* (2. Aufl.). Göttingen: Hogrefe.

Mummendey, H. D. (2006). *Psychologie des »Selbst«: Theorien, Methoden und Ergebnisse der Selbstkonzeptforschung.* Göttingen: Hogrefe.

Nazir, T. & Pişkin, M. (2016). Phubbing: A technological invasion which connected the world but disconnected humans. *International Journal of Indian Psychology*, 3(4), 68–76.

Neal, Z. P. (2010a). Seeking common ground: Three perspectives on public space. *Proceedings of the Institution of Civil Engineers – Urban Design and Planning*, 163(2), 59–66.

Neal, Z. P. (2010b). Relocating Public Space. In A. M. Orum & Z. P. Neal (Hrsg.), *Common ground: Readings and reflections on public space* (S. 1–12). New York, NY: Routledge.

Nuñez, T. R., Radtke, T. & Eimler, S. C. (2020). A third-person perspective on phubbing: Observing smartphone-induced social exclusion generates negative affect, stress, and derogatory attitudes. *Cyberpsychology: Journal of Psychosocial Research on Cyberspace*, 14(3).

Ojala, T., Kostakos, V. & Kukka, H. (2011). It's a jungle out there: fantasy and reality of evaluating public displays in the wild. *Large Displays Urban Life*, 4, 1–4.

Oostveen, A.-M. (2014). Non-use of automated border control systems: Identifying reasons and solutions. *Proceedings of the 28th International BCS Human Computer Interaction Conference (HCI 2014)*, 228–233.

Ostrom, A. L., Parasuraman, A., Bowen, D. E., Patrício, L. & Voss, C. A. (2015). Service research priorities in a rapidly changing context. *Journal of Service Research*, 18(2), 127–159.

Peine, A. & Neven, L. (2019). From intervention to co-constitution: new directions in theorizing about aging and technology. *The Gerontologist*, 59(1), 15–21.

Perez, A. J., Zeadally, S. & Griffith, S. (2017). Bystanders' privacy. *IT Professional*, 19(3), 61–65.

Perez, A. J., Zeadally, S., Griffith, S., Garcia, L. Y. M. & Mouloud, J. A. (2020). A user study of a wearable system to enhance bystanders' facial privacy. *IoT*, *1*(2), 198–217.

Przybylski, A. K. & Weinstein, N. (2013). Can you connect with me now? How the presence of mobile communication technology influences face-to-face conversation quality. *Journal of Social and Personal Relationships*, *30*(3), 237–246.

Rad, V. B. & Ngah, I. (2013). The role of public spaces in promoting social interactions. *International Journal of Current Engineering and Technology*, *3*, 184–188.

Rauschnabel, P. A., Brem, A. & Ivens, B. S. (2015). Who will buy smart glasses? Empirical results of two pre-market-entry studies on the role of personality in individual awareness and intended adoption of Google Glass wearables. *Computers in Human Behavior*, *49*, 635–647.

Reeves, S., Benford, S., O'Malley, C. & Fraser, M. (2005). Designing the spectator experience. *Proceedings of the SIGCHI Conference on Human Factors in Computing Systems*, 741–750.

Reicher, C. & Kemme, T. (2009). *Der öffentliche Raum: Ideen – Konzepte – Projekte*. Berlin: Jovis.

Rico, J. & Brewster, S. (2010). Usable gestures for mobile interfaces: Evaluating social acceptability. *Proceedings of the 28th International Conference on Human Factors in Computing Systems – CHI ›10*, 887–896.

Rosenbaum, M. S. & Wong, I. A. (2015). If you install it, will they use it? Understanding why hospitality customers take »technological pauses« from self-service technology. *Journal of Business Research*, *68*(9), 1862–1868.

Ryan, R. M. & Deci, E. L. (2000). Self-determination theory and the facilitation of intrinsic motivation, social development, and well-being. *American Psychologist*, *55*(1), 68–78.

Sandstrom, G. M. & Boothby, E. J. (2021). Why do people avoid talking to strangers? A mini meta-analysis of predicted fears and actual experiences talking to a stranger. *Self and Identity*, *20*(1), 47–71.

Sandstrom, G. M. & Dunn, E. W. (2014a). Social interactions and well-being: The surprising power of weak ties. *Personality and Social Psychology Bulletin*, *40*, 910–922.

Sandstrom, G. M. & Dunn, E. W. (2014b). Is efficiency overrated? Minimal social interactions lead to belonging and positive affect. *Social Psychological and Personality Science*, *5*, 437–442.

Satchell, C. & Dourish, P. (2009). Beyond the user: Use and non-use in HCI. *Proceedings of the 21st Annual Conference of the Australian Computer-Human Interaction Special Interest Group on Design: Open 24/7 – OZCHI ›09*, 9–16.

Schurz, R. (2019). Die Psyche ist konservativ: Über die Kosten der Beschleunigung im Alltag. In C. Gorr & M. C. Bauer (Hrsg.), *Gehirne unter Spannung* (S. 187–204). Berlin: Springer.

Schwenke, T. (2016). *Private Nutzung von Smartglasses im öffentlichen Raum*. Edewecht: Oldenburger Verlag für Wirtschaft, Informatik und Recht.

Selwyn, N. (2003). Apart from technology: understanding people's non-use of information and communication technologies in everyday life. *Technology in society*, *25*(1), 99–116.

Sendi, R. & Goličnik Marušić, B. (2012). Neighbourhood Design. In S. Smith (Hrsg.), *International Encyclopedia of Housing and Home* (S. 21–28). Burlington: Elsevier Science.

Sennett, R. (1983). *Verfall und Ende des öffentlichen Lebens. Die Tyrannei der Intimität*. Frankfurt am Main: Fischer.

Sennett, R. (1991). *Civitas. Die Großstadt und die Kulturen des Unterschieds*. Frankfurt am Main: Fischer.

Sennett, R. (1997). *Fleisch und Stein. Der Körper und die Stadt in der westlichen Zivilisation*. Frankfurt am Main: Suhrkamp.

Sergeeva, A., Huysman, M., Soekijad, M. & van den Hooff, B. (2013, Dezember 15–18). ›No user is an island‹ Onlookers, affordances, and the impact of mobile devices on work practices [Konferenzbeitrag]. Thirty Fourth International Conference on Information Systems 2013, Mailand, Italien.

Sergeeva, A., Huysman, M., Soekijad, M. & van den Hooff, B. (2017). Through the eyes of others: How onlookers shape the use of technology at work. *MIS Quarterly*, *41*(4), 1153–1178.

Shaftoe, H. (2008). *Convivial urban spaces: Creating effective public places*. London: Routledge.

Shibata, T. (2002). Head mounted display. *Displays*, *23*(1–2), 57–64.

Shrestha, P. & Saxena, N. (2018). An offensive and defensive exposition of wearable computing. *ACM Computing Surveys*, *50*(6), 1–39.

Simmel, G. (1903). *Die Großstädte und das Geistesleben* [The metropolis and mental life]. Dresden: Petermann.

Singhal, S., Neustaedter, C., Schiphorst, T., Tang, A., Patra, A. & Pan, R. (2016). You are being watched: bystanders' perspective on the use of camera devices in public spaces. *Proceedings of the 2016 CHI Conference Extended Abstracts on Human Factors in Computing Systems*, 3197–3203.

Soike, R., Libbe, J., Konieczek-Woger, M. & Plate, E. (2019). *Räumliche Dimensionen der Digitalisierung. Handlungsbedarfe für die Stadtentwicklungsplanung. Ein Thesenpapier*. Berlin: Deutsches Institut für Urbanistik GmbH.

Splichal, S. (2006). In search of a strong European public sphere: Some critical observations on conceptualizations of publicness and the (European) public sphere. *Media, Culture & Society*, 28(5), 695–714.

Splichal, S. (2018). Publicness–privateness: The liquefaction of »the great dichotomy«. *Javnost – The Public*, 25(1–2), 1–10.

Srivastava, L. (2006). Mobile mania, mobile manners. *Knowledge, Technology & Policy*, 19(2), 7–16.

Su, N. M. & Wang, L. (2015). From third to surveilled place: The mobile in irish pubs. *Proceedings of the 33rd Annual ACM Conference on Human Factors in Computing Systems*, 1659–1668.

Thabassum, L. (2021). Phubbing: A literature review of the technological invasion that has changed lives for the last decade. *Psychology Research on Education and Social Sciences*, 2(1), 11–18.

Toch, E., Chassidim, H. & Hatuka, T. (2020). Can you turn it off?: The spatial and social context of mobile disturbance. *Proceedings of the ACM on Human-Computer Interaction*, 4(CSCW2), 1–18.

Tomitsch, M., Ackad, C., Dawson, O., Hespanhol, L. & Kay, J. (2014). Who cares about the content? An analysis of playful behaviour at a public display. *Proceedings of The International Symposium on Pervasive Displays*, 160–165.

Tuchen, S., Arora, M. & Blessing, L. (2020). Airport user experience unpacked: Conceptualizing its potential in the face of COVID-19. *Journal of Air Transport Management*, 89, 101919.

Turkle, S. (2011). *Alone together: Why we expect more from technology and less from each other*. New York, NJ: Basic books.

Turkle, S. (2015). *Reclaiming conversation: The power of talk in a digital age*. New York, NJ: Penguin press.

Vanden Abeele, M. M. P., Antheunis, M. L. & Schouten, A. P. (2016). The effect of mobile messaging during a conversation on impression formation and interaction quality. *Computers in Human Behavior*, 62, 562–569.

Van Kleef, G. A., Wanders, F., Stamkou, E. & Homan, A. C. (2015). The social dynamics of breaking the rules: Antecedents and consequences of norm-violating behavior. *Current Opinion in Psychology*, 6, 25–31.

Van Lange, P. A. M. & Columbus, S. (2021). Vitamin S: Why is social contact, even with strangers, so important to well-being? *Current Directions in Psychological Science*, 30(3), 267–273.

Von Terzi, P., Tretter, S., Uhde, A., Hassenzahl, M. & Diefenbach, S. (2021). Technology-mediated experiences and social context: Relevant needs in private vs. public interaction and the importance of others for positive affect. *Frontiers in Psychology*, 12, 718315.

Von Zezschwitz, E., Ebbinghaus, S., Hussmann, H. & De Luca, A. (2016, May). You Can't Watch This! Privacy-Respectful Photo Browsing on Smartphones. *Proceedings of the 2016 CHI Conference on Human Factors in Computing Systems*, 4320–4324.

Wagenknecht, S. (2018). Beyond non-/use: The affected bystander and her escalation. *New Media & Society*, 20(7), 2235–2251.

Wei, R. & Leung, L. (1999). Blurring public and private behaviors in public space: Policy challenges in the use and improper use of the cell phone. *Telematics and Informatics*, 16(1–2), 11–26.

Weintraub, J. (1997). The theory and politics of the public/private distinction. In J. Weintraub & K. Kumar (Hrsg.), *Public and Private in Thought and Practice. Perspectives on a Grand Dichotomy* (S. 1–42). Chicago/ London: University Chicago Press.

Wentz, M. (2002). Der öffentliche Raum als das Wesentliche des Städtebaus. In K. Selle (Hrsg.), *Was ist los mit den öffentlichen Räumen? Analysen, Positionen, Konzepte: ein Lesebuch für Studium und Praxis* (S. 191–199). Dortmund: Dortmunder Vertrieb für Bau- und Planungsliteratur.

Wildner, K. & Berger, H. M. (2018). *Das Prinzip des öffentlichen Raums.* Zugriff am 05.01.2022 unter: https://www.bpb.de/politik/innenpolitik/stadt-und-gesellschaft/216873/prinzip-des-oeffentlichen-raums.

Williamson, J. R. & Sundén, D. (2015). Enter the circle: Blending spherical displays and playful embedded interaction in public spaces. *Proceedings of the 4th International Symposium on Pervasive Displays*, 195–200.

Wimmer, J. (2007). *(Gegen-)Öffentlichkeit in der Mediengesellschaft: Analyse eines medialen Spannungsverhältnisses.* Wiesbaden: VS Verlag für Sozialwissenschaften.

Wouters, N., Downs, J., Harrop, M., Cox, T., Oliveira, E., Webber, S., Vetere, F. & Vande Moere, A. (2016). Uncovering the honeypot effect: How audiences engage with public interactive systems. *Proceedings of the 2016 ACM Conference on Designing Interactive Systems*, 5–16.

Zeeb, V. & Joffe, H. (2021). Connecting with strangers in the city: A mattering approach. *British Journal of Social Psychology*, 60(2), 524–547.

Zemke, D. M. V., Tang, J., Raab, C. & Kim, J. (2020). How to build a better robot... For quick-service restaurants. *Journal of Hospitality & Tourism Research*, 44(8), 1235–1269.

Zhang, X. & He, Y. (2020). What makes public space public? The chaos of public space definitions and a new epistemological approach. *Administration & Society*, 52(5), 749–770.

4 Always On: Konsequenzen ständiger Verbundenheit im digitalen Zeitalter und mögliche Interventionsstrategien

Lara Christoforakos

Wir kennen es alle...

Endlich Feierabend! Ein unglaublich kräftezehrender Arbeitstag ist geschafft. Ein Meeting jagte das nächste. Das Smartphone klingelte ununterbrochen. Eine Flut an E-Mails im Postfach, die man in den halbstündigen Meeting-Pausen zu bearbeiten versuchte. Währenddessen aß man ein belegtes Brötchen, das man sich auf dem Weg zur Arbeit schnell gekauft hat, genusslos vor dem Bildschirm.

Auf dem Heimweg meldet sich jetzt der Partner – zum Glück ist das Smartphone über Bluetooth mit der Lautsprechanlage des Autos verbunden – und man versucht noch schnell zu vereinbaren, wer den Einkauf für das Abendessen erledigt.

Zuhause angekommen wird schnell gekocht, gegessen und ab aufs Sofa. Zeit für Erholung? Wohl kaum! Zwischendurch noch schnell einen Anruf an die Familie – bietet sich ja an, wenn man schon gemeinsam auf dem Sofa sitzt. Jetzt, da das Smartphone schon in Reichweite ist, kann man noch schnell die sozialen Medien checken, nicht, dass eine Nachricht untergegangen ist. Im E-Mail-Postfach könnte sich auch noch etwas getan haben, schließlich sind seit dem letzten Login schon zwei ganze Stunden vergangen...

Huch, schon 23:00 Uhr. Schnell ab ins Bett! Morgen ist ja auch noch Zeit für Erholung!

Egal wann und wo wir sind, wir sind alle *always on,* d. h. ständig online und entsprechend ununterbrochen verbunden und erreichbar. In diesem Zusammenhang sprechen Forscher auch von dem *PCPO Phänomen* (permanently connected, permanently online; dt., ständig verbunden, ständig online; Vorderer et al., 2016) oder in Hinblick auf den Arbeitskontext von erweiterter Erreichbarkeit, d. h., einer »Verfügbarkeit von Arbeitenden für Arbeitsbelange, welche sich über die Arbeitsdomäne hinaus auf andere Lebensbereiche erstreckt« (Pangert et al., 2016, S. 9).

Insgesamt verbringen Menschen heutzutage einen bemerkenswerten Anteil ihres Alltags mit ihrem Smartphone (Statista Research Department, 2020). Dabei stehen sie unter anderem durch soziale Medien in einem andauernden Austausch mit Familie, Freunden, ihren Liebsten, ihren Kollegen, aber auch entfernteren Bekannten. Mit Letzteren würden sie ohne die modernen Kommunikationsgeräte und ohne den Zugang zu sozialen Medien womöglich gar nicht kommunizieren. Dies bringt mehrere Vorteile mit sich. Zum einen wird eines unserer zentralen psychologischen Grundbedürfnisse, das Bedürfnis nach sozialer Verbundenheit, befriedigt. Bereits vor mehreren Jahrzehnten beschrieb der Sozialpsychologe Abraham Maslow in seiner wissenschaftlich weit verbreiteten Bedürfnispyramide das Bedürfnis nach sozialer Verbundenheit als zentralen Einflussfaktor für das Wohlbefinden des Menschen (Maslow, 1943). Des Weiteren scheinen Menschen, vor allem im Arbeitskontext, durch die Möglichkeit, immer und überall *on* sein zu können, erhöhte Flexibilität, geistigen Frieden und Kontrolle über Interaktionen wahrzunehmen (z. B., Mazmanian et al., 2013). So kann etwa die letzte E-Mail des Tages auf dem Heimweg verfasst werden und eine virtuelle Teilnahme am Meeting während eines Urlaubsaufenthalts stellt ebenso keine Schwierigkeit mehr dar.

Die ständige virtuelle Verbundenheit hat jedoch auch ihre Schattenseiten. Beispielsweise wirkt sie sich oft negativ auf die Verbundenheit mit der realen Welt aus. In Beziehungen werden tiefgründige Gespräche oft vernachlässigt oder durch ein klingelndes Smartphone unterbrochen. Weiterhin nimmt das Smartphone oft die Rolle einer beruhigenden Routine ein, um Momente des Alleinseins zu überbrücken, die wir eigentlich so dringend brauchen (z. B., Diefenbach & Borrmann, 2019).

Als Ergebnis verbringt man nur noch sehr selten Zeit mit sich selbst – ohne Smartphone – und versäumt somit Momente der Reflexion, Kreativität und nicht zuletzt Erholung. Kein Wunder, dass die besten Ideen unter der Dusche entstehen und man sich im Anschluss weit über die körperliche Hygiene hinaus häufig wie neu geboren fühlt. Es handelt sich dabei schließlich um einen der wenigen Orte, an denen wir *noch* mehr oder weniger gezwungen sind, unsere Verbindung zur virtuellen Welt für einen kurzen Moment zu trennen, abzuschalten und Zeit mit uns selbst zu verbringen.

Außerdem kann die wahrgenommene Flexibilität, die durch die ständige Verbundenheit im Arbeitskontext entsteht, gleichzeitig auch kollektive Erwartungen an die Erreichbarkeit steigern. Somit entscheiden sich Arbeitnehmer möglicherweise nicht eigenständig zu gesteigertem Arbeitsengagement, sondern weil sie sich insgeheim dazu verpflichtet fühlen. Dies kann die Fähigkeit beeinträchtigen, von der Arbeit abzuschalten. Die Möglichkeit, mobile E-Mail-Geräte zu jeder Zeit und an jedem Ort nutzen zu können, kann demnach einerseits die Wahrnehmung persönlicher Autonomie fördern, diese jedoch aufgrund der damit einhergehenden Erwartungen auch praktisch verringern (Mazmanian et al., 2013).

Entsprechend stehen heutzutage Individuen sowie Organisationen vor der Aufgabe, die richtige Balance zwischen Nutzung des Potenzials der Digitalisierung und dysfunktionaler Vereinnahmung zu finden. In diesem Zusammenhang deuten bereits einige Studien auf effektive Interventionsmaßnahmen hin, die beispielsweise individuell anpassbare Richtlinien für einen bewussten Umgang mit Technik sowie der ständigen Verbundenheit und daraus resultierenden Erreichbarkeit umfassen (Pischel et al., 2018). Während sich weiterhin Interventions- sowie Präventionsmaßnahmen aus der klassischen Achtsamkeitslehre ableiten lassen, nehmen auch moderne, kreative oder therapeutische Ansätze zu, die insbesondere auf digitale Kommunikationsmedien abzielen.

4.1 Kapitelausblick

In diesem Kapitel werden die durch die Digitalisierung bedingten Folgen der ständigen Verbundenheit und die daraus resultierende Erreichbarkeit der Menschen im Privat- und Arbeitskontext thematisiert. Dabei wird der Fokus vor allem auf einzelne Lebensbereiche sowie Phänomene, die durch die ständige Verbundenheit gefördert werden, gelegt. Dazu werden relevante Forschungsergebnisse diskutiert.

Neben der Thematisierung von Herausforderungen für soziale Beziehungen wird diskutiert, inwiefern uns die ständige Verbundenheit auf digitaler Ebene tatsächlich voneinander entfernt. Weiterhin handelt es sich um die andauernde Angst, etwas zu verpassen, die durch die neuen Möglichkeiten, im stetigen Austausch mit unseren Mitmenschen zu stehen, immer relevanter wird und eine essenzielle Herausforderung für unser Wohlbefinden im privaten und Arbeitskontext darstellt. Ebenso wird folgende Paradoxie beleuchtet: Durch die Möglichkeit, jederzeit und von jedem Ort mit anderen in Kontakt treten oder arbeiten zu können, nehmen wir eine Zunahme der eigenen Autonomie wahr, welche uns aber tatsächlich praktisch einschränkt. Darüber hinaus wird eine neue Form des Alleinseins erläutert, in der wir durch die ständige Verbundenheit anhand moderner digitaler Kommunikationsmöglichkeiten theoretisch nie allein sind, und in Hinblick auf die Selbstreflexion und persönliche Entwicklung des Menschen diskutiert.

Im letzten Abschnitt werden Interventionsmöglichkeiten und Strategien zur Förderung des Wohlbefindens in Zeiten der ständigen Verbundenheit fokussiert. Dazu zählen beispielsweise ein reflektierter Umgang mit den neuen mobilen Kommunikationsmöglichkeiten, Achtsamkeitspraktiken aus dem Bereich der positiven Psychologie sowie gezielt einsetzbare, moderne therapeutische Maßnahmen. Abschließend werden zentrale Erkenntnisse sowie Implikationen in Form eines Resümees zusammengefasst.

4.2 Herausforderungen durch ständige Verbundenheit

Die ständige Verbundenheit mit Familie, Freunden und Kollegen mag zwar auf den ersten Blick viele neue Freiheiten mit sich bringen, jedoch hat sie ihren Preis. Es entstehen Konsequenzen für unsere zwischenmenschlichen Beziehungen, unsere berufliche Leistung und das Gleichgewicht zwischen Beruf und Freizeit bis hin zur persönlichen Entwicklung.

4.2.1 Ständig verbunden und doch weit entfernt

Im Durchschnitt verbrachten Smartphone-Nutzer im Jahr 2020 229 Minuten pro Tag mit ihrem Endgerät – Tendenz steigend (Statista Research Department, 2020). Unter anderem waren sie dabei auf den sozialen Medien unterwegs und ständig mit anderen Freunden und Bekannten verbunden.

Laut Baumeister und Leary (1995) verfügen Menschen über ein fundamentales Grundbedürfnis, ein gewisses Maß an sozialen, interpersonellen Beziehungen zu Individuen bzw. Gruppen aufzubauen und aufrechtzuerhalten. Auch wenn es individuelle Unterschiede hinsichtlich der Ausprägung dieses Bedürfnisses geben kann, gilt es als universelles menschliches Bedürfnis (Baumeister & Leary, 1995; Leary et al., 2013; Reich & Vorderer, 2013).

Bereits in der Bedürfnispyramide von Maslow (1943) wurden soziale Bedürfnisse direkt nach den physiologischen Bedürfnissen Wasser, Sauerstoff, Nahrung und einer konstanten Körpertemperatur sowie dem Bedürfnis nach Sicherheit gestellt. Zu diesen sozialen Bedürfnissen zählen laut Maslow (1943) das Bedürfnis nach Liebe, Zuneigung und Zugehörigkeit. Außerdem stellt die Zugehörigkeit zu einer Gruppe eine zentrale Quelle unseres Selbstwerts dar (Tajfel et al., 1971) und trägt evolutionsbiologisch essenziell zur Reproduktion sowie zum Überleben bei (z. B., Ainsworth, 1989; Axelrod & Hamilton, 1981).

Einerseits stellen die heutzutage prall gefüllten Terminkalender sowie die zunehmende Beschäftigung mit Technologien eine Herausforderung für die Befriedigung sozialer Bedürfnisse dar. Andererseits ergibt sich durch die modernen Kommunikationstechnologien aber die Möglichkeit – auch wenn nicht wirklich von Angesicht zu Angesicht – ständig und überall mit Mitmenschen verbunden zu sein. Nutzer solcher Technologien verfügen über die Möglichkeit, ständig informiert zu sein, was ihre Mitmenschen gerade tun. Auch wenn dies verlockend klingt, kann das einschneidende Konsequenzen für das individuelle Wohlbefinden haben. Ebenso nehmen noch in Präsenzform stattfindenden zwischenmenschlichen Interaktionen eine ganz neue Form an, wenn sie beispielsweise ständig durch das Smartphone unterbrochen oder gar übertönt werden.

> Erst neulich befand ich mich beruflich in einem Hotel und saß alleine am Frühstückstisch. Dabei beobachtete ich das Paar neben mir, das mit Golfklamotten ausgestattet offensichtlich nicht geschäftlich im Hotel übernachtete. Beide hatten das Smartphone auf dem Tisch, was mir zunächst natürlich nicht auffiel. Doch je mehr Gesprächsfetzen ich mitbekam, umso deutlicher wurde mir, dass beide aneinander vorbeiredeten und sich kein wirkliches Gespräch entwickelte. Kein Wunder, sie schauten auch alle zwanzig Sekunden auf ihr Smartphone, schrieben manchmal sogar eine Nachricht oder lasen sich gegenseitig Abschnitte aus der Online-Zeitung vor. So ging das mehrere Minuten. Als dann irgendwann ein inhaltlich tiefgründigeres Gespräch über die eigenen Kinder aufkam, klingelte plötzlich sein Smartphone.
> »Hoppla, das war der Wecker von gestern, worum ging's gerade?«
> »Warum hattest du denn gestern einen Wecker eingestellt?«

Und so schnell war dann auch das Gespräch über die Kinder vergessen und das Paar verließ den Frühstückssaal.

Mehrere Studienergebnisse deuten bereits daraufhin, dass die Nutzung eines Mobiltelefons in der Anwesenheit des Partners von stattfindenden Gesprächen ablenken und die Ursache von Ärger und Konflikt sein kann (z. B., Dwyer et al., 2018; Miller-Ott & Kelly, 2015). Ebenso zeigte sich in mehreren Studien, dass *Partner-Phubbing*, d. h., der unangebrachte Fokus auf das Mobiltelefon bei Unterhaltungen mit dem Partner, negativ mit der Beziehungszufriedenheit zusammenhing (z. B., David & Roberts, 2021; Halpern & Katz, 2017; Krasnova et al., 2016).

In einer kürzlich durchgeführten Studie von Beukeboom und Pollmann (2021) untersuchten die Autoren grundlegende Wirkmechanismen in Hinblick auf diesen Zusammenhang. Anhand von zwei Substudien mit jeweils 507 Probanden (22 % männlich, 78 % weiblich), die im Durchschnitt 32 Jahre alt waren bzw. 386 Probanden (29 % männlich, 71 % weiblich), die im Durchschnitt 28 Jahre alt waren, konnten die Autoren einen negativen Zusammenhang zwischen Partner-Phubbing und der Beziehungszufriedenheit bestätigen. In Bezug auf diesen Zusammenhang untersuchten sie zudem die Rolle von Gefühlen des Ausgeschlossenseins und der wahrgenommenen Reaktivität des Partners, d. h., wie sehr der Partner auf einen eingeht. Ebenso wurde die Rolle der wahrgenommenen Intimität mit dem Partner, der Konflikte bezüglich der Nutzung von Mobiltelefonen und die Rolle von Gefühlen von Eifersucht exploriert. Ergebnisse beider Studien implizieren, dass der Zusammenhang zwischen Partner-Phubbing und der Beziehungszufriedenheit durch Gefühle der Exklusion, wahrgenommenen Reaktivität des Partners sowie wahrgenommenen Intimität mit dem Partner vermittelt wurde. Je mehr Partner-Phubbing die Probanden bei ihrem Partner wahrnahmen, umso eher fühlten sie sich ausgeschlossen und nahmen weniger Reaktivität des Partners sowie Intimität in der Beziehung wahr. Infolgedessen nahm die Beziehungszufriedenheit der Probanden ab.

In Hinblick auf die Konflikte bezüglich der Nutzung von Mobiltelefonen und Gefühlen von Eifersucht wurden keine Mediationseffekte gefunden. Solche Konflikte spielten beim negativen Zusammenhang zwischen Partner-Phubbing und der Beziehungszufriedenheit also keine vermittelnde Rolle. Diese Ergebnisse widersprechen sich insofern mit bisherigen Studienergebnissen, als dass Konflikte und Eifersucht nicht als primäre Wirkmechanismen erscheinen, die einem negativen Zusammenhang zwischen Partner-Phubbing und verringerter Beziehungszufriedenheit zugrunde liegen (z. B. David & Roberts, 2021; Halpern & Katz, 2017; McDaniel & Coyne, 2016; Krasnova et al., 2016).

Darüber hinaus konnten die Autoren zeigen, dass eine geteilte Nutzung des Mobiltelefons während des Beisammenseins, d. h., eine Nutzung, bei der kommuniziert wird warum und wozu das Mobiltelefon gerade verwendet wird, die negativen Effekte des Partner-Phubbing moderierte. Solche negativen Konsequenzen fielen also geringer aus, wenn über die Nutzung des Mobiltelefons während des Beisammenseins kommuniziert wurde. Das Einbinden und Informieren des Partners in Bezug auf die eigene Mobiltelefonnutzung könnte demnach das Gefühl von Ausgeschlossenheit reduzieren sowie mehr Reaktivität und Intimität im Rahmen des Gesprächs bedingen, was negativen Effekten auf die Beziehungszufriedenheit entgegenwirken kann.

Während diese Ergebnisse nicht besonders überraschend erscheinen mögen, sind insbesondere die zugrundeliegenden Wirkmechanismen dieses Zusammenhangs interessant. Laut den Autoren vermitteln Gefühle von Exklusion, reduzierte Reaktanz des Partners und Intimität in der Beziehung den Effekt von Partner-Phubbing auf die Beziehungszufriedenheit. Jedoch scheint die Aufklärung des Partners über die Aktivitäten während der Nutzung des Mobiltelefons den negativen Auswirkungen von Partner-Phubbing entgegenwirken zu können. Entscheidend für die Beziehungszufriedenheit ist demnach nicht die Techniknutzung per se, sondern der Umgang damit. Einfache Kommunikation könnte basierend auf diesen Ergebnissen der Studie also der Schlüssel zu einem positiveren Beziehungserlebnis trotz Nutzung des Mobiltelefons während des Beisammenseins sein. Entsprechend deuten diese Ergebnisse möglicherweise darauf hin, dass negative Auswirkungen der ständigen Verbundenheit durch moderne Kommunikationstechnologien im Alltag recht einfach vermeidbar sein könnten.

Demgegenüber stehen die Studienergebnisse von Przybylski und Weinstein (2013), die Auswirkungen des einfachen Vorhandenseins mobiler Kommunikationsgeräte auf die Beziehungsqualität untersuchten. Bereits vor einem knappen Jahrzehnt führten die Autoren zwei Studien durch, in denen sie diesen Zusammenhang in einem dyadischen Setting, d. h., im Rahmen einer Interaktion zweier Gesprächspartner, untersuchten. In einer ersten Studie wurden 74 Probanden (65 % männlich, 35 % weiblich), die im Durchschnitt 22 Jahre alt waren, zufällig in zwei Bedingungen aufgeteilt. In der einen Bedingung war ein Mobiltelefon präsent und auf einem Buch auf einem Schreibtisch platziert, der nicht im direkten Blickfeld der Probanden war. In der anderen wurde dieses durch ein Notebook ersetzt. Als Aufgabe zur Beziehungsentwicklung sollten die Teilnehmer ein interessantes Geschehnis diskutieren, das ihnen im letzten Monat widerfahren ist. In einer Vorstudie wurde festgestellt, dass dieses Thema von den Teilnehmern als moderat intim wahrgenommen wurde. Vor Beginn der Studie legten die Probanden ihre persönlichen Gegenstände in einem gemeinsamen Wartebereich ab, bevor sie in einen Raum begleitet und dort zufällig einem Gesprächspartner zugeordnet wurden. In diesen Dyaden sollten sie zehn Minuten diskutieren. Daraufhin wurden verschiedene Maße zur Beziehungsqualität und emotionalen Sensitivität in bestehenden und neuen Beziehungen anhand eines Fragebogens erhoben (Reis et al., 2000). Analysen zeigten, dass Dyaden, die sich während der Anwesenheit eines Smartphones kennengelernt hatten, sich ihren Partnern weniger nah fühlten und die Beziehungsqualität geringer einschätzten als Partner, die eine entsprechende Interaktion ohne die Anwesenheit eines Smartphones erlebten.

In einer zweiten Studie untersuchten die Autoren, in welchen relationalen Kontexten, d. h., bei welcher Art von zwischenmenschlicher Beziehung, die Anwesenheit von Mobiltelefonen am ehesten eine Rolle spielt, indem der Diskussionsinhalt manipuliert wurde (alltäglich vs. bedeutsam). Zudem wurden Effekte des Mobiltelefons auf das zwischenmenschliche Vertrauen sowie die wahrgenommene Empathie der Partner in diesem Zusammenhang exploriert. 68 Probanden (37 % männlich, 63 % weiblich), die im Durchschnitt 23 Jahre alt waren, wurden zufällig einer Bedingung zugeordnet. In diesem Experiment handelte es sich um ein experimentelles Design, indem die Präsenz des Mobiltelefons (abwesend vs. präsent) sowie der Diskussionsinhalt (alltäglich vs. bedeutsam) manipuliert wurden. Dabei wurde eine modifizierte Version der zehnminütigen Beziehungsformationsaufgabe aus dem ersten Experiment verwendet. Die Teilnehmer in der Bedingung der alltäglichen Diskussion wurden angeleitet, ihre Gedanken und Gefühle in Bezug auf Plastiktannen zu teilen. Diejenigen in der Bedingung der bedeutsamen Diskussion sollten die für sie wichtigsten Ereignisse des vergangenen Jahres diskutieren.

Die Ergebnisse zeigten auch in diesem Experiment, dass bei Vorhandensein des Mobiltelefons die wahrgenommene Beziehungsqualität als geringer eingeschätzt wurde. Zudem konnte ein Interaktionseffekt mit dem Diskussionsinhalt gefunden werden, der implizierte, dass dieser Effekt nur im Falle der bedeutsamen Diskussion unter den Interaktionspartnern zu beobachten war. Ähnlich zeigte sich auch, dass bei Vorhandensein des Mobiltelefons das Vertrauen in den Interaktionspartner geringer ausfiel als bei nicht Vorhandensein des Mobiltelefons. Wieder konnte dieser Effekt nur in der Bedingung der bedeutsamen und nicht in der alltäglichen Diskussion gefunden werden. In Bezug auf die wahrgenommene Empathie dem Interaktionspartner gegenüber fanden die Autoren auch, dass diese bei Vorhandensein des Mobiltelefons niedriger ausfiel. Dabei zeigte sich ebenso ein Interaktionseffekt mit dem Diskussionsinhalt insofern, als dass dieser Effekt sich nur bei der bedeutsamen Diskussion zeigte.

Zusammenfassend implizieren beide Studien, dass das einfache Vorhandensein eines Mobiltelefons die wahrgenommene Beziehung von Interaktionspartnern negativ beeinflussen kann. Es zeigte sich nämlich, dass das Vorhandensein eines Mobiltelefons die Entwicklung zwischenmenschlicher Nähe und Vertrauens hemmte sowie die gegenseitige Empathie der Interaktionspartner reduzierte. Basierend auf den Ergebnissen des zweiten Experiments waren diese Effekte besonders relevant, wenn Personen über persönlich bedeutsame Inhalte diskutierten. Während bei nicht Vorhandensein eines Mobiltelefons die bedeutsame Diskussion jeweils die Intimität und das Vertrauen zwischen den Gesprächspartnern förderte, gab es bei Vorhandensein des Mobiltelefons keinen Unterschied zwischen den alltäglichen und bedeutsamen Gesprächsinhalten in Hinblick auf die dabei wahrgenommene Intimität und das Vertrauen. In den anschließenden Nachberechnungen mit den Probanden stellte sich heraus, dass die Platzierung der Smartphones für diese unauffällig war. Diese Einsichten deuten darauf hin, dass die in der Studie gefundenen Effekte möglicherweise nicht auf der bewussten Wahrnehmung des Mobiltelefons beruhten.

Diese Ergebnisse implizieren, dass bereits die reine Präsenz eines Mobiltelefons die Qualität unserer sozialen Interaktionen beeinflussen kann. Wenngleich sich durch den Besitz eines solch modernen Kommunikationsgeräts die Möglichkeit bietet, ständig und überall mit einer hohen Anzahl an sozialen Interaktionspartnern verbunden zu sein, scheinen physisch stattfindende soziale Interaktionen im Hier und Jetzt darunter zu leiden. Anzumerken ist, dass es sich hierbei um einzelne Ergebnisse in Hinblick auf eine sehr spezifische Kommunikationssituation handelt. Dennoch deuten die Resultate auf eine entscheidende Rolle von Mobiltelefonen in Hinblick auf die Qualität der Beziehung zweier Interaktionspartner hin. Wenn man zudem berücksichtigt, dass die Studienergebnisse aus Zeiten stammen, in denen ein nicht einmal annähernd so hochfrequentierten Zugriff auf soziale Medien gegeben war, ergeben sich folgende Fragen: Wie würden Ergebnisse einer ähnlichen Studie heutzutage aussehen? Würde sich ein solcher Effekt in Zeiten, in denen man nicht nur WhatsApp Nachrichten, sondern auch direkte Nachrichten über Instagram und Facebook austauschen und ebenso über das Internet telefonieren kann, noch extremer äußern? Oder sind Menschen mittlerweile vielleicht sogar abgestumpft und empfinden das Vorhandensein eines Mobiltelefons gar nicht mehr so einschneidend? Zukünftige Studien könnten sich der Untersuchung dieser Fragestellungen systematisch nähern und den Effekt bei verschiedenen modernen Kommunikationsgeräten explorieren.

Insgesamt wird bei einem Blick in die bisherige Literatur deutlich, dass Smartphones, als Mittel ständiger Verbundenheit, im Rahmen physisch stattfindender zwischenmenschlicher Interaktionen einen negativen Einfluss auf diese haben können. Zusammenfassend scheinen physisch stattfindende, zwischenmenschliche Interaktionen ein Bereich zu sein, der recht einfach durch die ständige Verbundenheit mittels moderner Kommunikationsgeräte beeinträchtigt werden kann. Es ist daher von Bedeutung, ein besonderes Augenmerk auf diese Interaktionen zu legen. Ebenso gilt es in Bezug auf die Nutzung solcher Kommunikationsgeräte während physischer zwischenmenschlicher Interaktionen zu reflektieren. Denn soziale Kontakte, die im Hier und Jetzt stattfindenden, sollten langfristig nicht durch ständige Verbundenheit auf digitalem Wege ersetzt werden.

4.2.2 Von der ständigen Verbundenheit zur ständigen Angst etwas zu verpassen

Über den persönlichen Austausch durch Nachrichten und Anrufe hinaus bietet sich heutzutage die Möglichkeit durch zahlreiche soziale Medien wie Instagram, Facebook und Twitter das Leben von Personen zu beobachten, in das man unter normalen Umständen keinen Einblick erhalten würde. Man kann fast im Sekundentakt verfolgen wo sich Mitmenschen befinden, mit wem sie sich treffen und was sie trinken oder essen. All dies wird meistens von seiner Schokoladenseite präsentiert. Unschöne Einblicke oder Erlebnisse werden verschwiegen. Während sich somit die einmalige Chance ergibt, Erlebnisse der Liebsten hautnah mitzuerleben und eigene Erlebnisse wiederum zu teilen, kann dies auch negative Auswirkungen haben.

Wer kennt es nicht?
Am Strand prallt die Sonne auf die Haut, man hört das Meeresrauschen und es weht ein kühler Wind, der zur perfekten Temperatur beiträgt. Das Lieblingsbuch und der Eiskaffee stehen bereit und lassen nichts mehr zu wünschen übrig – eigentlich. Hätte man nicht noch kurz einen Blick auf Instagram geworfen. Die besten Freunde sind gemeinsam am Feiern. Eigentlich ist das nichts Besonderes, ein Samstagabend, wie jeder andere auch. Aber trotzdem wird man plötzlich das Gefühl nicht los, dass sie ausgerechnet heute bestimmt ganz viel Spaß haben und es ein ganz besonderer Abend wird. Und man selbst ist gerade dann nicht dabei.

> Der eigene Urlaub spielt in diesem Moment fast keine Rolle mehr – man hat einfach nur Angst, etwas zu verpassen!

Durch die modernen Kommunikationsgeräte und sozialen Medien sind Nutzer häufig zwischen zwei oder mehreren Welten gefangen. Sie sind physisch da, aber gleichzeitig digital an einem anderen Ort, und haben dadurch zunehmend Angst etwas zu verpassen. Wissenschaftler sprechen in diesem Zusammenhang von *Fear of Missing Out* (FOMO; dt., Angst, etwas zu verpassen). FOMO stellt per se kein neues Phänomen dar. Menschen sind seit jeher bestrebt über Geschehnisse der eigenen Umwelt und Erfahrungen der Mitmenschen informiert zu sein (Corcoran & Crusius, 2016).

Aber durch die ständige Verbundenheit und somit Verfügbarkeit von Informationen über die Handlungen und Aktivitäten anderer im Rahmen sozialer Medien und allgemein moderner Kommunikationsmedien gilt dem Phänomen zunehmendes Forschungsinteresse, unter anderem im Bereich der Mensch-Technik Interaktion. In diesem Zusammenhang definierten Przybylski und Weinstein (2013) FOMO als Annahme, dass andere Personen belohnende Erlebnisse haben könnten, von denen man selbst abwesend ist. Laut den Autoren resultiert daraus das Bedürfnis, ständig mit den Aktivitäten anderer verbunden zu sein (Przybylski & Weinstein 2013). In Bezug auf mögliche Ursachen von FOMO fanden die Autoren heraus, dass Defizite in der psychologischen Bedürfnisbefriedigung, in Anlehnung an die Self-Determination Theorie von Ryan und Deci (2000), mit dem Erleben von FOMO korrelierten. Waren die Bedürfnisse der Probanden nach Kompetenz, Autonomie und Verbundenheit weniger erfüllt, so erlebten diese eher FOMO. Ebenso zeigte sich in einer Studie von Beyens et al. (2016), dass FOMO positiv mit den Bedürfnissen nach Verbundenheit und Popularität zusammenhing.

Darüber hinaus implizieren Studienergebnisse, dass FOMO und die Nutzung von Kommunikationstechnologien Teilaspekte einer Art Teufelskreis sind (Alt, 2015; Beyens, et al., 2016; Przybylski & Weinstein, 2013). Eine erhöhte individuelle Tendenz, FOMO zu erleben, scheint die Nutzung von Kommunikationstechnologien zu verstärken (Alt, 2015; Beyens et al., 2016; Przybylski & Weinstein, 2013). Ebenso scheint die verstärkte Nutzung von solchen Kommunikationstechnologien das Erleben von FOMO wiederum zu steigern. Laut Studien stellt FOMO sogar einen Prädiktor für Smartphone-Sucht dar (Elhai et al., 2016). Ähnliche Ergebnisse zeigten sich in der Längsschnittstudie von Buglass et al. (2017). Dabei stellte sich heraus, dass eine vermehrte Nutzung von sozialen Netzwerken zu erhöhtem FOMO und zu geringerem Selbstwert führte. In ihrer Studie explorierten die Autoren ebenso die Rolle von weiteren individuellen Faktoren neben der Nutzung von Kommunikationstechnologien für die Entstehung von FOMO. Es zeigte sich, dass verminderter Selbstwert sowie eine erhöhte Nutzung von sozialen Netzwerken ein verstärktes Erleben von FOMO voraussagten (Buglass et al., 2017).

Durch die vermehrte Nutzung moderner Kommunikationstechnologien im professionellen Rahmen rückt FOMO auch im Arbeitskontext zunehmend in das Forschungsinteresse. In diesem Zusammenhang führten Mesnaric und Diefenbach (2018) eine qualitative Erhebung durch. Dabei gingen sie der Frage nach, inwiefern FOMO im Arbeitskontext erlebt wird. Zudem untersuchten sie, welche Faktoren die

Entstehung von FOMO im Arbeitskontext beeinflussen und welche Auswirkungen »Work FOMO« auf das psychosoziale Befinden von Beschäftigten hat. Letztlich setzten sie sich ebenso mit der Frage auseinander, welche Interventionsmöglichkeiten diesbezüglich für Individuen und Organisationen umsetzbar sind.

Im Rahmen der Studie wurden mit 13 Probanden (46% männlich; 54% weiblich), die im Durchschnitt 35 Jahre alt waren, teilstrukturierte Interviews durchgeführt. Die Teilnehmer waren in unterschiedlichen Branchen sowie Unternehmensbereichen tätig und hatten unterschiedliche Positionen inne. Es wurden sechs Führungskräfte (46%) und sieben Mitarbeiter (54%) befragt, deren Beschäftigungsdauer in ihrer aktuellen Position im Schnitt zwei Jahre betrug. Die Interviews waren inhaltlich nach oben genannten Fragestellungen strukturiert und nach der *Critical Incident Technique* nach Flanagan (1954) aufgebaut. Entsprechend dieser Technik wurden die Interviewpartner in der vorliegenden Studie aufgefordert, eine Situation zu schildern, in der FOMO besonders stark bzw. gar nicht erlebt wurde. Dabei sollten die Probanden die Situation und dabei wahrgenommene Kognitionen, Emotionen sowie gezeigtes Verhalten und die allgemeine Wirkung des Erlebten möglichst konkret beschreiben.

Basierend auf den Analysen zeigte sich, dass FOMO als Phänomen auch im Arbeitskontext vorkommen kann. Auf Grundlage der qualitativen Analysen definierten die Autoren Work FOMO als »die Besorgnis, Informationen, Gelegenheiten oder Zusammenkünfte zu verpassen, die für die eigene Karriere, das Sozialleben oder Image förderlich bzw. schädlich sein könnten und somit einen Mangel der wahrgenommenen Kontrolle« (Mesnaric & Diefenbach, 2018, p. 41). Laut den Ergebnissen gaben 54% der Befragten auf einer Skala von 1 bis 5 an, Work FOMO ziemlich (3.5) bis stark (5.0) zu erleben. Dabei wurde unter anderem deutlich, dass FOMO sich im Arbeitskontext auf die Ebenen der Karriere, des Soziallebens und des eigenen Images aufteilt. Interessant war in diesem Zusammenhang außerdem, dass die Befragten die Sorge hatten, Gelegenheiten oder Situationen im Arbeitskontext zu verpassen, in denen Beteiligung, Einfluss und Kontrolle auf den drei identifizierten Ebenen ausgeübt werden könnte. Sie hatten also nicht nur Sorge, Informationen zu verpassen, sondern viel mehr die Möglichkeit zu handeln, zu beeinflussen und zu kontrollieren.

Außerdem kristallisierten sich externale sowie internale Einflussfaktoren heraus, die FOMO basierend auf den Aussagen der Probanden begünstigten. Zu den äußeren Einflussfaktoren zählten vor allem die Unternehmenskultur und Technologienutzung. Bezüglich der Unternehmenskultur schilderten fast alle Befragten eine implizite oder explizite Erwartungshaltung des Unternehmens, d.h. der Kollegen oder Vorgesetzten, ständig erreichbar zu sein, welches ein Gefühl von Work FOMO bedinge bzw. verstärke. Die Technologienutzung wurde gleichzeitig auch als direkte verhaltensbezogene Auswirkung des Empfindens von Work FOMO genannt. Dies steht im Einklang mit vorherigen Befunden, die darauf hinweisen, dass Work FOMO und verstärkte Technologienutzung Komponenten eines Teufelskreises bilden (Alt, 2015; Beyens et al., 2016; Przybylski & Weinstein, 2013).

Als internale Einflussfaktoren von FOMO konnte die Befriedigung der menschlichen Bedürfnisse nach Kompetenz, Autonomie, Verbundenheit und Popularität identifiziert werden. Die Bedürfnisse nach Kompetenz, Autonomie und

Verbundenheit erklären laut Self-Determination Theory, als populärer Ansatz in der Psychologie, warum Menschen in bestimmter Weise handeln (Ryan & Deci, 2000). Das Bedürfnis nach Popularität wird im Rahmen verwandter Ansätze ebenfalls als grundlegendes Bedürfnis betrachtet (Diefenbach et al., 2014; Sheldon et al., 2001) und konnte ebenso als starker Prädiktor für die Nutzung sozialer Netzwerke identifiziert werden (Utz et al., 2012). Den Studienergebnissen zufolge scheinen diese Bedürfnisse zentrale Beweggründe zu sein, warum Menschen im Rahmen ihrer Arbeit Sorge haben, etwas zu verpassen. Darüber hinaus schien ein reduziertes Vertrauen in die Kompetenz der anderen (z. B. Mitarbeiter, Kollegen) und damit die Überzeugung, man selbst sei unersetzlich, Work FOMO positiv zu beeinflussen. Laut Autoren könnten dafür sowohl interindividuelle Unterschiede in der Neigung anderen zu vertrauen als auch bisherige Erfahrungen ursächlich sein (Mesnaric & Diefenbach, 2018).

In Hinblick auf die Auswirkungen von FOMO schien, basierend auf den Interviews, das Erleben von Work FOMO mit einer erhöhten psychosozialen Belastung einherzugehen. So schilderten die Befragten überwiegend negative kurz- sowie langfristige Konsequenzen. Beispielsweise erwähnten sie, dass sie im Rahmen ihrer Freizeit schlechter abschalten können und dadurch im Privat- und Familienleben weniger präsent sind. Obwohl diese Ergebnisse keine kausalen Interpretationen erlauben, könnte laut den Autoren eine erhöhte Angst, arbeitsbezogene Inhalte zu verpassen, gepaart mit der vermehrten Nutzung von arbeitsbezogenen Kommunikationstechnologien, dazu führen, dass man erweitert erreichbar, d. h., verfügbar für Arbeitsbelange über die Arbeitsdomäne hinaus, bleibt und sich in seiner eigentlichen Freizeit kognitiv und emotional weiter mir der eigenen Arbeit beschäftigt. Darunter könnte dann wiederum das Privatleben sowie ein allgemeiner Erholungseffekt leiden.

Obwohl es sich in dieser Studie um erste Einsichten zu den Phänomen FOMO im Arbeitskontext auf Basis einer nur kleinen Stichprobe handelt, deuten die Resultate daraufhin, dass FOMO in Zeiten der ständigen Verbundenheit auch im professionellen Kontext eine Rolle spielt. Dabei scheint das Erleben von FOMO im Arbeitskontext mit einer erhöhten Techniknutzung außerhalb der Arbeitszeit sowie einer reduzierten Zufriedenheit in Hinblick auf die Balance zwischen Arbeit und Freizeit einherzugehen. FOMO im Arbeitskontext kann also wiederum das Verhalten von Mitarbeitern, ständig verbunden zu sein, fördern. Solche Einsichten unterstreichen die Komplexität des Phänomens der ständigen Verbundenheit bzw. Erreichbarkeit des digitalen Zeitalters. Sie veranschaulichen darüber hinaus, warum es nicht so leicht ist, einfach abzuschalten. Entsprechend verdeutlichen solche Ergebnisse aber auch die Notwendigkeit des Bewusstseins über die erforschten Zusammenhänge und eines reflektierten Umgangs diesbezüglich sowohl auf Seiten der Arbeitnehmer als auch der Arbeitgeber. Unter anderem kann durch eine gesundheitsförderliche Unternehmenskultur den negativen Auswirkungen der ständigen Verbundenheit und Erreichbarkeit durch moderne Kommunikationsmedien vorgebeugt werden.

4.2.3 Die angeblich dazugewonnene Autonomie

Betrachtet man die bisher diskutierten Beeinträchtigungen in Bezug auf sozialen Beziehungen sowie die ständige Angst, etwas in privaten und beruflichen Kontext zu verpassen, werden die einschneidenden Herausforderungen der ständigen Verbundenheit durch moderne Kommunikationstechnologien recht eindeutig. Dennoch überwiegt häufig die Wahrnehmung, man sei heutzutage freier, unabhängiger. Die ständige Verbundenheit bietet schließlich die Möglichkeit, örtlich und zeitlich flexibler zu sein. Man kann den Laptop jederzeit aufklappen und dringende Mails auch mit dem Smartphone unterwegs beantworten. So berichten Probanden der Interviewstudie von Mazmanian et al. (2013) von einem zunehmenden Gefühl an zeitlicher und physischer Flexibilität bedingt durch mobile E-Mail-Geräte. Ähnlich empfanden Probanden, die Aufgaben anderer koordinieren oder leiten mussten, dass mobile E-Mail-Geräte sie dabei unterstützten, an Projekten teilzunehmen, wenn sie nicht im Büro waren. Es stellt sich jedoch die Frage, inwiefern diese angeblich dazugewonnene Freiheit auch beeinträchtigend wirken kann, gerade weil man ständig und überall verbunden und somit häufig auch erreichbar ist.

Mazmanian und Kollegen (2013) fokussieren in ihrer Forschung genau dieses Spannungsfeld. Sie argumentieren, dass die wahrgenommene Freiheit, jederzeit und von jedem Ort arbeiten zu können, zwar die Wahrnehmung der eigenen Autonomie fördern kann, diese aber tatsächlich praktisch einschränkt. Die Autoren bezeichnen dieses Phänomen als Autonomy Paradox (dt., Autonomie Paradox). In ihrer Forschung zum Autonomy Paradox untersuchten Mazmanian und Kollegen (2013) konkret die Frage, wie Fachkräfte mobile E-Mail-Geräte für ihre Arbeit nutzen, sowie die Implikationen dieser Nutzung für die Autonomie der Fachkräfte in Bezug auf Ort, Zeit und Leistung ihrer Arbeit.

In diesem Sinne führten die Autoren mehrere Interviews mit 48 Fachkräften (75 % männlich, 25 % weiblich) durch. Dabei ging es hauptsächlich darum, alltägliche Arbeitstätigkeiten der Fachkräfte sowie ihr Erleben bei der Nutzung mobiler E-Mail-Geräte zu verstehen.

Die Autoren fanden, dass Fachkräfte, die ihre mobilen Geräte zum Managen ihrer Kommunikation nutzen, nach der Norm der ständigen Verbundenheit sowie Erreichbarkeit handelten. Diese Norm brachte laut Ergebnissen eine Vielzahl von widersprüchlichen Folgen mit sich. Obwohl die individuelle Nutzung dieser mobilen Geräte den Fachkräften kurzfristig Flexibilität, geistigen Frieden und Kontrolle über Interaktionen ermöglichte, intensivierte sie auch kollektive Erwartungen an deren Erreichbarkeit, die ihr Engagement erhöhte und damit die Fähigkeit, von ihrer Arbeit abzuschalten, beeinträchtigte. Die Möglichkeit, mobile E-Mail-Geräte zu jeder Zeit und an jedem Ort nutzen zu können, die als Nachweis persönlicher Autonomie bezeichnet wurde, resultierte darin, dass diese Geräte ständig und überall genutzt wurden, was die Autonomie der Fachkräfte praktisch verringerte.

In Anlehnung an das *Autonomy Paradox* (Mazmanian et al., 2013) führten Pischel und Kollegen (2018) eine Studie durch, in der sie Möglichkeiten explorierten, negativen Effekten der arbeitsbezogenen Technologienutzung außerhalb der Arbeitszeit entgegenzuwirken.

In diesem Sinne führten die Autoren vorab, innerhalb einer qualitativen Voruntersuchung, semistrukturierte Interviews mit 18 Probanden durch. Inhaltlich wurden im Rahmen der 30- bis 60-minütigen Interviews Arbeitsbedingungen, Kommunikationskanäle, Grenzüberschreitung, Organisationseinschränkungen, Grenzdefinition, Häufigkeit der Technologienutzung, Loslösung (von der Arbeit), Work-Home-Segmentierung, Kontrolle, Erholung und Stressoren bei der Arbeit thematisiert. Einsichten aus den Interviews wiesen auf die Existenz eines Autonomy Paradox bei den Probanden hin. Beispielsweise berichteten Probanden, dass »eine Abhängigkeit immer erreichbar zu sein oder etwas zu verpassen« entstehe. »Es fühlt sich nicht gut an, wenn ich mich emotional/mental nicht von der Arbeit lösen kann.«, gab eine Person weiterhin in Hinblick auf die Erholung von der Arbeit an. In Bezug auf Strategien zur Definition von Grenzen zwischen arbeitsbezogenen und nicht-arbeitsbezogenen Bereichen berichtete eine Person: »Nach der Arbeit schalte ich mein Diensthandy aus.«.

Basierend auf einer vorausgegangen Literaturanalyse sowie den Einsichten der Interview-Studie entwickelten die Autoren im Folgenden ein Programm mit individuell anpassbaren Richtlinien zur Bekämpfung der negativen Konsequenzen des Autonomy Paradox. Hier ergaben sich vier thematische Bereiche als zentrale Bausteine für die Ableitung dieser Richtlinien. Dazu zählte die Frequenz der Technologienutzung sowie das Erholungserlebnis, bestehend aus den Komponenten Entspannung, Erfolgserfahrung, Kontrolle und Loslösung (Sonnentag & Fritz, 2007). Als weiterer zentraler Bereich wurde die Grenzdefinition bestimmt, d. h., der Grad, in dem Rollen von Personen in verschiedenen Lebensbereichen integriert oder segmentiert werden (Olson-Buchanan & Boswell, 2006). Während eine hohe Rollenintegration die Abwesenheit der Trennung zwischen Privatem und Arbeit impliziert, bedeutet eine hohe Rollensegmentierung eine klare Trennung zwischen den Bereichen (Ashforth et al., 2000). Als letzter Bereich ergab sich das Wohlbefinden, als subjektive Einschätzung der eigenen Lebensqualität (Diener et al., 1985). Die individuell anpassbaren Richtlinien sollten das Bewusstsein für arbeitsbezogene Technologienutzung in der Freizeit steigern und Nutzer für einen verantwortungsvolleren Umgang sensibilisieren. Darüber hinaus sollten diese dabei unterstützen, ein Erholungserlebnis nach der Arbeit zu schaffen, die Frequenz der Technologienutzung zu reduzieren, Grenzen zwischen Arbeits- und Freizeit zu schaffen und trotz der arbeitsbezogenen Erwartungen und Anforderungen auf das eigene Wohlbefinden zu achten.

31 Studienteilnehmer (55% weiblich, 45% männlich), die im Mittel 36 Jahre alt waren, wurden am Anfang der Studie gebeten, einen Fragebogen auszufüllen, indem ihnen Fragen zu den oben genannten Themenbereichen gestellt wurden. Darüber hinaus erhielten die Probanden Anleitungen zum Erstellen ihrer individuell angepassten Richtlinien (▶ Tab. 4.1). Diese konnten dann ausgedruckt oder digital heruntergeladen werden. Empfohlen wurde ihnen, die Richtlinien doppelt auszudrucken, um diese bei einer klar sichtbaren Stelle bei der Arbeit sowie zuhause aufzuhängen. In den folgenden zwei Wochen sollten die Teilnehmer diese Richtlinien nutzen, ohne jedoch diesbezüglich aktiv handeln zu müssen. Im Anschluss an die zwei Wochen wurden erneut die relevanten Maße erhoben.

Tab. 4.1: Individualisierbare Richtlinien als Interventionsmaßnahme gegen negative Auswirkungen des Autonomy Paradox (Pischel et al., 2018)

Bereich	Inhalt
mein idealer Arbeitstag	Anpassung Zeitverteilung Ist- & Wunsch-Zustand
meine Präferenz	Arbeit UND/ODER Freizeit: meine Umsetzungsidee
meine Priorität	(weniger) dringliche arbeitsbezogene Aufgaben
meine After-Work-Erholung	alltägliche Aktivität, die mich entspannt
meine Frei(e) Zeit	mein Zeitfenster für Erholung
meine Grenzen – mein Schutz	während dieser Zeit arbeite ich nicht mehr
meine Technologienutzung	negative Auswirkungen reduzieren
meine eigenen Entscheidungen	Ich selbst kann entscheiden, wie, wann und wie häufig ich mit Hilfe von Technologien außerhalb meiner offiziellen Arbeitszeit / in meiner freien Zeit Arbeitsaufgaben erledige.
mein persönlicher Leitsatz	meine Erinnerung in stressigen Situationen
mein Ziel	mein (künftiger) achtsamer Umgang mit Technologien

Gemäß den Annahmen der Autoren zeigte sich ein positiver Zusammenhang zwischen dem Erholungserlebnis und dem Wohlbefinden der Teilnehmer. Je stärker das Erholungserlebnis der Teilnehmer war, umso positiver fiel ihr Wohlbefinden aus. Darüber hinaus korrelierte das Schaffen von Grenzen positiv mit dem Erholungserlebnis. Je eher sich Personen Grenzen zwischen arbeitsbezogenen und nicht-arbeitsbezogenen Bereichen schafften, umso stärker fiel das Erholungserlebnis aus. Weiterhin fanden die Autoren, dass die Nutzung der Richtlinien, die dabei unterstützen sollten, Grenzen zwischen arbeitsbezogenen und nicht-arbeitsbezogenen Bereichen zu setzen, tatsächlich signifikant positiv mit der Schaffung solcher Grenzen zusammenhing. Allerdings hing die Nutzung dieser Richtlinien nicht direkt mit dem Erholungserlebnis zusammen. Dieser Zusammenhang wurde aber über die Schaffung der genannten Grenzen vermittelt. Indem das Schaffen dieser Grenzen also durch die Nutzung der Richtlinien gefördert wurde, konnte auch das Erholungserlebnis positiv beeinflusst werden. Diese Ergebnisse sind jedoch mit Vorsicht zu betrachten, zumal Interpretationen von kausalen Zusammenhängen basierend auf den angewandten statistischen Analysen nicht zulässig sind. Wider Erwarten ließ sich kein Zusammenhang zwischen der Häufigkeit von Technologienutzung und des Erholungserlebnisses finden. Insgesamt scheinen laut den Autoren die Ermutigung zum verantwortungsvollen Umgang mit Technik sowie das Vermitteln von Strategien zur Definition persönlicher Grenzen zentraler für das

Erholungserlebnis und das Wohlbefinden der Mitarbeiter zu sein als die Reduktion der Frequenz der Technologienutzung.

Basierend auf den Einsichten von Mazmanian und Kollegen (2013) kann also die Möglichkeit, mobile E-Mail-Geräte zu jeder Zeit und an jedem Ort nutzen zu können, ein Gefühl von persönlicher Autonomie suggerieren. Praktisch wird laut den Ergebnissen die Autonomie jedoch eingeschränkt, gerade weil Endgeräte ständig und überall genutzt werden. Ein scheinbarer Vorteil des digitalen Zeitalters und der Möglichkeit, ständig und überall verbunden zu sein, kann demnach zum verheerenden Nachteil werden.

Dennoch scheinen recht einfache Mittel, wie persönliche Richtlinien die Schaffung von Grenzen zwischen arbeitsbezogenen und nicht-arbeitsbezogenen Bereichen zu fördern. Dadurch kann wiederum das Erholungserlebnis des Einzelnen und somit auch das Wohlbefinden positiv beeinflusst werden. Entsprechend lässt sich eventuell ein recht positives Fazit ziehen, indem innerhalb des Arbeitskontexts eine tatsächliche Reduktion der Nutzung von modernen Kommunikationstechnologien gar nicht zwingend nötig oder gar effektiv für das Steigern des Wohlbefindens der Mitarbeiter ist. Vielmehr scheint ein verantwortungsvoller Umgang mit diesen, beispielsweise durch Richtlinien, die klare Grenzen zwischen Arbeit und Freizeit unterstützen, zentral zu sein, um ein Erholungserlebnis der Mitarbeiter zu fördern. Ähnlich wie in Hinblick auf das Phänomen FOMO im Arbeitskontext, scheint durch entsprechende Maßnahmen auf individueller Ebene aber auch im Rahmen der jeweiligen Organisation eine Förderung des Wohlbefindens bei gleichzeitig hohen Ansprüchen der Zeiten ständiger Verbundenheit vereinbar zu sein.

4.2.4 Eine neue Form des Alleinseins

Mit zunehmender Präsenz interaktiver Technologien und der damit einhergehenden Möglichkeit, ständig verbunden zu sein, neigen Menschen auch dazu, in Zeiten des Alleinseins immer wieder zu diesen zu greifen. Dadurch lenken sie sich ab, vermeiden Langeweile und haben manchmal sogar das Gefühl, die Zeit *sinnvoll* genutzt zu haben.

In diesem Zusammenhang führten Diefenbach und Borrmann (2019) eine empirische Studie durch, welche die spezifische Situation der Smartphone-Nutzung in Momenten des Alleinseins sowie diesbezügliche Einflussfaktoren und Konsequenzen fokussierte. Die Autoren bezogen sich dabei auf die Hypothese des Smartphones als »Erwachsenenschnuller« (Melumad & Pham, 2017) und explorierten, inwiefern ein Smartphone als Bezugsobjekt mit dem Potenzial, negative Emotionen während des Alleinseins zu reduzieren, wahrgenommen wird. Ebenso untersuchten sie, inwiefern eine solche Wahrnehmung eine Rolle für die Nutzungsfrequenz des Smartphones während des Alleinseins spielte.

Die Ergebnisse zeigten, dass Personen mit einer geringeren Kapazität zum Alleinsein, d. h. die Fähigkeit, von anderen getrennt zu sein, ohne impulsiv zu handeln oder negative Emotionen zu empfinden (Larson, 1990), einem ausgeprägteren Bedürfnis nach Zugehörigkeit sowie einer ausgeprägten Neigung zur Langeweile, eine höhere Frequenz der Smartphone-Nutzung während des Alleinseins berichteten.

Diese Einsichten sind vereinbar mit weiteren Studienergebnissen, die einen positiven Zusammenhang zwischen dem Bedürfnis nach Zugehörigkeit (Kim et al., 2016), der Neigung zur Langeweile (Lepp et al., 2015; Matic et al., 2015) sowie der Kapazität zum Alleinsein (Braun, 2016) und der Smartphone Nutzung allgemein unterstützen. Laut Diefenbach und Borrmann (2019) könnte eine mögliche Erklärung hierfür sein, dass Personen, die während des Alleinseins eher zu negativen Emotionen neigen, mit größerer Wahrscheinlichkeit dabei ihr Smartphone nutzen werden.

Weiterhin zeigte sich, dass neben den drei genannten Persönlichkeitsdispositionen auch die Wahrnehmung des Smartphones als Bezugsobjekt positiv mit der Smartphone-Nutzung während des Alleinseins zusammenhing. Wie von den Autoren angenommen, mediierte diese Wahrnehmung außerdem die Beziehung zwischen der Smartphone-Nutzung während des Alleinseins und dem Bedürfnis nach Zugehörigkeit sowie der Neigung zur Langeweile. Das heißt, Personen, die sich in Zeiten des Alleinseins einsam oder gelangweilt fühlten, wandten sich ihrem Smartphone zu, weil sie glaubten, dass dieses sie beruhigen würde – ähnlich wie ein Schnuller. Dementsprechend nimmt laut den Studienergebnissen mit der Wahrnehmung des Smartphones als Bezugsobjekt auch die Nutzung des Smartphones in Zeiten des Alleinseins zu. Personen, die diese Wahrnehmung nicht haben, könnten sich in Zeiten des Alleinseins möglicherweise auch anderen Gegenständen oder Aktivitäten zuwenden (Diefenbach & Borrmann, 2019).

Im Hinblick auf mögliche Konsequenzen der Smartphone-Nutzung während des Alleinseins zeigte sich zwar kein Zusammenhang mit Selbstreflexion, jedoch ein negativer Zusammenhang mit Selbsteinsicht. Demnach ging eine höhere Nutzung des Smartphones mit einer geringeren Selbsteinsicht einher. Eine mögliche Erklärung dafür könnte laut den Autoren darin bestehen, dass Personen, die während der Smartphone-Nutzung reflektierten, zu oberflächlicheren Ergebnissen kamen, möglicherweise bedingt durch Störfaktoren wie zum Beispiel derweil eingehende Nachrichten.

Die Ergebnisse von Diefenbach und Borrmann (2019) deuten darauf hin, dass das Smartphone eine beruhigende Rolle im Umgang mit negativen Emotionen in Momenten des Alleinseins einnehmen kann. Ob diese Beruhigung tatsächlich stattfindet, bleibt aufgrund des antizipativen Charakters der Studie unklar. Zudem korrelierte die Smartphone-Nutzung negativ mit Selbsteinsicht, möglicherweise indem es intensive innere Debatten oder die Selbstentfaltung in Zeiten des Alleinseins verminderte. Aufgrund des Querschnittscharakters der Studie lassen sich allerdings keine kausalen Schlüsse in Hinblick auf die einzelnen Zusammenhänge ziehen. Ebenso ist anzumerken, dass im Rahmen dieser Studie keine anderen modernen Kommunikationsgeräte berücksichtigt wurden, durch die die Nutzer auch ständig mit anderen Personen kommunizieren sowie Informationen abrufen können.

Zusammenfassend lässt sich sagen, dass sich Personen durch die Nutzung eines Smartphones in Zeiten des Alleinseins basierend auf den Ergebnissen einen positiven Effekt erhoffen. Langfristig könnte diese Art der Smartphone-Nutzung jedoch einschneidende Konsequenzen auf individueller Ebene mit sich bringen, falls eine tiefgründige Selbstreflexion durch das Smartphone als »Schnuller« ständig gehemmt würde.

Aufbauend auf den Einsichten von Diefenbach und Borrmann (2019) befragten Thomas und Kollegen (2021) anhand der Experience Sampling Methode (ESM) 69 Studenten. In dieser Studie stellte sich heraus, dass die Probanden positiver gestimmt waren, wenn sie in Zeiten des Alleinseins ihre Kommunikationsgeräte nutzten im Vergleich zu der entsprechenden Situation ohne ihre Geräte zu nutzen. Das war insbesondere dann der Fall, wenn sie allein waren, jedoch lieber in Gesellschaft gewesen wären. In Hinblick auf diesen Zusammenhang lassen sich ebenso keine kausalen Schlüsse ziehen. Es ist denkbar, dass die Nutzung sozialer Medien die Stimmung positiv beeinflusste als auch die Stimmung die Nutzung sozialer Medien bedingte. Allerdings wurde der Zusammenhang zwischen der Nutzung sozialer Medien und der Stimmung nur beobachtet, wenn die Probanden allein waren, jedoch lieber von anderen Menschen umgeben gewesen wären. Die Nutzung sozialer Medien kann somit für viele als Mittel gedient haben, in Zeiten des ungewollten Alleinseins die eigene Stimmung zu heben. Insgesamt kann zwar ggf. die individuelle Stimmung durch die Nutzung sozialer Medien in Zeiten des Alleinseins verbessert werden, jedoch kann die chronische Nutzung von digitalen Kommunikationsmöglichkeiten, während man allein ist, zentrale Prozesse der Persönlichkeits- oder Identitätsentwicklung durch z. B. geringere Möglichkeiten zur Selbsteinsicht unter Umständen sogar hemmen (Thomas et al., 2021).

Exkurs: ESM in der *Human-Computer Interaction* (HCI; dt., Mensch-Computer Interaktion) Forschung

Die Methode des Experience Sampling bezeichnet eine Methode um Informationen über den Kontext sowie den Inhalt des alltäglichen Lebens von Individuen zu erheben.

Obwohl andere Methoden ebenso dieses Ziel verfolgen, bietet ESM die Möglichkeit, das alltägliche Leben so zu erfassen, wie es in dem entsprechenden Moment wahrgenommen wird. Somit wird Forschern die einzigartige Möglichkeit geboten, die Zusammenhänge zwischen Inhalt und Kontext zu explorieren. Die Unmittelbarkeit wird dabei erreicht, indem Individuen gebeten werden, jeden Tag innerhalb einer gewöhnlichen Woche zu willkürlichen Tageszeiten schriftliche Antworten auf offene sowie geschlossene Fragen zu geben. Während diese Fragen je nach Forschungsinteresse frei gestaltbar sind, beziehen sie sich häufig auf den physischen (Ort, Tageszeit) und sozialen Kontext (Anzahl und Beschreibung anderer an einem Erlebnis beteiligten Personen), sowie Aktivitäten, Gedanken, Gefühle oder kognitive sowie motivationale Selbsteinschätzungen.

Im Vergleich zu anderen Methoden der Datenerhebung, wie beispielsweise der Verhaltensbeobachtung, bei der die Beobachtung sich hauptsächlich auf die Aktivitäten der Individuen sowie den Kontext, indem diese stattfinden, bezieht, wird im Rahmen der ESM zusätzlich die kognitiv-affektive Komponente berücksichtigt und somit erhoben, wie Individuen bestimmte Situationen erleben.

Eine zentrale Herausforderung bei der ESM stellt der aktive Eingriff in das Leben der Probanden dar. Folglich besteht dabei die Gefahr einer Verzerrung durch Selbstselektion durch die Teilnehmer sowie eines selektiven Antwortausfalls (Mulligan et al., 2000; Zuzanek, 2000). Ebenso geht diese Methode der Datenerhebung mit einem hohen finanziellen Aufwand einher.

ESM wird im Rahmen der HCI sowie HRI Forschung zunehmend eingesetzt, da sie eine Möglichkeit darstellt, tägliches Erleben im Hinblick auf die Interaktion mit interaktiven Technologien valide abzubilden. Mit der zunehmend zentralen Rolle dieser Technologien in unserem Alltag sowie der zunehmenden Dialogfähigkeit dieser ist der Einfluss auf das Erleben der Menschen von hoher Relevanz. Dabei interessieren auch zunehmend Zusammenhänge der Nutzung von Technologien und des psychologischen Wohlbefindens sowie essenziellen menschlichen Bedürfnissen, unter anderem das Bedürfnis der Zugehörigkeit (z. B., Christoforakos et al., 2021; Krämer et al., 2018).

Insgesamt scheint die Möglichkeit der ständigen Verbundenheit, die heutzutage durch moderne Kommunikationsgeräte wie das Smartphone entsteht, dazu zu führen, dass Menschen weniger Zeit tatsächlich allein verbringen. Dabei laufen sie Gefahr, die positiven Auswirkungen des Alleinseins zu verpassen.

Denn Alleinsein kann laut Studien gerade im frühen Erwachsenenalter (18 bis 29 Jahre) konstruktive Effekte haben (vgl. Goossens & Marcoen, 1999; Long & Averill, 2003; Thomas & Azmitia, 2019). Die zentralen Einsichten im Hinblick auf Vorteile des Alleinseins betreffen Stimmungsregulation und Identitätsentwicklung. Beispielsweise zeigte sich, dass bei Jugendlichen die Stimmung während des Alleinseins zwar typischerweise niedriger ist als ihr Durchschnittslevel, jedoch im Anschluss wieder auf ein höheres als ihr gewöhnliches Level ansteigen kann. Solche Ergebnisse implizieren möglicherweise sogar einen verstärkenden Effekt des Alleinseins auf die Stimmung (Larson et al., 1982).

Positive Effekte dieser Art scheinen den Menschen jedoch nicht von Kindesbeinen an bewusst zu sein. Während Jugendliche auch Vorteile des Alleinseins erleben, geben sie dennoch an, sich einsamer und weniger glücklich zu fühlen, wenn sie allein sind, verglichen mit der Zeit, in der sie mit anderen interagieren (Larson, 1997). Im Kontrast dazu neigen junge Erwachsene eher dazu, mehr positive als negative Erfahrungen in Bezug auf das Alleinsein zu berichten (Long & Averill, 2003). Konkret deuten verschiedene Studien mit College-Schülern auf positive Zusammenhänge des Erlebens von Alleinsein mit Introspektion und Identitätsentwicklung (Goossens & Marcoen, 1999), Erfahrungen der Erleuchtung und Freiheit (Averill & Sundararajan, 2014) sowie zunehmender Selbsterkenntnis (Franzoi & Brewer, 1984) und psychologischem Wohlbefinden (Thomas & Azmitia, 2019) hin. Obwohl empirisch feststeht, dass Personen sogar selbst ab einem gewissen Alter Vorteile des Alleinseins wahrnehmen, kann man in Warteschlangen, in der U-Bahn oder in den schönsten Parkanlagen immer mehr Menschen beobachten, die mit ihrem Smartphone beschäftigt und ständig verbunden sind.

Einerseits ist es nachvollziehbar, dass in bestimmten Situationen fast »automatisch« zum Smartphone gegriffen wird. Durch seine Handhabbarkeit und Multifunktionalität stellt das Smartphone mittlerweile schließlich einen konstanten Begleiter dar. Als solcher ist es in verschiedenen Lebensbereichen, unter anderem in der Arbeit, in Beziehungen sowie eben auch in Zeiten des Alleinseins, immer in greifbarer Nähe. Nutzer haben uns daran gewöhnt und wollen die kurzen positiven Auswirkungen dessen, wie eine kurze Stimmungssteigerung, nicht missen.

Andererseits sprechen die erläuterten Studienergebnisse dafür, dass die Nutzung des Smartphones sowie sozialer Medien, während man allein ist, unter anderem die Selbsteinsicht hemmen können. Insbesondere für jüngere Erwachsene können solche Konsequenzen verheerend sein, zumal ihre Selbsteinsicht und somit Entwicklung ihrer Identität und Persönlichkeit weitreichende Auswirkungen in Hinblick auf ihr Privat- und Berufsleben haben können. Lohnt es sich also für einen Moment der guten Stimmung oder für kurzzeitig weniger Langeweile derartige Konsequenzen zu riskieren?

> Wie es der Zufall so will, findet, während ich dieses Kapitel verfasse, eine der größten Störungen der sozialen Medien WhatsApp, Instagram und Facebook statt.
> Dabei merke ich selbst, wie ich als Mensch, der eigentlich häufig über solche Themen reflektiert, immer unruhiger werde und bei jeder Schreibpause überprüfe, wann ich endlich wieder mit meinen Mitmenschen *verbunden* sein kann. Bestimmt wirkt gerade auch die Kraft der psychologischen Reaktanz auf mich ein. Die Tatsache, dass ich diese gewissen sozialen Medien nicht nutzen kann und mir dies von außen auferlegt wurde, gibt mir ein starkes Gefühl der Einschränkung, gegen das ich mich versuche zu wehren. Ich merke aber auch, dass das Alleinsein eine ganz neue Form annimmt. Es ist einsamer. Allerdings habe ich immer noch die Möglichkeit, zu telefonieren oder gewöhnliche Nachrichten und Emails zu schreiben. Mir wird jedoch klar, dass es mir eigentlich nicht wirklich darum geht, mich in diesem Moment mit meiner Familie und Freunden auszutauschen. Eigentlich hat es lediglich einen beruhigenden Effekt, in den Schreibpausen die sozialen Medien neu aufzurufen und ein paar Sekunden lang »hochzuwischen« – sich vielleicht ein wenig abzulenken. Und das geht gerade nicht! So fühlt es sich also an, wenn einem der Schnuller weggenommen wird. Es wird Zeit, ihn auch mal bewusst wegzulegen!

4.3 Interventionsmöglichkeiten

Obwohl die Herausforderungen, die durch ständige Verbundenheit für das allgemeine Wohlbefinden entstehen, recht offensichtlich sind, ist ein Entgegenwirken gar nicht so simpel. Einfach mal das Smartphone wegzulegen erscheint bei den heutigen privaten und beruflichen Verpflichtungen gar nicht erst möglich und würde sogar erneut Stress bedingen. Sowohl beruflich als auch privat wird von Menschen erwartet, dass sie ständig erreichbar sind. Es ist mittlerweile aber auch verständlich, dass Menschen jederzeit selbst in der Lage sein wollen, Mitmenschen zu kontaktieren und mit ihnen Informationen auszutauschen. Tatsächlich ist die Option, das Smartphone einfach wegzulegen bzw. über einen längeren Zeitraum aus- oder stummzuschalten, im Alltag wenig praktikabel. Hinzu kommt, dass man sich daran gewöhnt hat, und dieses auch in privaten Momenten des Alleinseins, wie zuvor erläutert, fast automatisch zückt, da es kurzzeitig positiver stimmen kann. Gezielte Interventionsstrategien, die in diesen Momenten unterstützen, auf die ständige Verbundenheit zu verzichten, könnten jedoch eine Veränderung anstoßen.

Zu diesem Zweck existieren bereits diverse Apps und Funktionen von Smartphones, die den Nutzern helfen sollen, die Nutzung des Smartphones bzw. allgemein sozialer Medien einzuschränken und stattdessen den Fokus verstärkt auf die direkte soziale Interaktion zu legen. Ebenso können altbewährte Praktiken der Achtsamkeit und ein durch Reflexionsmaßnahmen bewusster Umgang mit der Möglichkeit, ständig verbunden zu sein, unter anderem die verantwortungsvolle Nutzung der genannten Apps sowie das allgemeine Wohlbefinden fördern.

4.3.1 Moderne Maßnahmen

Eine konkretere Empfehlung als Gegenmaßnahme im Hinblick auf die Herausforderungen, die durch die ständige Verbundenheit entstehen, sind die sogenannten digitalen Pausen. Besonders häufig werden diesbezüglich die Begriffe *Digital-Detox* (dt., digitaler Entzug) oder auch *Digital-Minimalism* (dt., digitaler Minimalismus) verwendet. Auch wenn diese einen Schlagwort-Charakter aufweisen und hauptsächlich in Blogs, Selbsthilfe-Ratgebern oder sozialen Medien zu finden sind, ist die zugrunde liegende Idee keine verwerfliche. Allgemein handelt es sich bei diesen Konzepten um die Idee, eine bewusste Pause von digitalen Medien zu nehmen, indem man sich mit explizit nicht-digitalen Aufgaben in der physischen Welt auseinandersetzt.

Online lassen sich paradoxerweise auch zunehmend Apps finden, die solche digitalen Pausen unterstützen sollen. Die App »Forest« (SeekrTech Co., LTD., 2016) ist nur ein Beispiel. Diese App soll den Nutzer dabei unterstützen, die Nutzung des Smartphones einzuschränken, um sich dadurch besser konzentrieren zu können. Je länger der Nutzer das Smartphone nicht benutzt, umso mehr wächst der fiktive Wald, der auf dem Mobiltelefon abgebildet ist. Ähnlich handelt es sich bei der Funktion »iOS Screen Time« um eine Funktion der Software iOS von Apple, die überwacht, wie entsprechende Kommunikationsgeräte genutzt werden. Im Rahmen dieser wird dokumentiert, wie lange der Nutzer bestimmte App-Kategorien oder spezifische Apps genutzt hat und wie oft das Smartphone innerhalt einer bestimmten Zeit genutzt wurde. Im Prinzip können die Konzepte solcher Apps in Zeiten ständiger Verbundenheit durch moderne Kommunikationstechnologien tatsächlich förderlich für das allgemeine Wohlbefinden der Nutzer sein. Sie unterstreichen nämlich die Vernachlässigung direkter sozialer Interaktionen in der physischen Umgebung durch ständige digitale Kommunikation. In diesem Sinne zielen sie darauf ab, die Nutzer für ein bewusstes Gleichgewicht diesbezüglich zu sensibilisieren.

Doch funktionieren solche modernen Strategien des Digital-Detox? Bisherige Studien in diesem Zusammenhang deuten auf positive Effekte solcher Strategien hin. Beispielsweise scheinen unter anderem das Ausschalten von Benachrichtigungen und das Ausschalten von elektronischen Geräten zu einer bestimmten Tageszeit die Schlafqualität und -quantität sowie die Arbeitsproduktivität am folgenden Tag zu fördern (Lanaj et al., 2014). Weitere Studienergebnisse implizieren, dass die Nutzung von sogenannten Digital-Detox Apps, d. h., Apps, die den Nutzer dabei unterstützen sollen, seine Smartphone Zeit zu überwachen und zu limitieren, eventuellen negativen Auswirkungen sozialer Medien auf das Wohlbefinden Jugendlicher entgegenwirken kann (Schmuck, 2020). Darüber hinaus sprechen Studienresultate auch dafür, dass das Beantworten von Emails zu einer vorgesehenen Tageszeit den Stress während der Arbeit reduzieren kann (Kushlev & Dunn, 2015).

Weitere innovative Digital-Detox Konzepte, die sich im Netz finden lassen, gehen sogar einen Schritt weiter als die Einschränkung oder den Verzicht auf digitale Kommunikationsmöglichkeiten und substituieren diese quasi. Ein interessantes Beispiel dafür stellt das Konzept des »NoPhone« (vgl., Diefenbach & Ullrich, 2016) dar. Dabei handelt es sich um ein Stück Plastik, dass als rein physischer Ersatz für das Mobiltelefon dienen soll, jedoch tatsächlich keine Funktionalitäten hat. Dadurch soll der Nutzer ein Substitut für sein Smartphone bei sich tragen, wodurch ihm die digitale Pause einfacher fallen soll.

Obwohl die oben erläuterten, modernden Maßnahmen auf den ersten Blick innovativ klingen mögen und auf Smartphone-Funktionalitäten sowie -Design beruhen bzw. kreative Bezeichnungen haben, sind die ihnen zugrunde liegenden Ideen nicht wirklich neuartig. Maßnahmen des Digital-Detox beruhen letztendlich entweder auf einer bewussten Entscheidung, eine Pause von digitalen Kommunikationsmöglichkeiten einzulegen, oder werden durch Apps unterstützt, die durch ein attraktives User-Interface diese Pausen spielerisch gestalten und dem Nutzer eine Überwachungsmöglichkeit über sein Verhalten in dokumentierbarer Form bieten. Auch bei innovativen Konzepten zur Substitution des Smartphones als Mittel der ständigen Verbundenheit handelt es sich im Prinzip nur um ein Kompensationsverhalten, das dem ursprünglichen Verhalten, das verändert werden soll, sehr ähnlich ist. Tatsächlich könnte man die Minuten, die man mit dem Smartphone und unter anderem auf sozialen Medien verbringt, aber auch mit einem Spaziergang oder einem Yoga-Kurs verbringen. Dafür braucht es nur ein wenig mehr Willenskraft und Initiative. Jedoch können solche Maßnahmen einen insgesamt bewussteren Umgang mit digitalen Kommunikationstechnologien und der Möglichkeit, ständig verbunden zu sein, unterstützen und somit zum allgemeinen Wohlbefinden beitragen.

Exkurs: Digitale Gewohnheiten über das Smartphone checken

iOS (iPhone):
Gehen Sie zu den Einstellungen Ihres iPhones. Wählen Sie den Menüpunkt *Bildschirmzeit*. Hier wird Ihnen Ihr Tagesdurchschnitt Ihrer Bildschirmzeit über die letzten sieben Tage angezeigt. Unter *Gesamte Bildschirmzeit* finden Sie eine

detailliertere Übersicht über Ihre iPhone Nutzungsdauer. Sie können sich die heutige Nutzungsdauer oder die der vergangenen Woche genauer ansehen. Es wird angezeigt, wie viel Zeit Sie mit Apps aus verschiedenen Kategorien verbracht haben, z. B. Soziale Unterhaltung oder Spiele. Wenn Sie etwas nach unten scrollen, werden Ihre meistgenutzten Apps angezeigt. Sie können auf eine beliebige App klicken und die Nutzungsdauer nur für diese App ansehen. Hierbei wird die Nutzung der letzten 24 Stunden genauer aufgeschlüsselt. Ebenso können Sie sich auch ein maximales Nutzungslimit pro Tag für diese App einstellen.

Android:
Gehen Sie zu den Einstellungen Ihres Smartphones. Wählen Sie den Menüpunkt *Digitales Wohlbefinden und Kindersicherung*. Hier sehen Sie auf einen Blick, wie häufig Sie Ihr Smartphone und die einzelnen Apps verwenden, wie viele Benachrichtigungen Sie von welchen Apps bekommen und wie oft Sie Ihr Handy entsperren. Sie können dies für die letzten zwei Wochen einsehen. Unter *Dashboard* können Sie die detaillierteren Nutzungszeiten für einzelne Apps ansehen. Unter *AppTimer* können Sie außerdem ein Limit für die Nutzungszeit jeder App einstellen. Der *Konzentrationsmodus* hilft dabei, Ablenkungen z. B. während der Arbeitszeit zu vermeiden.

4.3.2 Reflexion

Auch moderne Maßnahmen als Mittel gegen Herausforderungen ständiger Verbundenheit können nur ihre Wirkungen entfalten, wenn der Nutzer ihre Notwendigkeit erkennt und diese konsequent nutzt. Und der Weg zu diesem Ziel liegt nicht zuletzt in einem gesteigerten Bewusstsein über die Nutzung moderner Kommunikationsmöglichkeiten, das durch individuelle Reflexionsprozesse angestoßen werden kann.

Wie bereits in der Studie von Pischel et al. (2018) zu den Gegenmaßnahmen bezüglich der negativen Effekte arbeitsbezogener Technologienutzung außerhalb der Arbeitszeit hervorgehoben, muss die Zukunft des technologiebasierten Alltags nicht unbedingt düster sen. Die Ergebnisse der Studie weisen beispielsweise daraufhin, dass die Frequenz der Technologienutzung außerhalb der Arbeitszeit nicht signifikant mit dem Erholungseffekt und somit dem allgemeinen Wohlbefinden der Arbeitnehmer zusammenhing. Entscheidend war die Ermutigung zum verantwortungsvollen Umgang mit Technik durch individuelle Richtlinien sowie das Vermitteln von Strategien, selbst persönliche Grenzen zu definieren. In Anlehnung daran scheinen die Reflexion und das Bewusstsein über Auswirkungen der ständigen Verbundenheit ein essenzieller Baustein auf dem Weg zum Glück ohne vollständig auf die Nutzung der technischen Möglichkeiten unseres privaten und Arbeitsalltags verzichten zu müssen.

Bei der Reflexion des persönlichen Alltags und der Routinen handelt es sich um einen sehr persönlichen Bereich, zu dem sich nur schwer allgemeingültige Empfehlungen aussprechen lassen. Insgesamt erscheint eine Überprüfung dieser Routinen und ein bewusster Umgang mit ihnen jedoch sinnvoll. Man könnte sich fragen: Welche Routinen bereichern meinen Alltag? Welche haben sich eventuell mit der Zeit etabliert, die mir aber gar nicht so wichtig sind? Gibt es vielleicht sogar Routinen, die ich aus Gewohnheit beibehalte, aber nicht mehr wirklich zielführend für mich sind? Und welche Routinen sind es, die mir Zeit von den Dingen stehlen, die mir eigentlich wichtig sind? Welche Routinen kann ich also ersetzen, um das eigene Wohlbefinden zu steigern?

Natürlich wird dies nicht von einem auf den anderen Tag lebensverändernd wirken. Aber eine bewusste Auseinandersetzung von Zeit zu Zeit kann helfen, einem bewussten Alltag mit Routinen, die förderlich für unser Wohlbefinden sind, näher zu kommen.

Im nächsten Schritt lassen sich möglicherweise konkrete Verhaltensweisen festlegen, die man zu Beginn erstmal ausprobiert. Man könnte beispielsweise damit starten, am Wochenende oder im Urlaub Zeiten festzulegen, in denen man sich keinen digitalen Kommunikationsmöglichkeiten bedient. Wenn dies gut klappt, könnte man versuchen, auch im Alltag nicht gleich alle möglichen Nachrichtendienste und sozialen Medien am Morgen zu überprüfen. Noch herausfordernder wäre es dann, morgens auf das Aufrufen von Emails zu verzichten.

Auch wenn sich das zunächst einfach anhört, sind bisherige Routinen doch sehr schwer zu durchbrechen. Ebenso kann es besonders herausfordern sein neues Verhalten zu etablieren. Während eine Vielzahl psychologischer Theorien die Absicht ein Ziel zu erreichen als zentralen Prädiktor für zielgerichtetes Verhalten bezeichnen (Ajzen, 1991; Carver & Scheider, 1982; Locke & Latham, 1990), scheint eine solche Absicht das entsprechende Verhalten nur in geringem Ausmaß vorherzusagen (z. B., Webb & Sheeran, 2006). Laut Gollwitzer (1999) sind zusätzlich zu festen Absichten Implementierungsintentionen (engl. *Implementation Intentions*) bzw. Pläne notwendig, die definieren, wo, wann und wie ein beabsichtigtes Verhalten durchgeführt wird, um z. B., die gewünschte Verhaltensänderung zu erreichen. Entsprechend könnte man den Prozess der Verhaltensänderung durch konkrete Implementierungspläne unterstützen (z. B., »Wenn ich morgen Früh vor 7.30 Uhr aufstehe, werde ich zuerst einen Kaffee trinken und einmal um den Block spazieren, bevor ich mein Smartphone benutze.«).

Parallel könnte in man in Anlehnung an die zuvor erläuterten Studienergebnisse von Pischel et al. (2018) auch für die private Nutzung eine analoge Liste mit individualisierten Maßnahmen erstellen und diese an Orten platzieren, an denen man sich häufig befindet, um so die eigene Reflexion zusätzlich zu unterstützen. Schnell wird sich herausstellen, welche Praktiken für jeden einzelnen praktisch umsetzbar sind und sich auf längere Sicht gut anfühlen.

Es geht folglich nicht um einen absoluten Verzicht auf Verbundenheit durch digitale Kommunikationsmöglichkeiten, sondern um ein Hinterfragen aktueller Verhaltensweisen und ein Austesten neuer Verhaltensmuster, die möglicherweise bisher empfundenen negativen Auswirkungen ständiger Verbundenheit entgegenwirken können. Es lohnt sich, darüber nachzudenken!

4.3.3 Achtsamkeit

Ein bewusster Umgang mit den modernen Kommunikationstechnologien durch Reflexion könnte zudem durch Achtsamkeit im Alltag unterstützt werden. Ursprünglich stammt die Achtsamkeitspraxis aus dem Buddhismus. Achtsamkeit impliziert, »auf eine bestimmte Weise aufmerksam zu sein: bewußt im gegenwärtigen Augenblick und ohne zu urteilen« (Kabat-Zinn, 2010, S.18). Durch die Achtsamkeitspraxis soll der Mensch befähigt werden, seine Erlebnisse im Hier und Jetzt wahrzunehmen, ohne zu urteilen. Entsprechend wird im Rahmen dessen auch die vorübergehende Natur von Gedanken, Emotionen und Empfindungen betont. Verinnerlicht man diese, so haben sie auch kaum mehr Einfluss auf einen selbst. Obgleich sie angenehm oder unangenehm wahrgenommen werden, sind diese nur temporär.

Bisherige Literatur unterstreicht, dass Achtsamkeit psychologisches Wohlbefinden allgemein fördert (Brown & Ryan, 2003; Weinstein et al., 2009) sowie auch arbeitsbezogene Resultate positiv beeinflussen kann (Reb et al., 2015). Beispielsweise zeigten Studienergebnisse, dass Mitarbeiter, die Achtsamkeitstrainings besuchten, eher problemfokussierte Coping-Strategien wählten, um mit Arbeitsstress umzugehen, als emotionsfokussierte Strategien (Charoensukmongkol, 2013). *Coping* (dt., bewältigen) beschreibt die individuelle Reaktion auf stressige Situationen, die wichtige und potenzielle negative Konsequenzen mit sich bringen (Lazarus & Folkman, 1984). Dabei wird vor allem zwischen problemfokussiertem von emotionsfokussiertem Coping unterschieden. Während problemfokussiertes Coping sich auf aktive Handlungen zur Veränderung der Ursache eines Problems bezieht, beschreibt emotionsfokussiertes Coping die Reduktion von emotionalem Distress, der mit einem Problem zusammenhängt, anstatt dieses zu lösen (Lazarus, 1999). Basierend auf solchen Befunden ging Charoensukmongkol (2016) in seiner Studie von der Annahme aus, dass Achtsamkeit den Einfluss der Nutzung von sozialen Medien bei der Arbeit auf Burnout moderieren kann. Konkret stellte der Autor die Hypothese auf, dass Mitarbeiter mit einem hohen Grad an Achtsamkeit von der Nutzung sozialer Medien am Arbeitsplatz eher profitieren werden, während Mitarbeiter mit einem geringen Grad an Achtsamkeit davon eher negativ beeinflusst werden. Diese Annahme begründete der Autor darauf, dass sich achtsame Mitarbeiter ihrer Aktivitäten bewusst sind (z. B., Brown & Ryan, 2003) und sich deswegen mit geringerer Wahrscheinlichkeit in der Nutzung sozialer Medien verrennen werden. Achtsamkeit könnte Mitarbeiter dabei unterstützen, sich über die Grenzen der Nutzung sozialer Medien bei der Arbeit bewusst zu werden. Somit gehen die Autoren davon aus, dass achtsame Mitarbeiter soziale Medien nur so weit nutzen werden, dass sie entspannen können, um produktiv bei der Arbeit zu bleiben.

Die Studienergebnisse zeigten, dass Achtsamkeit den Zusammenhang zwischen der Nutzung von sozialen Medien bei der Arbeit und emotionaler Erschöpfung sowie Mangel an persönlicher Leistung als Burnout-Symptome moderierte. Diese Einsichten implizieren, dass die Nutzung sozialer Medien bei der Arbeit das Eintreten eines Burnouts bei Mitarbeiter mit einem geringen Grad an Achtsamkeit fördert und bei Mitarbeiter mit einem hohen Grad an Achtsamkeit hemmt.

Obwohl es sich hier um einzelne Ergebnisse handelt, veranschaulichen diese Einsichten, dass es nicht unbedingt um ein aktives Abschalten von modernen Kommunikationsgeräten und somit den Verzicht auf die Möglichkeit, ständig verbunden zu sein, geht. Vielmehr ist ein bewusster Umgang mit solch digitalen Kommunikationsmöglichkeiten entscheidend dafür, wie sich die ständige Verfügbarkeit dieser auf zentrale Lebensbereiche, wie den Beruf und die mentale Gesundheit, auswirkt. Die Achtsamkeitspraxis scheint, unter anderem basierend auf solchen Einsichten, eine Methode zu sein, die einen bewussten Umgang mit dem Alltag und entsprechend mit der ständigen Verbundenheit durch moderne Kommunikationsmöglichkeiten fördern kann.

Es erscheint lohnend, sich in Situationen, in denen ein sogenannter digitaler Entzug oder eine radikale Verhaltensänderung, beispielweise durch ein Ausschalten von gewissen Nachrichtendiensten, nicht möglich ist, über die eigenen digitalen Verhaltensweisen bewusst zu werden und achtsam zu sein. Eine zusätzliche Praxis von Achtsamkeitsübungen in der Freizeit kann als abwechslungsreiche Pause im Alltag zusätzlich dabei unterstützen, einen leichteren Zugang zu einer achtsameren Lebensweise zu finden. Die »Rosinenübung« im folgenden Kasten dient als kleiner Vorgeschmack für Experimentierfreudige oder als kleine Erinnerung an die einfachen Übungen für bereits Fortgeschrittene.

Exkurs: Die Rosinenübung als Achtsamkeitspraxis

Legen Sie eine Rosine auf eine Serviette. Suchen Sie sich einen Ort, an dem Sie entspannen und für die nächsten 10–15 Minuten ungestört verweilen können. Wichtig ist, dass Sie sich dem Moment hingeben können und nicht an andere Dinge denken. Setzen Sie sich aufrecht hin, aber achten Sie darauf, dass beide Füße am Boden bleiben. Nehmen Sie dann die Serviette mit der Rosine in die Hand und atmen dreimal tief durch. Gehen Sie nun folgende Schritte durch:

1. Sehen Sie sich die Rosine genau an!
   Wie sieht sie aus? Welche Form hat sie? Welche Farbe hat sie? Hat sie Rillen? Verändert sie sich je nach Lichteinfall? Betrachten Sie sie ganz genau.
2. Berühren Sie die Rosine!
   Wie fühlt sie sich an? Ist sie weich? Kann man sie zusammendrücken? Schließen Sie gerne deine Augen, um sie besser zu ertasten.
3. Hören Sie die Rosine!
   Bringen Sie die Rosine neben Ihr rechtes Ohr und bewegen Sie diese zwischen Ihren Fingern – Was hören Sie? Machen Sie das gleiche auch noch mal am linken Ohr – ist es anders?
4. Riechen Sie die Rosine!
   Bringen die Rosine zu Ihrer Nase. Wonach riecht sie?
5. Schmecken Sie die Rosine!
   Legen Sie die Rosine auf Ihre Zunge und bewegen Sie die Rosine hin und her. Schmecken Sie sie. Was bemerken Sie? Wie schmeckt sie?

6. Beißen Sie in die Rosine!
   Wie schmeckt die Rosine jetzt? Was nehmen Sie wahr? Wie fühlt sich das an?
7. Schlucken Sie die Rosine!
   Schlucken Sie die Rosine langsam hinunter und begleiten Sie sie bewusst auch in der Speiseröhre. Was nehmen Sie wahr? Wie fühlt sich das an?
8. Nachbetrachtung
   Was bleibt, nachdem die Rosine weg ist? Hat sie geschmeckt? Oder nicht? Wie fühlt sich das an?

Bleiben Sie noch etwas sitzen, öffnen Sie Ihre Augen und achten Sie darauf, was Sie gerade fühlen und wie diese 10 Minuten für Sie waren. Wie war diese Übung für Sie? Je schwerer es für Sie war, desto öfter sollten Sie diese durchführen.

4.4 Resümee

Durch die zunehmenden digitalen Kommunikationsmöglichkeiten und deren stetige Weiterentwicklung sind Menschen heutzutage ständig verbunden. Praktisch ist dies gar nicht mehr zu umgehen. Sowohl privat als auch beruflich wird von Menschen erwartet, ständig erreichbar zu sein. Gleichzeitig werden wichtige private oder arbeitsbezogene Nachrichten auf sozialen Medien geteilt oder über Nachrichtendienste versendet. Häufig werden auch Einladungen über soziale Medien angekündigt. Realistisch gesehen ist die Unterbrechung der digitalen Kommunikation entsprechend keine Option. Wenn man sich heutzutage aktiv am gesellschaftlichen Geschehen beteiligen möchte, ist man implizit gezwungen, ständig verbunden zu sein.

Die Möglichkeit, sich jederzeit mit Freunden und Familie austauschen zu können und somit, wenn auch nur für einen kurzen Moment, Verbundenheit zu schaffen, hat schließlich auch seine Vorteile für das Wohlbefinden. Das Bedürfnis der Zugehörigkeit ist nämlich eines der grundlegenden menschlichen Bedürfnisse (Baumeister & Leary, 1995) sowie die Gruppenzugehörigkeit eine essenzielle Quelle des Selbstwerts (Tajfel et al., 1971).

Jedoch kann die ständige Verbundenheit durch moderne Kommunikationstechnologien auch gravierende Nachteile mit sich bringen. Diese können sich, wie in diesem Kapitel erläutert, unter anderem auf unsere zwischenmenschlichen Beziehungen sowie unsere individuelle Entwicklung beziehen und somit weitreichende Konsequenzen für unser allgemeines Wohlbefinden sowie unsere individuelle und berufliche Entwicklung haben. Die Qualität der physisch stattfindenden, zwischenmenschlichen Interaktionen wird beeinträchtigt. Wir werden von dem Gefühl verfolgt, ständig etwas zu verpassen, und praktisch wird auch unsere Autonomie eingeschränkt, indem wir theoretisch ständig und von überall verbunden und auch beruflich tätig sein könnten. Zudem können durch die Nutzung moderner Kommunikationsgeräte in Zeiten des Alleinseins die Selbsteinsicht und dadurch mögliche persönliche Entwicklungsprozesse gehemmt werden.

Obwohl in Anlehnung daran in vielen Situationen ein einfaches »Abschalten« wünschenswert wäre, gilt es auch in diesem Zusammenhang ein gesundes Mittelmaß zu finden. Zumal es in Hinblick auf den technologielastigen Alltag nicht praktikabel erscheint, auf jegliche Form der digitalen Kommunikationsmöglichkeiten zu verzichten, lohnt es sich, über Interventionsmaßnahmen nachzudenken, die in den Alltag integrierbar erscheinen und nicht unverhältnismäßig viel Aufwand beanspruchen.

Solche Interventionsmöglichkeiten müssen nicht notwendigerweise kompliziert sein. Unter dem Begriff Digital-Detox lassen sich mittlerweile zahlreiche Strategien des sogenannten digitalen Entzugs finden. Dazu zählen vorwiegend durch Apps und Smartphone-Funktionalitäten angeleitete Vorgehensweisen, um beispielsweise das physische Beisammensein bewusst zu genießen oder das Smartphone für bestimmte Anlässe nicht zu verwenden. Die zugrunde liegenden Ideen zielen auf einen bewussten Umgang mit digitalen Kommunikationsmöglichkeiten ab. Wer sich für seinen digitalen Entzug allerdings nicht paradoxerweise an technischen Apps und Funktionalitäten bedienen möchte, kann auch zu simpleren Mitteln wie der Reflexion und der Achtsamkeitspraxis greifen. Als konkrete Reflexionsaufgabe könnte man die eigenen Routinen hinterfragen und als Resultat versuchen, Verhaltensweisen, die nicht förderlich für das Wohlbefinden sind, einzuschränken oder zu ersetzen. Weiterhin weisen Studien daraufhin, dass die Achtsamkeitspraxis ein Mittel sein könnte, negativen Auswirkungen von digitalen Kommunikationsmöglichkeiten entgegenzuwirken, beispielsweise indem durch Achtsamkeit negative Konsequenzen der Nutzung von sozialen Medien auf das Wohlbefinden gehemmt werden.

Insgesamt könnte es ein realistisches Ziel sein, durch einfache Interventionsmaßnahmen im Alltag einen bewussten Umgang mit der Möglichkeit der ständigen Verbundenheit zu fördern, ohne dabei vollständig auf diese verzichten zu müssen. So könnten Vorteile der Möglichkeit, immer und überall mit Mitmenschen verbunden zu sein, optimal genutzt werden, ohne gleichzeitig einen hohen Preis dafür zu zahlen.

Darüber hinaus erscheint es jedoch sinnvoll im Sinne eines verantwortungsvollen Umgangs mit den eigenen Ressourcen zu reflektieren. Damit ist insbesondere gemeint, inwiefern es sich lohnt, für die Möglichkeit der ständigen Verbundenheit die wertvolle Zeit, die man mit sich selbst verbringen kann, aufzuopfern. Obwohl die Zeit der Corona-Pandemie in vielerlei Hinsicht eine besonders restriktive war, wurde uns durch die allgemeingültige »Ausrede« des Ausgehverbots auch vor Augen geführt, dass es ein Privileg sein kann, nicht überall dabei sein zu müssen.

Schließlich bedeutet allein sein nicht gleich einsam sein. Obgleich die Begriffe im alltäglichen Gebrauch häufig gleichgesetzt werden, sind sie voneinander zu trennen. Laut de Jong-Gierveld (1987) zeichnet sich Einsamkeit nämlich durch eine Situation aus, in der von einem Individuum eine unangenehme oder unzulässige Abwesenheit (der Qualität) bestimmter Beziehungen erlebt wird. Hingegen bezeichnet das Alleinsein lediglich die Abwesenheit sozialer Interaktion (z. B., Larson, 1990). Entsprechend ist das Alleinsein nicht zwingend mit negativen Emotionen behaftet und kann auch durch ein Individuum selbst initiiert werden. Schafft man es, diesen Unterschied zu verinnerlichen und die Zeit, die man allein, mit sich selbst verbringt, neu zu bewerten, fällt es möglicherweise auch gar nicht mehr so schwer, das Smartphone in der Hosentasche zu lassen und für einen kurzen Moment nicht *on* zu sein.

Literatur

Ainsworth, M. D. (1989). Attachments beyond infancy. *American Psychologist, 44*(4), 709–716.
Ajzen, I. (1991). The theory of planned behavior. *Organizational behavior and human decision processes, 50*(2), 179–211.
Alt, D. (2015). College students' academic motivation, media engagement and fear of missing out. *Computers in Human Behavior, 49*, 111–119.
Ashforth, B. E., Kreiner, G. E., & Fugate, M. (2000). All in a day's work: Boundaries and micro role transitions. *Academy of Management Review, 25*(3), 472–491.
Averill, J. R., & Sundararajan, L. (2014). Experiences of solitude: Issues of assessment, theory, and culture. In R. J. Coplan & J. C. Bowker (Hrsg.), *The handbook of solitude: Psychological perspectives on social isolation, social withdrawal, and being alone* (S. 90–108). New York: Wiley Blackwell.
Axelrod, R., & Hamilton, W. D. (1981). The evolution of cooperation. *Science, 211*(4489), 1390–1396.
Baumeister, R. F., & Leary, M. R. (1995). The need to belong: Desire for interpersonal attachments as a fundamental human motivation. *Psychological Bulletin, 117*(3), 497–529.
Beukeboom, C. J., & Pollmann, M. (2021). Partner phubbing: why using your phone during interactions with your partner can be detrimental for your relationship. *Computers in Human Behavior, 124*.
Beyens, I., Frison, E., & Eggermont, S. (2016). »I don't want to miss a thing«: Adolescents' fear of missing out and its relationship to adolescents' social needs, Facebook use, and Facebook related stress. *Computers in Human Behavior, 64*, 1–8.
Braun, L. (2016). *Solitude experiences in the smart phone era*. Masterarbeit. Universität Mannheim.
Brown, K. W., & Ryan, R. M. (2003). The benefits of being present: mindfulness and its role in psychological well-being. *Journal of Personality and Social Psychology, 84*(4), 822–848.
Buglass, S. L., Binder, J. F., Betts, L. R., & Underwood, J. D. M. (2017). Motivators of online vulnerability: The impact of social network site use and FOMO. *Computers in Human Behavior, 66*, 248–255.
Carver, C. S., & Scheier, M. F. (1982). Control theory: A useful conceptual framework for personality–social, clinical, and health psychology. *Psychological bulletin, 92*(1), 111.
Charoensukmongkol, P. (2013). The contributions of mindfulness meditation on burnout, coping strategy, and job satisfaction: Evidence from Thailand. *Journal of Management & Organization, 19*(5), 544–558.
Charoensukmongkol, P. (2016). Mindful Facebooking: The moderating role of mindfulness on the relationship between social media use intensity at work and burnout. *Journal of Health Psychology, 21*(9), 1966–1980.
Christoforakos, L., Feicht, N., Hinkofer, S., Löscher, A., Schlegl, S. F., & Diefenbach, S. (2021). Connect with me. Exploring influencing factors in a human-technology relationship based on regular chatbot use. *Frontiers in Digital Health*, 3:689999.
Corcoran, K. & Crusius, J. (2016) Sozialer Vergleich. In D. Frey & H. W. Bierhoff (Hrsg.), *Sozialpsychologie – Soziale Motive und Soziale Einstellungen, Enzyklopädie der Psychologie* (Aufl. C/VI/2). Göttingen: Hogrefe.

David, M. E., & Roberts, J. A. (2021). Investigating the impact of partner phubbing on romantic jealousy and relationship satisfaction: The moderating role of attachment anxiety. *Journal of Social and Personal Relationships*, 026540752199645.

Diefenbach, S., Lenz, E., & Hassenzahl, M. (2014). *Handbuch proTACT Toolbox. Tools zur User Experience Gestaltung und Evaluation.* Folkwang Universität der Künste.

Diefenbach, S., & Borrmann, K. (2019). The smartphone as a pacifier and its consequences. Young adults' smartphone usage in moments of solitude and correlations to self-reflection. In S. Brewster & G. Fitzpatrick (Hrsg.), *Proceedings of the 2019 CHI Conference on Human Factors in Computing Systems* (Artikel306). Association for Computing Machinery.

Diefenbach, S., & Ullrich, D. (2016). *Digitale Depression: Wie die neuen Medien unser Glücksempfinden verändern.* München: mvg Verlag.

Diener, E. D., Emmons, R. A., Larsen, R. J., & Griffin, S. (1985). The satisfaction with life scale. *Journal of Personality Assessment*, 49(1), 71–75.

Dwyer, R. J., Kushlev, K., & Dunn, E. W. (2018). Smartphone use undermines enjoyment of face-to-face social interactions. *Journal of Experimental Social Psychology*, 78, 233–239.

Elhai, J. D., Levine, J. C., Dvorak, R. D., & Hall, B. J. (2016). Fear of missing out, need for touch, anxiety and depression are related to problematic smartphone use. *Computers in Human Behavior*, 63, 509–516.

Flanagan, J. C. (1954). The critical incident technique. *Psychological Bulletin*, 51(4), 327–358.

Franzoi, S. L., & Brewer, L. C. (1984). The experience of self-awareness and its relation to level of self-consciousness: An experiential sampling study. *Journal of Research in Personality*, 18(4), 522–540.

Gollwitzer, P. M. (1999). Implementation intentions: strong effects of simple plans. *American psychologist*, 54(7), 493.

Goossens, L., & Marcoen, A. (1999). Relationships during adolescence: Constructive vs. negative themes and relational dissatisfaction. *Journal of Adolescence*, 22(1), 65–79.

Halpern, D., & Katz, J. E. (2017). Texting's consequences for romantic relationships: A cross-lagged analysis highlights its risks. *Computers in Human Behavior*, 71, 386–394.

Jong-Gierveld, J. de (1987). Developing and testing a model of loneliness. *Journal of Personality and Social Psychology*, 53(1), 119–128.

Kabat-Zinn, J. (2010). *Im Alltag Ruhe finden. Meditationen für ein gelassenes Leben.* München: Knaur.

Kim, Y., Wang, Y., & Oh, J. (2016). Digital media use and social engagement: How social media and smartphone use influence social activities of college students. *Cyberpsychology, Behavior, and Social Networking*, 19(4), 264–269.

Krasnova, H., Abramova, O., Notter, I., & Baumann, A. (2016). Why phubbing is toxic for your relationship: Understanding the role of smartphone jealousy among »Generation Y« users. *Research Papers*, 109.

Krämer, N. C., Lucas, G., Schmitt, L. & Gratch, J. (2018). Social snacking with a virtual agent – On the interrelation of need to belong and effects of social responsiveness when interacting with artificial entities. *International Journal of Human-Computer Studies*, 109, 112–121.

Kushlev, K., & Dunn, E. W. (2015). Checking email less frequently reduces stress. *Computers in Human Behavior*, 43, 220–228.

Lanaj, K., Johnson, R. E., & Barnes, C. M. (2014). Beginning the workday yet already depleted? Consequences of late-night smartphone use and sleep. *Organizational Behavior and Human Decision Processes*, 124(1), 11–23.

Larson, R. W. (1990). The solitary side of life: An examination of the time people spend alone from childhood to old age. *Developmental Review*, 10, 155–183.

Larson, R. W. (1997). The emergence of Solitude as a constructive domain of experience in early adolescence. *Child Development*, 68(1), 80–93.

Larson, R. W., Csikszentmihalyi, M., & Graef, R. (1982). Time alone in daily experience: Lonelines or renewal. In L. A. Peplau & D. Perlman (Hrsg.), *Loneliness: A sourcebook of current theory, research, and therapy* (S. 40–53). New Jersey: Wiley-Interscience.

Lazarus, R. S. (1999). *Stress and emotion: A new synthesis.* New York: Springer.

Lazarus, R. S., & Folkman, S. (1984). *Stress, appraisal, and coping.* New York: Springer.

Leary, M. R., Kelly, K. M., Cottrell, C. A., & Schreindorfer, L. S. (2013). Construct validity of the need to belong scale: Mapping the nomological network. *Journal of Personality Assessment, 95*(6), 610–624.

Lepp, A., Li, J., Barkley, J. E., & Salehi-Esfahani, S. (2015). Exploring the relationships between college students' cell phone use, personality and leisure. *Computers in Human Behavior, 43*, 210–219.

Locke, E. A., & Latham, G. P. (1990). *A theory of goal setting & task performance*. New Jersey: Prentice-Hall, Inc.

Long, C. R., & Averill, J. R. (2003). Solitude: An exploration of benefits of being alone. *The Journal for the Theory of Social Behaviour, 22*(1), 21–44.

Maslow, A. H. (1943). A theory of human motivation. *Psychological Review, 50*(4), 370–396.

Matic, A., Pielot, M., & Oliver, N. (2015). Boredom-computer interaction: Boredom proneness and the use of smartphone. In K. Mase, M. Langheinrich & D. Gatica-Perez (Hrsg.), *Proceedings of the 2015 ACM International Joint Conference on Pervasive and Ubiquitous Computing* (S. 837–841). Association for Computing Machinery.

Mazmanian, M., Orlikowski, W. J., & Yates, J. (2013). The autonomy paradox: The implications of mobile email devices for knowledge professionals. *Organization Science, 24*(5), 1337–1357.

McDaniel, B. T., & Coyne, S. M. (2016). »Technoference«: The interference of technology in couple relationships and implications for women's personal and relational well-being. *Psychology of Popular Media Culture, 5*(1), 85–98.

Melumad, S., & Pham, M. T (2017). Understanding the Psychology of Smartphone Usage: The adult pacifier hypothesis. *Advances in Consumer Research, 45*, 25–30.

Mesnaric, J., & Diefenbach, S. (2018). *Die Angst, etwas zu verpassen und der Drang zu ständiger Verbundenheit mit der Arbeitswelt. Eine Exploration des Phänomens »Fear of missing out« (FOMO) im Arbeitskontext.* Masterarbeit. LMU München.

Miller-Ott, A., & Kelly, L. (2015). The presence of cell phones in romantic partner face-to-face interactions: An expectancy violation theory approach. *Southern Communication Journal, 80*(4), 253–270.

Mulligan, C. B., Schneider, B., & Wolfe, R. (2000). Time use and population representation in the Sloan study of adolescents. *Technical Working Paper, 265.*

Olson-Buchanan, J. B., & Boswell, W. R. (2006). Blurring boundaries: Correlates of integration and segmentation between work and nonwork. *Journal of Vocational Behavior, 68*(3), 432–445.

Pangert, B., Pauls, N., & Schüpbach, H. (2016). *Die Auswirkungen arbeitsbezogener erweiterter Erreichbarkeit auf Life-Domain-Balance und Gesundheit* (2. Aufl.). Dortmund: Bundesanstalt für Arbeitsschutz und Arbeitsmedizin.

Pischel, P. E., Prüßner, B., Scholz, A. M., Spohr, R. V. Spohr, & Diefenbach, S. (2018). *Encouraging Responsible Usage of Work-Related Technologies at Nonwork Time*. [Unpublished manuscript]. Department of Psychology, University of Munich.

Przybylski, A. K., & Weinstein, N. (2013). Can you connect with me now? How the presence of mobile communication technology influences face-to-face conversation quality. *Journal of Social and Personal Relationships, 30*(3), 237–246.

Reb, J., Narayanan, J., & Ho, Z. W. (2015). Mindfulness at work: Antecedents and consequences of employee awareness and absent-mindedness. *Mindfulness, 6*(1), 111–122.

Reich, S., & Vorderer, P. (2013). Individual differences in need to belong in users of social networking sites. In P. Moy (Hrsg.), *Communication and community* (S. 129–148). New York: Hampton Press.

Reis, H. T., Sheldon, K. M., Gable, S. L., Roscoe, J., & Ryan, R. M. (2000). Daily well-being: The role of autonomy, competence, and relatedness. *Personality and Social Psychology Bulletin, 26*(4), 419–435.

Ryan, R. M., & Deci, E. L. (2000). Self-determination theory and the facilitation of intrinsic motivation, social development, and well-being. *American Psychologist, 55*(1), 68–78.

SeekrTech Co., LTD. (2016). *Forest – Your Focus Motivation* (4.48.0) [Mobile App]. www.forest app.cc

Sheldon, K. M., Elliot, A. J., Kim, Y., & Kasser, T. (2001). What is satisfying about satisfying events? Testing 10 candidate psychological needs. *Journal of Personality and Social Psychology, 80*(2), 325–339.

Sonnentag, S., & Fritz, C. (2007). The recovery experience questionnaire: Development and validation of a measure for assessing recuperation and unwinding from work. *Journal of Occupational Health Psychology, 12*(3), 204–221.

Statista Research Department (2020, 20. November). *Durchschnittliche tägliche Smartphone-Nutzung nach App Kategorien in Deutschland 2020*. Statista. https://de.statista.com/statistik/daten/studie/1186676/umfrage/durchschnittliche-taegliche-smartphone-nutzung-nach-apps/ [10.04.2021]

Tajfel, H., Billig, M. G., Bundy, R. P., & Flament, C. (1971). Social categorization and intergroup behaviour. *European Journal of Social Psychology, 1*(2), 149–178.

Thomas, V., & Azmitia, M. (2019). Motivation matters: Development and validation of the Motivation for Solitude Scale — Short Form (MSS-SF). *Journal of Adolescence, 70*, 33–42.

Thomas, V., Balzer Carr, B., Azmitia, M., & Whittaker, S. (2021). Alone and online: Understanding the relationships between social media, solitude, and psychological adjustment. *Psychology of Popular Media, 10*(2), 201–211.

Utz, S., Tanis, M., & Vermeulen, I. (2012). It is all about being popular: The effects of need for popularity on social network site use. *Cyberpsychology, Behavior, and Social Networking, 15*(1), 37–42.

Vorderer, P., Krömer, N., & Schneider, F. M. (2016). Permanently online – permanently connected: Explorations into university students' use of social media and mobile smart devices. *Computers in Human Behavior, 63*, 694–703.

Webb, T. L., & Sheeran, P. (2006). Does changing behavioral intentions engender behavior change? A meta-analysis of the experimental evidence. *Psychological bulletin, 132*(2), 249.

Weinstein, N., Brown, K. W., & Ryan, R. M. (2009). A multi-method examination of the effects of mindfulness on stress attribution, coping, and emotional well-being. *Journal of Research in Personality, 43*(3), 374–385.

Zuzanek, J. (2000). Experience sampling method: Current and potential research applications. In M. V. Ploeg, J. Altonji, N. Bradburn, J. DaVanzo, W. Nordhaus & F. Samaniego (Hrsg.). *Time-use measurement and research: Report of a Workshop*. The National Academies Press.

5 Zukunftsvisionen

Daniel Ullrich

»Tut mir leid, aber ich muss Ihnen mitteilen, dass wir keine OP machen können.« Die Nachricht war erschütternd, war eine OP doch die einzige Option, die potenziell tödlich verlaufende Krankheit aufhalten zu können. Eine OP barg zwar ebenfalls Risiken, aber auf sie zu verzichten bedeutete, sich auf das reine Abwarten zu reduzieren und darauf zu hoffen, dass sich die Krankheit von alleine zurückbilden würde.

Anna-Lisa hatte die Diagnose erst vor kurzem erhalten, ihre Krankheit ist selten und verläuft schwer vorhersagbar. Aber das Urteil war nicht nur das ihres Arztes, denn dieser wiederum stützte all seine Entscheidungen auf das System »Health Guardian«, eine künstliche Intelligenz, die mit einer unüberschaubaren Anzahl von Daten gefüttert wurde und darauf basierend Handlungsempfehlungen generiert.

Und im Falle von Anna-Lisa war die Empfehlung eben, dass keine OP durchgeführt werden sollte. Anna-Lisas Mutter, die bei dem Arztgespräch zugegen war, hakte nach, ob denn kein Fehler vorliegen könnte und ob der Arzt denn der gleichen Meinung sei. Letzterer war sichtlich in einem Dilemma gefangen: Er war tatsächlich nicht unbedingt gegen eine OP und hätte im Zweifel sogar dafür argumentiert. Aber er wusste, dass die künstliche Intelligenz weit mehr Daten berücksichtigen konnte und daher seiner naturgemäß eingeschränkten Perspektive überlegen war. Und was noch schwerer wiegte: Obwohl die Ergebnisse »Handlungsempfehlungen« hießen, waren es doch eigentlich Entscheidungen und man musste als Arzt schon sehr gute Gründe vorlegen können, um sich gegen die Entscheidungen zu stellen – weit bessere Gründe als im aktuellen Fall vorlagen. So waren dem Arzt die Hände gebunden und es blieb ihm nichts Anderes übrig, als Anna-Lisa und ihre Familie zu vertrösten. Es gab ja noch die Hoffnung auf natürliche Besserung.

Künstliche Intelligenz (KI) ist eine Hype-Thema, das in periodischen Abständen medial hohe Wellen schlägt und anschließend – wie viele gehypte Themen – wieder in den Hintergrund rückt, wenn die erwarteten Durchbrüche ausbleiben.

Wenngleich KI in den vergangenen Jahren beeindruckende Ergebnisse erzielen konnte, was die Erfolge im Bereich visueller Wahrnehmung (Taigman et al., 2014) bzw. Mustererkennung (Foggia et al., 2014), Experten- und Entscheidungssysteme und in Spielsystemen wie Schach, Go (Schrittwieser et al., 2020; Silver et al., 2016) oder Computer-Strategiespielen (Vinyals et al., 2019) demonstrierten, so blieb doch stets der Einwand der Kritiker zurück, das sei ja keine »richtige Intelligenz« gewesen (Fjelland, 2020; Crawford, 2021).

Dieser Einwand ist ebenso korrekt wie die Verwirrung und Uneinigkeit darüber, »richtige Intelligenz« zu definieren oder gar zu erkennen. Aber vielleicht ist dies auch überhaupt nicht notwendig: Wenn ein System hinreichend gute Resultate liefert, muss es dann »tatsächlich intelligent« sein? Ebenso wenig ist »tatsächliche Intelligenz« eine Voraussetzung dafür, dass Menschen einem solchen System vertrauen. Denn die Mechanismen, die bei zwischenmenschlichen Interaktionen gelten, wirken auch bei der Interaktion mit künstlichen Systemen (Costa, 2018): Manchmal reicht es, dass wir der Überzeugung sind, dass es jemand gut mit uns meint, damit wir ihm vertrauen – unabhängig davon, ob derjenige herausragende Intelligenz besitzt oder nicht. Viele Grundlagen für die Vertrauensbildung, beispielsweise freundliche Umgangsformen, ein nettes, sympathiebildendes Erscheinungsbild, können ebenso auf Maschinen und Roboter übertragen werden (Powers & Kiesler, 2006). So ist es auch kein Zufall, dass digitale Sprachassistenten in der Regel weibliche Stimmen erhalten, da diese zu messbar höheren Sympathie- und Vertrauenswerten beitragen (Ernst & Herm-Stapelberg, 2020).

Ob intelligente Systeme breiten Erfolg erzielen werden, ist maßgeblich davon abhängig, welche Resultate sie liefern. Ein schlichtes Vorspielen von Fähigkeiten ist hier nicht ausreichend, es müssen schon tatsächlich Leistungen sein, die einen Mehrwert bringen. Die aktuellen Entwicklungen zeigen, dass mehrere notwendige Kriterien mittlerweile erfüllt sind, um künstliche Intelligenz in bestimmten Bereichen zum Erfolg zu verhelfen: Neben der theoretischen Grundlage – aktuell meist künstliche neuronale Netze, die durch Training (»Machine Learning«) bessere Ergebnisse erzielen – stehen mittlerweile auch ausreichend große Beispieldatenbanken zur Verfügung und Rechenleistung, um aus diesen Beispielen durch wiederholtes automatisiertes Training und einer Vielzahl unterschiedlicher Netztopologien die jeweils besten Ergebnisse auszuwählen (Ongsulee, 2017; Gupta et al., 2018). Hier findet im Prinzip digitale Evolution statt, die als Resultat für eine Fragestellung das jeweils beste künstliche System ausbildet.

Ein fundamentaler Nachteil an diesem Verfahren ist es, dass die Herausbildung der »Intelligenz« für Menschen nur auf theoretischer Ebene nachvollziehbar ist und das fertige System den menschlichen Verständnishorizont übersteigt (Rudin, 2019). Dies kann leicht dadurch gezeigt werden, dass ein solches System in der Regel nicht repariert werden kann: Es ist einem Menschen nicht möglich, bestimmte Fehlentscheidungen aus solch einem System zu entfernen, ohne zahlreiche andere Stellen zu beschädigen. Dies liegt daran, dass zwar die grundlegenden Mechanismen verstanden sind, aber die konkrete Ausgestaltung so komplex ist, dass sie Menschen schlicht überfordert. Hier hilft dann häufig nur ein kompletter Neuanfang, d. h. ein Training eines neuen Systems mit geänderten Startparametern, das am Ende hoffentlich den fraglichen Fehler nicht mehr aufweist.

Hieraus erwächst auch das im Eingangsbeispiel der KI im OP-Saal angedeutete Problem: Entscheidungen sind prinzipiell intransparent, sie werden auf Basis des Entscheidungssystems getroffen, das auf dem Beispielmaterial (aus der Vergangenheit) basiert und mit neuen Beispielen Vorhersagen in die Zukunft erstellen soll. Welche Variablen genau berücksichtigt und wie diese gewichtet werden und in

Beziehung miteinander wechselwirken, bleibt dem Nutzer (und auch dem Entwickler, wenn es um ein tieferes Verständnis und nicht eine zahlenmäßige Auflistung geht) verborgen (Kim & Routledge, 2021). Ging es im Falle der Entscheidung pro oder contra OP tatsächlich um die Effektivität des Eingriffs? Oder wurden noch weitere Variablen wie Erfolgswahrscheinlichkeit, Kosten-Nutzen-Abwägung, Budget des Gesundheitsapparats und Ressourcen-Auslastung berücksichtigt? Wie steht es mit der Entscheidung, wenn es andere Patienten gibt, für die es vielversprechendere Eingriffe gäbe, für die dann die Ressourcen fehlen? Man muss sich keine dystopische Gesellschaft ausmalen, um sich vorzustellen, dass eine solche künstliche Intelligenz auch die normativen Zwänge der Auftraggeber berücksichtigen wird, insbesondere in Gesellschaften, in denen Ressourcen im Gesundheitssystem nicht grenzenlos zur Verfügung stehen.

Transparenz und Erklärbarkeit künstlicher Systeme ist ein neues Forschungsfeld, in dem Ansätze gesucht werden, den intransparenten Entscheidungen künstlicher Intelligenz zu begegnen (Larsson & Heintz, 2020). Fraglich bleibt jedoch, ob diese Bemühungen um Transparenz mit den Fortschritten im Bereich der künstlichen Entscheidungsfindung Schritt halten können, da letztere naturgemäß ein weit größeres wirtschaftliches Potenzial bergen.

5.1 Kapitelausblick

Was bedeutet es für unsere Gesellschaft, wenn sich aktuelle Trends und Technologien weiter fortsetzen? Welche Konsequenzen ergeben sich aus psychologischer Perspektive für das Erleben der Menschen? Welche moralischen Überlegungen spielen hier eine Rolle und wo gilt es, Entscheidungen zu treffen? Beispielhaft werden in diesem Abschlusskapitel drei Bereiche zentraler gesellschaftlicher und psychologischer Relevanz näher beleuchtet: (1) Soziale Normen im Kontext digitaler Systeme, (2) Überwachung und Social Scoring sowie (3) Künstliche Intelligenz als Entscheidungshilfe und Entscheidungsinstanz.

5.2 Soziale Normen

Warum sollte man überhaupt soziale Normen im Kontext von digitalen Technologien betrachten? Was ist das Besondere am digitalen Raum?

Der digitale Raum unterscheidet sich in einigen Aspekten fundamental vom nicht-digitalen Raum. Dadurch gelten in ihm andere Gesetzmäßigkeiten, was sich wiederum auf die Herausbildung, Veränderung und Durchsetzung bestimmter sozialer Normen auswirkt. Beispiele für solche Unterschiede werden im Folgenden dargestellt.

Charakteristika der sozialen Interaktion im digitalen Raum

Gefühlte Anonymität. »Im Internet weiß niemand, dass du in Wahrheit ein Hund bist.«

Aus der Tatsache, dass andere Interaktionspartner häufig als Avatar auftreten UND daraus, dass man selbst nicht weiß, wer der andere genau ist, entsteht die Illusion, man selbst wäre ebenfalls komplett anonym. Genaugenommen sind aber nur Nutzer einander anonym, technisch gesehen können Nutzer identifiziert werden. Aber die Pseudoanonymität reicht aus, sich »sicher« zu fühlen und führt dazu, dass mitunter handlungsregulierende Hemmnisse wegfallen und Nutzer sich nicht an soziale Regeln gebunden fühlen, so wie Vermummte auf einer Demonstration (Suler, 2004; Macdonald, 2020). Diese »Freiheit« nutzen nicht alle Nutzer aus, aber ein signifikanter Teil eben schon.

Distanz zu den Interaktionspartnern

Interaktion besteht häufig nur aus Schreiben und Lesen von Texten. Alle sozialen Cues (menschliche Charakteristika; Aussehen, Stimme, körperliche Präsenz) fehlen und man kann somit leicht vergessen, dass man nicht mit Texten interagiert, sondern mit Menschen, die als solche ihrerseits Motive, ein eigenes Wertsystem sowie Gefühle und Emotionen besitzen, die man durch das eigene Handeln verletzen kann. Diese Verletzungen können aber durch das digitale Medium nicht übermittelt werden. Man bekommt nicht mit, wenn man sein Gegenüber verletzt und empathische Mechanismen, die die Konsequenzen eigenen Handelns aufzeigen könnten, sind nicht verfügbar (Carrier et al., 2015). Auf der anderen Seite wird niemand kommunizieren, dass er durch eine Äußerung getroffen wurde, um nicht den Verdacht der Verletzlichkeit aufkommen zu lassen. Hierdurch wird negativem Verhalten weiter der Boden geebnet, da die negativen Konsequenzen nur noch im Verborgenen stattfinden – der Aggressor weiß nicht, dass er sein Gegenüber verletzt hat und der Angegriffene verschweigt es.

Avatar statt Authentizität

Aktionen im digitalen Raum sind an einen Avatar gekoppelt, den man im Zweifel gegen einen neuen eintauschen kann. Ein solcher Neustart ist im nichtdigitalen Kontext nur sehr schwer möglich. Im digitalen Raum hingegen ist ein Neu-Erstellen eines anderen Accounts schnell erledigt, womit man mit einer weißen Weste neu starten kann (Interaktionen im anonymen bzw. pseudonymen Raum vorausgesetzt). Selbst wenn der Avatar nicht leicht gewechselt werden kann, hat der Nutzer eine viel größere Kontrolle darüber, welche Informationen über sich preisgegeben werden. Insbesondere unwillkürliche Aspekte der Kommunikation (Mimik, affektive Reaktionen, Stimmfarbe) sind im digitalen Raum stark reduziert (Suler, 2004).

> **Digital-exklusive Mechanismen**
> Im digitalen Raum existieren Interaktionsmechaniken, die im nicht-digitalen Raum unbekannt und mitunter unmöglich sind. Als Beispiel sei *Ghost-Banning* genannt. Dies ist eine Technik, die beispielsweise gegen sogenannte Trolle, also Störenfriede, die Genugtuung daraus ziehen, andere Nutzer mit polarisierenden Äußerungen zu provozieren, eingesetzt wird. Wird ein Troll schlicht gebannt (gelöscht), legt dieser sich einen neuen Account zu und startet von neuem mit der Erstellung provokativer Postings, womit das eigentliche Problem nicht gelöst wird. Ein Versuch, dieses Problem nachhaltiger zu lösen ist Ghost-Banning, bei dem der Troll für alle anderen Nutzer ausgeblendet wird (so als wäre er gelöscht), aber für ihn selbst wird alles so dargestellt, wie er es selbst erwartet. Er hat zunächst keine Möglichkeit, sein eigenes Ghost-Banning festzustellen (er müsste die Interaktion aus der Sicht eines anderen Accounts betrachten) und kann sich höchstens über die ausbleibenden Reaktionen auf seine Provokationen wundern. Würde man diese Technik auf den nicht-digitalen Raum übertragen, so käme sie einer Tarnkappe gleich, die man einem Störenfried in der realen Welt aufsetzen könnte, ohne dass dieser dies mitbekommen würde. Was in der Realität pure Fiktion ist, ist im digitalen Raum Alltag: Jeder Nutzer erhält seine individuelle Sicht auf die (digitale) Welt – und wo die Unterschiede liegen, wird im Zweifel nicht kommuniziert.

Bereits heute ist es so, dass durch die allgegenwärtige digitale Nutzung entsprechende digitale Normen immer mehr an Gewicht gewinnen. Durch die Eigenheiten im digitalen Raum bilden sich hierbei Normen heraus, die durch die digitalen Regeln beeinflusst werden.

5.2.1 Ein mögliches Zukunftsszenario

Normen werden implizit gelernt und eingehalten und Normen aus der nicht-digitalen Welt beeinflussen solche aus der digitalen Welt und umgekehrt (Diefenbach & Ullrich, 2019).

Wenn digitale Technologien unser gesamtes Leben durchdringen und immer größeren Raum einnehmen, steigt auch der Einfluss sozialer Normen aus der digitalen Welt, da wir ihnen in immer größerem Maße ausgesetzt sind. Dies kann letztendlich dazu führen, dass diese Normen irgendwann gegenüber traditionellen Normen, die in der nicht-digitalen Welt entstanden sind, dominieren. Unsere Verhaltensweisen werden dann primär durch Technologie bestimmt und den Regeln, die dort bewusst oder unbewusst aufgestellt wurden.

Konkret könnte dies in einem ruppigeren Umgang miteinander resultieren, bei dem wenig Rücksicht auf die gegenseitige Gefühlswelt genommen wird. Ein Seiteneffekt könnte darüber hinaus in der Ausbildung von Vermeidungsstrategien gegen direkte, nicht-digitale Interaktion liegen: Bereits heute gibt es einen wahrnehmbaren Trend jüngerer Menschen, direkte Interaktion wie zum Beispiel direkte Gespräche oder auch Telefonate zu vermeiden. Stattdessen wird auf technik-mediierte Kommunikation ausgewichen, wo immer dies möglich ist (▶ Kap. 2). Dies könnte auch darin begründet sein, dass die gewohnten Normen aus der digitalen Welt in der nicht-digitalen Welt zu irritierenden Erlebnissen führen kann. Und statt sich mit der erweiterten Kommunikationsmodalität sowie eigenen empathischen Reaktionen auseinanderzusetzen, wird stattdessen die nicht-digitale Situation gemieden. Als Folge werden empathische Fähigkeiten noch seltener genutzt und entsprechend weniger ausgebildet.

Bei diesen Prognosen muss berücksichtigt werden, dass die Summe unserer aktuellen Normen immer auch auf schon bestehenden Normen basiert, die durch Einhaltung repliziert und selbst verstärkt werden. Das heißt gleichzeitig auch, dass das über Jahrhunderte angeeignete Normen-Repertoire aus der nicht-digitalen Welt unser Verhalten weiterhin prägt und dafür sorgt, dass die Dominanz von Normen aus der digitalen Welt nicht noch weiter vorangeschritten ist als aktuell der Fall. Eine fiktive Gesellschaft, die bei »Null« starten würde, wäre vermutlich noch stärker durch Normen aus der digitalen Welt geprägt, da ihr Einfluss eben stärker ist, als wir es aktuell am Resultat erkennen können, welches stark zugunsten konservativer Normen verzerrt ist. Diesen Gedanken folgend wird aber auch jede existierende Gesellschaft im Laufe der Zeit immer stärker von digitalen Normen beeinflusst werden, schon aus dem Grund heraus, dass ältere Menschen, tendenziell Vertreter konservativer Normen, sterben und nachkommende Menschen, stärker geprägt von Normen aus der digitalen Welt, diese ersetzen.

5.3 Überwachung und Social Scoring

Als das Internet entstand, galt es zunächst, eine ausfallsichere Kommunikationsinfrastruktur zu schaffen, die auch dann noch funktionierte, wenn Teile davon wegbrachen (Leiner et al., 2009). Die Ideen, zielgerichtet soziale Netzwerke zu schaffen, Nutzer auf ihren Pfaden durch das digitale Netz zu tracken, Profile zu erstellen und zielgruppenbezogene Werbung zu präsentieren, kamen erst später. So war die erste Zeit des Internets vor allem durch Freiheit geprägt: Freiheit im Handeln der Nutzer und Freiheit von Kontrolle. Diese Zeit wird von manchem Nutzer auch als die goldene Zeit des Internets bezeichnet, von anderen als Wild-West-Zeit ohne Regeln (Palacios, 2019).

Mit steigender Popularität des Internets wurden aber auch die Potenziale erkannt, die große Nutzergruppen bildeten. Allen voran das Anzeigen von Werbung und das Anbieten zahlreicher Handelsplätze, welche eine immer größere Konkurrenz zu ihren nicht-digitalen Vertretern darstellen (Taylor, 2021).

Darüber hinaus kam aber auch dem Verbreiten von Nachrichten und Informationen eine immer größere Rolle zu, verstärkt durch die Tatsache, dass immer mehr Menschen ihre Informationen aus dem Netz beziehen und die Sender von Informationen dadurch eine stetig wachsende Reichweite erhielten (Beisch & Schäfer, 2020). Eine natürliche Folgefrage war, wie man den Einfluss auf die Nutzer maximieren konnte und wie eine Informationshoheit herzustellen war: Wer bestimmt, welche von zwei Informationen »richtig« ist, wenn diese sich inhaltlich widersprechen.

Somit dauerte es nicht lange, bis verschiedenste Interessengruppen das weltweite Netz und seine Nutzer für sich entdeckten und in ihrem Sinne versuchten, Einfluss zu nehmen: Politik, Nachrichtenportale, die Werbeindustrie, Anbieter von Konsumprodukten, Aktivisten und individuelle Meinungsträger sowie »Influencer« (Moffett & Santos, 2014). Der Einfluss der verschiedenen Gruppen nahm mehr und mehr zu, gespeist durch Monopolisierung, Lobby-Arbeit und Regulierungen von Seiten der Staaten als auch der Plattformanbieter.

Das Internet ist die Anti-These zur klassischen demokratischen Gesellschaft, in der insbesondere die Informationshoheit in der Kontrolle einiger weniger Personen bzw. beim Staat lag. Im Internet hingegen ist jeder Sender und Empfänger – und damit jeder potenziell ein Konkurrent zu den großen etablierten Medien. Und jeder kann potenziell an der Meinungsbildung mitwirken (Bakshy et al.,2012; Burbach et al., 2020). Ein Zustand, den (alte) Medien und Politik nicht unbedingt wünschenswert finden, da er unkontrollierbare Effekte birgt.

Damit einher gehen Versuche der Überwachung und Informationskontrolle wie etwa Upload-Filter oder Sabotage von Verschlüsselungstechnologien – meist argumentativ durchgesetzt mit populären Zielen wie Strafverfolgung und mit einer kleinen Zahl von Straftätern im Fokus (z. B. Kinder-Pornografie, illegale Schwarzmärkte). Die negativen Auswirkungen betreffen aber alle Nutzer gleichermaßen und das Missbrauchspotenzial ist naturgemäß groß.

5.3.1 Ein mögliches Zukunftsszenario

Mit der fortschreitenden Digitalisierung und Nutzung digitaler Technologien steigt auch das Potenzial zur Überwachung: Nutzer hinterlassen bei jeder Aktion im Netz Spuren, die sie zu gläsernen Nutzern machen können, sofern entsprechende Gesetze dies ermöglichen.

Auf Seite der Nutzer erzeugt das Bewusstsein, überwacht zu werden, Stress und führt zu angepasstem Verhalten – ein Symptom das auch als »*Chilling Effekt*« bekannt ist (Büchi et al., 2022). Hierbei reicht bereits das Gefühl aus, man könne überwacht werden, ob die eigenen Handlungen dann auch tatsächlich überwacht werden, ist nicht ausschlaggebend. Dieser Chilling Effekt kann natürlich gezielt genutzt werden, um das Verhalten der Nutzer in gewünschte Bahnen zu lenken. Und weil nicht tatsächlich jeder überwacht werden muss, ist die Methode zudem kosteneffektiv.

Auf der anderen Seite ist es mit der fortschreitenden Entwicklung künstlicher Intelligenzen immer weniger relevant, kosteneffektiv zu sein: Wo früher noch tatsächliche Menschen für die Überwachung eingesetzt wurden und Vergehen erkennen mussten, bedient man sich mehr und mehr Algorithmen, die dann auch tatsächlich jede Aktion überwachen können. Solche Algorithmen kommen beispielsweise auf sozialen Plattformen zum Einsatz und erkennen automatisiert

Copyright-Verstöße, (Kinder-)Pornografie oder bestimmte Schlüsselwörter, die auf den Plattformen tabu sind.

Dennoch waren die Maßnahmen bislang eher auf sanfte Beeinflussung der Nutzer angelegt, denn selbst die Verbannung von einer Plattform hatte für Nutzer in der Regel keine wirklich gravierenden Folgen.

Mit der Einführung des *Social Scorings* hat sich dies grundsätzlich geändert. Social Scoring hebt den Überwachungsaspekt auf eine neue Ebene und macht aus der impliziten, beiläufigen Beeinflussung eine explizite, zielgerichtete: mit dem Einsatz von Social Scoring – Bürger bekommen Punkte für gewünschte Verhaltensweisen und Abzug für unerwünschte Verhaltensweisen – wird explizit Verhalten vorgegeben, das normativ für wünschenswert erachtet wird (z. B. Hoffrage & Marewski, 2020; Kostka, 2019). Verstöße gegen gewünschte Verhaltensweisen haben konkrete und fühlbare Konsequenzen für die Nutzer, etwa wenn es darum geht, eine Wohnung zu finden und die Interessenten nach Social Score sortiert werden.

Weil gleichzeitig Kritik an diesem System naturgemäß als nicht sozial wünschenswerte Handlung klassifiziert werden wird, muss ein solches System in einer selbstverstärkenden Spirale münden, in der Regeln immer extremer und umfassender werden, bis alle Bereiche menschlichen Verhaltens abgedeckt sind. Ein Entziehen von solch einem System wird nahezu unmöglich werden, sobald kritische Funktionalitäten (Reisefreiheit, Bezahlfunktionen, Priorisierung bei der Wohnungssuche, bei Jobs, Einstellungskriterium analog zu polizeilichem Führungszeugnis) an den Social Score gekoppelt sind.

5.4 KI als Entscheidungshilfe und Entscheidungsinstanz

Künstliche Intelligenz dient schon heute als Unterstützung bei komplexen Entscheidungen. Sie wird im Versicherungskontext eingesetzt, beispielsweise um zu prüfen, ob im Rahmen konkreter Versicherungspolicen und Randfaktoren ein Versicherungsfall vorliegt (Eling et al., 2021; Riikkinen et al., 2018). Im Bereich der Medizin hilft künstliche Intelligenz bei der Diagnostik und Verfahren der Mustererkennung bei der Auswertung bildgebender Verfahren (Kermany et al., 2018; Esteva et al., 2017). In Personalabteilungen kann künstliche Intelligenz dabei helfen, den passendsten Kandidaten für eine ausgeschriebene Stelle zu identifizieren (Upadhyay & Khandelwal, 2018; Nawaz & Mary, 2019).

Begrenzt werden die Möglichkeiten künstlicher Intelligenz im Wesentlichen durch drei Faktoren (hierbei wird insbesondere Bezug genommen auf das aktuell vorherrschende Verfahren des Machine Learnings):

- die Spezifikation der Methode, des Algorithmus bzw. der Netztopologie,
- der Anzahl zur Verfügung stehender Datensätze, die mögliche Eingangsdaten mit gewünschten Ausgangsdaten verknüpfen (zum Beispiel eine große Sammlung von verschiedenen Tierbildern, jeweils mit Hinweis darauf, welches Tier abgebildet ist),
- der zur Verfügung stehenden Rechenleistung für das Training der KI.

Aktuell stehen je nach Anwendungsdomäne alle drei Faktoren in ausreichend guter Qualität bzw. Quantität zur Verfügung, um künstliche Intelligenzen zu generieren, die Ergebnisse liefern, die häufig denen von Menschen ebenbürtig oder überlegen sind. Insbesondere für den zweiten Faktor – die Datensätze, die Eingangsmuster mit den gewünschten Ergebnissen verknüpfen – werden quasi beiläufig Daten generiert, denn es sind die Daten, Aktivitäten, Bilder, Verhaltensweisen der Nutzer, die gespeichert werden und nach entsprechender Aufbereitung als Trainingsdatensätze zur Verfügung stehen. Die Datenlage wird also täglich besser – zumindest in Bezug auf die Daten, die Nutzer generieren können und zumindest für diejenigen, die sie speichern oder auswerten können.

5.4.1 Ein mögliches Zukunftsszenario

Sobald KI-Methoden in der Lage sind, menschliche Arbeitskraft oder Fähigkeiten in ebenbürtiger Qualität zu ersetzen, stellt sich die Frage kaum noch, ob diese KI-Methoden zur Anwendung kommen werden: Wer sie nicht einsetzt, hat schnell einen Wettbewerbsnachteil oder verschenkt Potenzial und riskiert, vom Markt zu verschwinden. Mit fortschreitender Entwicklung von Methoden und Datensammlungen wird KI als Entscheidungshilfe in immer weiteren Feldern Einzug halten, z. B. Rechtsprechung (Sourdin, 2021; Vermeys, 2021), Partnerwahl (Agudo & Matute, 2021; Scavarelli, 2018) und vielen weiteren.

Es ist stark anzunehmen, dass KI-Methoden insgesamt immer stärker etabliert werden und die Akteure nicht vorher abklären, ob ihr Einsatz denn redlich wäre. Denn mit ihrem Einsatz ergeben sich viele Fragen: Gibt es Tabus oder darf KI in alle Domänen der menschlichen Gesellschaft durchdringen? Was, wenn KI Empfehlungen liefert, die politisch nicht korrekt und damit nicht erwünscht sind? Wie kann sichergestellt werden, dass die Trainingsdaten »neutral« sind, so dass sich kein Bias auf die trainierte KI überträgt? Gibt es ein Anrecht darauf, zu verstehen, auf welcher Basis eine KI konkret entscheidet und könnte man einem solchen Anrecht überhaupt gerecht werden, wenn die KI doch prinzipiell immer ein Stück weit eine Black Box bleibt?

Fest steht (nach aktuellem Stand der Technik), dass uns die KI weder fehlerfreie Entscheidungsinstanzen noch transparente Begründungen für ihre Entscheidung bieten kann – man könnte sagen, hier steht sie ihren menschlichen Pendants in nichts nach (im negativen Sinne). Auf der anderen Seite müssen diese Mängel nicht notwendigerweise dazu führen, auf sie zu verzichten – denn auch die Vorteile, die sie verspricht, sind nicht zu ignorieren.

Wesentlich wird also sein, wie die Menschen dazu stehen, wenn KI wichtige Entscheidungen in der Gesellschaft zu treffen hat. Wäre es beispielsweise wünschenswert, wenn – anstelle von Politikern – eine KI über die Zukunft entscheiden würde, die Zugriff auf Ihre Daten hat und sich so für Ihre Interessen einsetzen könnte? Diese Frage wurde in einer Studie gestellt, mit insgesamt hohen Zustimmungswerten zugunsten der KI: Im europäischen Raum liegt die Zustimmungsrate bei durchschnittlich 51 %, besonders deutlich ist der Zuspruch für die KI in Spanien (66 %), Italien (59 %) und Estland (56 %). In China sind es sogar 75 % die KI als Gestalter politischer Entscheidungen befürworten, wohingegen in den USA nur 40 % derartige Entscheidungen an KI delegieren wollen (Jonsson & de Tena, 2021).

5.5 Ausblick

Der Einsatz von KI und Digitalisierung in vielen Bereichen des Arbeits- und Privatlebens wird in Zukunft weiter zunehmen und birgt insgesamt große Potenziale. Unliebsame Aufgaben können an die Technik delegiert werden; KI kann Aufgaben übernehmen, die den Menschen überfordern oder langweilen – und andersherum. Was wir allerdings gleichermaßen im Blick haben müssen, sind die großen gesellschaftlichen Umwälzungen, die der Einsatz von KI mit sich bringen kann. Ein System, das auf Angebot und Nachfrage von Arbeitsleistung beruht, kann schwer existieren, wenn das System mit künstlichen Agenten überschwemmt wird, die mit Menschen in Konkurrenz treten. Neue gesellschaftliche Ideen des Zusammenlebens sind gefragt – insbesondere solche, die nicht auf bereits gescheiterten Gesellschaftsmodellen beruhen. Zwar bleibt bis zum großen Durchbruch der künstlichen Agenten noch etwas Zeit, doch niemand weiß wie viel genau. Der Durchbruch der KI nähert sich nicht graduell mit gleichbleibendem Tempo, sondern wird uns vermutlich mit einem Schub erreichen, so dass es zu diesem Zeitpunkt bereits einen Aktionsplan braucht, welchen Raum wir KI in der Gesellschaft zugestehen wollen. Andernfalls lässt sich nur noch reagieren statt agieren. Die Gestaltung der Zukunft ist dann nur noch Reaktion auf die neue faktische Realität.

Diese Überlegungen zeigen: Die unschuldige goldene Zeit von KI und Digitalisierung ist vorbei. Deren Effekte und Nebeneffekte auf unsere Gesellschaft einfach hinzunehmen, weil Entwickler und Designer sich darüber keine Gedanken gemacht hatten bzw. es an Erfahrungswerten mangelte, ist nicht akzeptabel. Wie auch in der physischen Welt, wird unser Verhalten im digitalen Raum durch Designentscheidungen beeinflusst (Diefenbach & Ullrich, 2019). Es gibt auch hier kein neutrales Design.

Es braucht bewusste Überlegungen dazu, wie bestimmte Features der Technik sich auf soziale Dynamiken auswirken, um gewünschtes, prosoziales Verhalten zu fördern und asoziales Verhalten zu verringern. Hier tatsächlich funktionierende Lösungen zu entwickeln, ist und bleibt eine große Herausforderung. Selbst wenn bewusste Überlegungen stattfinden, können die gewählten Ansätze zur Förderung prosozialen Verhaltens, auch wieder nicht gewünschte Seiteneffekte mit sich bringen. Wer beispielsweise asoziales Verhalten verhindern will, indem er Nutzer komplett gläsern macht, hat ein Problem gegen ein anderes getauscht. Die Entwicklung guter Lösungen, die moralisch und gesellschaftlich akzeptabel sind, ist somit eine der aktuellen Kernaufgaben im Feld von KI und Digitalisierung. Ähnliches gilt im Bereich der Überwachung/Social Scoring. Nicht alles, was technisch machbar ist, ist moralisch vertretbar. Negative Auswirkungen von Social Scores müssen bereits im Vorfeld erforscht werden, um keine Faktenlage zu schaffen, aus der man sich später kaum befreien kann.

5.5.1 Das grundsätzliche Problem mit Vorhersagen

Das Bemühen um Vorhersagen, wie die Technik sich weiter entwickeln wird, welche Effekte wir auf unsere Gesellschaft erwarten können, und wie wir diesen Einflüssen mit Voraussicht begegnen und eine gute Zukunft gestalten können, ist wünschenswert und löblich – konfrontiert uns aber auch immer wieder mit grundsätzlichen Problemen von Vorhersagen.

Die Vorhersage der Zukunft basiert notwendigerweise auf falschen Prämissen: In der Regel werden aktuelle Entwicklungen analysiert und es wird versucht, diese in die Zukunft zu projizieren und ihre Wechselwirkungen mit anderen Entwicklungen zu antizipieren. Daraus wird eine Vorhersage gebildet, die möglichst gut mit der tatsächlich in der Zukunft stattfindenden Entwicklung übereinstimmen soll. Ein Grundproblem hierbei ist, dass sogenannte disruptive, nicht vorhergesehene (engl. »to disrupt« = unterbrechen/stören) Technologien, Ereignisse oder Erkenntnisse nicht berücksichtigt werden. So steht der Begriff disruptive Technologien für Innovationen, die etablierte Produkte oder Dienstleistungen ersetzen oder verdrängen, und die Erfolgsserie bislang vorherrschender Ansätze unterbrechen (Danneels, 2004). Ein Beispiel wäre das Internet, das viele neue Geschäftsfelder eröffnet hat, gleichzeitig aber für viele bis dahin erfolgreiche Geschäftsmodelle einen Einbruch brachte, den so wahrscheinlich ein paar Jahre zuvor niemand prognostiziert hätte.

Als man Menschen in den 1950er Jahren fragte, wie diese sich das Jahr 2000 vorstellten, malten diese sich aus, dass Menschen in der Zukunft sich vermutlich mit fliegenden Autos, angetrieben von miniaturisierten Atomkraftantrieben, fortbewegen würden (Paul, 1955). Hier wurden schlicht zwei derzeit erfolgreiche existierende Technologien, das Auto und die Kernkraft, als Basis genommen und in die Zukunft projiziert. Die Gefahren und auch die technischen Grenzen der Kernkraft konnten nicht antizipiert werden.

Hätten die Menschen der Vergangenheit eine bessere Vorhersage treffen können, wenn sie sich intensiver mit der Kernkraft beschäftigt hätten? Möglicherweise. Aber selbst, wenn eine Fehleinschätzung berücksichtigt und korrigiert wird, lauern noch unzählige weitere.

In der zweiten Hälfte des letzten Jahrhunderts veröffentlichten Forscher des Massachusetts Institute of Technology (MIT) eine Studie zur Zukunft der Weltwirtschaft (Meadows et al., 1972). Die Kernfrage war hierbei, wann das aktuelle auf exponentiellem Wachstum basierende Wirtschaftssystem aufgrund seiner inhärenten Mängel notwendigerweise kollabieren müsste. In die Vorhersage mit einbezogen wurden zahlreiche Parameter wie Bevölkerungsentwicklung und -dichte, Überalterung der Gesellschaft, Warenverkehr, Staatshaushalt und -verschuldung und viele mehr. Der Zeitpunkt des Zusammenbruchs würde gemäß der Modellberechnung innerhalb der nächsten 100 Jahre liegen, also bis einschließlich des Jahres 2070. Dann sollten die Parameter in ihrer Gesamtheit ein Zusammenbrechen unvermeidlich machen und zu einem unkontrollierten Zusammenbrechen der Industrie und zu einem starken Bevölkerungsrückgang führen. Nicht berücksichtigt wurde aber der Zerfall der Sowjetunion, das rasche Aufsteigen Chinas zur Weltmacht und die Bedeutung des Klimawandels für den Planeten. Allesamt Entwicklungen, die jeweils für sich alleine genommen zahlreiche Umwälzungen in vielen Staaten der Welt produzieren könnten. Diese Entwicklungen waren aber in ihrer Stärke nicht absehbar, als die Berechnungen erstellt wurden, ihr Einfluss konnte also im Vorhersagemodell nicht angemessen berücksichtigt werden. Aus diesem Grund musste das Vorhersagemodell in der Zwischenzeit mit neuen Parametern aktualisiert werden (Herrington, 2021) – wobei zweifelhaft bleibt, ob es dieses Mal tatsächlich gelungen ist, alle relevanten Parameter zu berücksichtigen.

Vorhersagen sind daher in erster Linie Gedankenexperimente und erlauben keine perfekten Kenntnisse darüber, was tatsächlich passieren wird. Dies soll die Bedeutung derartiger Gedankenexperimente aber nicht schmälern. Auch nicht-perfekte Gedankenexperimente sind immer noch besser, als sich gar keine Gedanken zu machen. Sie können aufzeigen, was passieren könnte und sind damit auch Hinweisgeber auf mögliche Handlungsalternativen – damit wir eben nicht bloße Passagiere sind, die von der Zukunft überrollt werden, sondern diese aktiv mitgestalten können.

So enthält beispielsweise die Grundidee des Social Scoring bereits so viel an negativem Potenzial, dass die konkrete Ausgestaltung nur dem Versuch gleichkommen kann, verschiedene negative Szenarien in eine Rangreihe zu bringen. Hier wäre dann auch die Hoffnung auf ein disruptives Ereignis, das den Social Score obsolet machen würde, überflüssig, wenn wir schon heute durch unser Handeln die Etablierung eines solchen Konzepts verhindern können.

Literatur

Agudo, U., & Matute, H. (2021). The influence of algorithms on political and dating decisions. *PLOS ONE, 16*(4), e0249454.

Bakshy, E., Rosenn, I., Marlow, C., & Adamic, L. (2012). The role of social networks in information diffusion. *Proceedings of the 21st International Conference on World Wide Web – WWW ›12,* 519–528.

Beisch, N., & Schäfer, C. (2020). Ergebnisse der ARD/ZDF-Onlinestudie 2020. Internetnutzung mit großer Dynamik: Medien, Kommunikation, Social Media. *Media Perspektiven, 9,* 462–481.

Büchi, M., Festic, N., & Latzer, M. (2022). The Chilling Effects of Digital Dataveillance: A Theoretical Model and an Empirical Research Agenda. *Big Data & Society, 9*(1), 205395172110653.

Burbach, L., Halbach, P., Ziefle, M., & Calero Valdez, A. (2020). Opinion formation on the internet: The influence of personality, network structure, and content on sharing messages online. *Frontiers in Artificial Intelligence, 3*, 45.

Carrier, L. M., Spradlin, A., Bunce, J. P., & Rosen, L. D. (2015). Virtual empathy: Positive and negative impacts of going online upon empathy in young adults. *Computers in Human Behavior, 52*, 39–48.

Costa, P. (2018). Conversing with personal digital assistants: On gender and artificial intelligence. *Journal of Science and Technology of the Arts,10*(3), 59–72.

Crawford, K. (2021, June 6). Microsoft's Kate Crawford: ›AI is neither artificial nor intelligent‹ (Z. Corbyn, Interviewer) [Interview]. https://www.theguardian.com/technology/2021/jun/06/microsofts-kate-crawford-ai-is-neither-artificial-nor-intelligent [15.09.2022]

Danneels, E. (2004). Disruptive technology reconsidered: A critique and research agenda. *Journal of Product Innovation Management, 21*(4), 246–258.

Diefenbach, S., & Ullrich, D. (2019). Disrespectful technologies: Social norm conflicts in digital worlds. In T. Z. Ahram & C. Falcão (Hrsg.), *Advances in usability, user experience and assistive technology* (Vol. 794, S. 44–56). Basel: Springer International Publishing.

Eling, M., Nuessle, D., & Staubli, J. (2021). The impact of artificial intelligence along the insurance value chain and on the insurability of risks. *The Geneva Papers on Risk and Insurance – Issues and Practice, 47*, 205–241.

Esteva, A., Kuprel, B., Novoa, R. A., Ko, J., Swetter, S. M., Blau, H. M., & Thrun, S. (2017). Dermatologist-level classification of skin cancer with deep neural networks. *Nature, 542*(7639), 115–118.

Ernst, C.-P. H., & Herm-Stapelberg, N. (2020). The impact of gender stereotyping on the perceived likability of virtual assistants. 7. https://aisel.aisnet.org/amcis2020/cognitive_in_is/cognitive_in_is/4 [15.09.2022]

Fjelland, R. (2020). Why general artificial intelligence will not be realized. *Humanities and Social Sciences Communications, 7*(1), 10.

Foggia, P., Percannella, G., & Vento, M. (2014). Graph matching and learning in pattern recognition in the last 10 years. *International Journal of Pattern Recognition and Artificial Intelligence, 28*(01), 1450001.

Gupta, S., Kar, A. K., Baabdullah, A., & Al-Khowaiter, W. A. A. (2018). Big data with cognitive computing: A review for the future. *International Journal of Information Management, 42*, 78–89.

Herrington, G. (2021). Update to limits to growth: Comparing the World3 model with empirical data. *Journal of Industrial Ecology, 25*(3), 614–626.

Hoffrage, U., & Marewski, J. N. (2020). Social Scoring als Mensch-System-Interaktion. In O. Everling (Hrsg.), *Social Credit Rating* (S. 305–329). Wiesbaden: Springer Fachmedien.

Jonsson, O., & de Tena, C. L. (2021). *European tech insights 2021. Part II embracing and govering technological disruption.* Center for Governance of Change. https://docs.ie.edu/cgc/IE-CGC-European-Tech-Insights-2021-%28Part-II%29.pdf [15.09.2022]

Kermany, D. S., Goldbaum, M., Cai, W., Valentim, C. C. S., Liang, H., Baxter, S. L., McKeown, A., Yang, G., Wu, X., Yan, F., Dong, J., Prasadha, M. K., Pei, J., Ting, M. Y. L., Zhu, J., Li, C., Hewett, S., Dong, J., Ziyar, I., … Zhang, K. (2018). Identifying medical diagnoses and treatable diseases by image-based deep learning. *Cell, 172*(5), 1122–1131.e9.

Kim, T. W., & Routledge, B. R. (2021). Why a right to an explanation of algorithmic decision-making should exist: A trust-based approach. business ethics quarterly, 1–28.

Kostka, G. (2019). China's social credit systems and public opinion: Explaining high levels of approval. *New Media & Society, 21*(7), 1565–1593.

Larsson, S., & Heintz, F. (2020). Transparency in artificial intelligence. *Internet Policy Review, 9*(2).

Leiner, B. M., Cerf, V. G., Clark, D. D., Kahn, R. E., Kleinrock, L., Lynch, D. C., Postel, J., Roberts, L. G., & Wolff, S. (2009). A brief history of the internet. *ACM SIGCOMM Computer Communication Review, 39*(5), 22–31.

Macdonald, C. (2020). Avatars, disconnecting agents: Exploring the nuances of the avatar effect in online discourse. *Open Science Journal, 5*(2).

Meadows, D. H., Meadows, D. L., Randers, J., & Behrens, W. W. (1972). *The Limits to growth: A report for the Club of Rome's project on the predicament of mankind*. New York: Universe Books.

Moffett, S., & Santos, J. (2014). Social media as an influencer of public policy, cultural engagement, societal change and human impact. *Proceedings of the European Conference on Social Media: ECSM 2014*, 312–319.

Nawaz, N., & Mary, A. (2019). Artificial intelligence chatbots are new recruiters. *International Journal of Advanced Computer Science and Applications, 10*(9).

Ongsulee, P. (2017). Artificial intelligence, machine learning and deep learning. *2017 15th International Conference on ICT and Knowledge Engineering (ICT&KE)*, 1–6.

Palacios, A. (2019, November 10). The internet's »wild west« era: A love letter to the early 00's internet. Alejandro Palacios. https://medium.com/@alejandropalacios_98575/the-internets-wild-west-era-a-love-letter-to-the-early-00-s-internet-3075722f79ae [15.09.2022]

Paul, F. R. (1955). Tandem wheel, gyroscopic, atomic-powered flying car.

Powers, A., & Kiesler, S. (2006). The advisor robot: Tracing people's mental model from a robot's physical attributes. *Proceeding of the 1st ACM SIGCHI/SIGART Conference on Human-Robot Interaction – HRI ›06*, 218.

Riikkinen, M., Saarijärvi, H., Sarlin, P., & Lähteenmäki, I. (2018). Using artificial intelligence to create value in insurance. *International Journal of Bank Marketing, 36*(6), 1145–1168.

Rudin, C. (2019). Stop explaining black box machine learning models for high stakes decisions and use interpretable models instead. *Nature Machine Intelligence, 1*(5), 206–215.

Scavarelli, C. M. (2018). The future of dating (No. 6) [Song]. https://soundcloud.com/user-145965453 [22.09.2022]

Schrittwieser, J., Antonoglou, I., Hubert, T., Simonyan, K., Sifre, L., Schmitt, S., Guez, A., Lockhart, E., Hassabis, D., Graepel, T., Lillicrap, T., & Silver, D. (2020). Mastering Atari, Go, chess and shogi by planning with a learned model. *Nature, 588*(7839), 604–609.

Silver, D., Huang, A., Maddison, C. J., Guez, A., Sifre, L., van den Driessche, G., Schrittwieser, J., Antonoglou, I., Panneershelvam, V., Lanctot, M., Dieleman, S., Grewe, D., Nham, J., Kalchbrenner, N., Sutskever, I., Lillicrap, T., Leach, M., Kavukcuoglu, K., Graepel, T., & Hassabis, D. (2016). Mastering the game of Go with deep neural networks and tree search. *Nature, 529*(7587), 484–489.

Sourdin, T. (2021). *Judges, technology and artificial intelligence: The artificial judge*. Edward Elgar Publishing.

Suler, J. (2004). The online disinhibition effect. *CyberPsychology & Behavior, 7*(3), 321–326.

Taylor, K. (2021, November 1). One statistic shows how much Amazon could dominate the future of retail. Business Insider. https://www.businessinsider.com/retail-apocalypse-amazon-accounts-for-half-of-all-retail-growth-2017-11 [15.09.2022]

Taigman, Y., Yang, M., Ranzato, M., & Wolf, L. (2014). DeepFace: Closing the gap to human-level performance in face verification. *2014 IEEE Conference on Computer Vision and Pattern Recognition*, 1701–1708.

Upadhyay, A. K., & Khandelwal, K. (2018). Applying artificial intelligence: Implications for recruitment. *Strategic HR Review, 17*(5), 255–258.

Vermeys, N. (2021). The computer as the court: How will artificial intelligence affect judicial processes? In X. Kramer, A. Biard, J. Hoevenaars, E. Themeli (Hrsg.), *New pathways to civil justice in Europe*. Basel: Springer.

Vinyals, O., Babuschkin, I., Czarnecki, W. M., Mathieu, M., Dudzik, A., Chung, J., Choi, D. H., Powell, R., Ewalds, T., Georgiev, P., Oh, J., Horgan, D., Kroiss, M., Danihelka, I., Huang, A., Sifre, L., Cai, T., Agapiou, J. P., Jaderberg, M., Vezhnevets, A. S., Leblond, R., Pohlen, T., Dalibard, V., Budden, D., Sulsky, Y., Molloy, J., Paine, T. L., Gulcehre, C., Wang, Z., Pfaff, T., Wu, Y., Ring, R., Yogatama, D., Wünsch, D., McKinney, K., Smith, O., Schaul, T., Lillicrap, T., Kavukcuoglu, K., Hassabis, D., Apps, C., & Silver, D. (2019). Grandmaster level in StarCraft II using multi-agent reinforcement learning. *Nature, 575*(7782), 350–354.

Stichwortverzeichnis

A

Achtsamkeit 156, 159
Anonymität 21, 28, 36
Arbeitsqualitäten 71, 76, 83
Autonomie 141, 142, 144, 158
Autonomy Paradox 144
Avatar 167

B

Beziehungsqualität 138, 139
Beziehungszufriedenheit 137

C

Chat 18, 19, 40, 57, 58, 60, 62, 73–76, 82, 83, 88, 90
Chilling Effekt 170

D

Desozialisation 110, 121
Digital-Detox 152, 159
Digital-Minimalism 152
Digitale Zusammenarbeit 69–71
Digitaler Raum 166–168, 173
Digitalkultur 87, 92
Disruptive Technologie 174
Doppelstandards 89

E

E-Mail-Überlastung 42
Emoji 22, 26, 31, 33, 41, 43
Entscheidungshilfe 172
Entscheidungsinstanz 172
Erholungseffekt 143, 154
Erholungserlebnis 145, 146
Exklusion 113, 119

F

Fear of Missing Out 141
Feedback 17, 28, 36, 40

G

Ghost-Banning 168

H

Homeoffice 69, 76
Human-Enhancement 107, 108
Hyperpersonales Modell 22, 45

I

Identitätsentwicklung 149
Interaktion
– Soziale 101, 106, 110, 111, 113, 121–123, 167
– Technik- 100, 101, 104, 110–112, 114, 117, 121, 123

K

KI-mediierte Kommunikation 43
Kommunikationsmedien-Kompetenz 25, 29
Kommunikationsprozess 19, 20, 24, 38
Kommunikationsziel 15, 20, 27
– instrumentelles 15
– relationales 16
– selbstdarstellerisches 16, 34
Künstliche Intelligenz (KI) 43, 46, 164–166, 170–174

M

Machine Learning 165, 171
Medienreichhaltigkeitstheorie 18, 21, 24

Mediensynchronizitätstheorie 19, 24
Mobile Etikette 82, 84, 88

N

Non-use 112, 119
Norm-Erosion 55, 57
Norm-Fragmentierung 57–59, 66
Norm-Konfusion 60, 61, 66, 68
Normkonflikte 53, 63, 64, 81, 91

P

Phubbing 65, 111, 122, 123, 137
Physischer/Öffentlicher Raum 98, 101, 102, 104, 106, 109, 114, 123
Privatisierung 110, 115
Privatsphäre 110, 123
- Nutzer- 110, 115
- Zuschauer- 112, 117
Psychologische Effekte 104
Psychologisches Bedürfnis 102, 110, 117, 123, 133, 136, 141, 142
Public Display 104, 116

R

Reflexion 154, 159
Reichhaltigkeit 18, 21, 24, 26

S

Selbst 99, 100, 107
Selbstdarstellung 22, 45, 100
Selbsteinsicht 148, 159
Selbstwert 141, 158
Self-Service 106, 109, 116
Shoulder-Surfing 112, 115

SIDE Modell 21
Smartphone 51, 54, 55, 57, 63, 65, 77, 82–85, 87–91, 109–113, 115, 121, 122, 136, 138, 147, 148, 150–153, 159
Social Scoring 171, 174, 175
Soziale Informationsverarbeitungstheorie 22, 45
Soziale Normen 27, 51, 52, 54, 60, 64, 67, 71, 76, 78, 82, 85, 87–89, 91, 100, 122, 123, 166, 168, 169
Sozialer-Einfluss-Theorie 21
Sprachnachricht 19, 33
Ständige Verbundenheit 134, 135, 144, 151, 152, 158
Status-Unterschied 28, 35, 36
Stimmungsregulation 150

T

Technisierte Öffentlichkeit 102
- Gemeinschaftliche 102, 104
- Private 102, 106
Technologie-initiierte Normverletzung 54, 65
Theorie der sozialen Präsenz 17, 19, 21

U

Überwachung 170, 174

V

Vertrauen 37, 44–46
Videotelefonie 19, 39, 40

Z

Zuschauer 98, 100, 101, 112, 116